MÉMOIRES ET CORRESPONDANCE

DE

MADAME D'ÉPINAY

POISSY. — TYPOGRAPHIE ARBIEU.

MÉMOIRES ET CORRESPONDANCE

DE

MADAME D'ÉPINAY

PRÉCÉDÉS

D'UNE ÉTUDE SUR SA VIE ET SES ŒUVRES

PAR

LOUIS ÉNAULT

Cet ouvrage renferme un grand nombre de Lettres inédites
de Grimm, de Diderot et de J.-J. Rousseau, lesquelles servent d'éclaircissement
et de correctif aux Confessions de ce dernier.

PARIS
EUGÈNE DIDIER, ÉDITEUR
25 — RUE GUÉNÉGAUD — 25

—

MDCCCLV

MADAME D'ÉPINAY

SA VIE ET SES ŒUVRES

Nous rééditons les mémoires de madame d'Épinay parce qu'ils peignent au naturel et d'un trait vif les mœurs du xviiie siècle.

On l'a dit avec raison : Les *Mémoires de madame d'Epinay* ne sont pas un ouvrage : ils sont une époque. C'est une sorte d'encyclopédie à l'usage des gens du monde. On y trouve tous les éléments de la vie sociale telle que nos pères l'avaient faite — l'abbé, le marquis et le chevalier, la femme sensible et le philosophe, le galant homme et l'intrigant, l'homme de guerre et l'homme de lettres, la plume et l'épée ; — tout cela jeté dans le drame du récit le plus simple, — animé par la présence continuelle d'une femme spirituelle et bonne : centre aimable, autour duquel se déroule l'action.

La vie de madame d'Épinay est assez connue pour

que nous n'ayons point à la raconter : ses *Mémoires* d'ailleurs nous apprennent d'elle tout ce qu'il en faut savoir.

Marie Florence Pétronille Tardieu d'Esclavelles était née dans la Flandre française, d'un gentilhomme assez pauvre qui mourut au service du roi.

« Sans être véritablement jolie, mademoiselle d'Esclavelles avait une physionomie à la fois noble et spirituelle ; son âme se peignait dans ses yeux, et la dévotion qui la subjuguait alors, répandait sur toute sa personne un air de tristesse qui la rendait encore plus intéressante. »

Ainsi se représente-t-elle à la première page de ses *Mémoires*.

Je veux rapprocher de ce simple et premier crayon un second portrait par elle encore, et qu'on pourrait appeler de sa seconde manière.

« Je ne suis point jolie, je ne suis cependant pas laide. Je suis petite, maigre, très-bien faite. J'ai l'air jeune, sans fraîcheur, noble, doux vif, spirituel, *intéressant*. (Elle tient à ce mot là, si cher au XVIIIe siècle !) Mon imagination est tranquille. Mon esprit est lent, juste, réfléchi et sans suite. J'ai dans l'âme de la vivacité, du courage, de la fermeté, de l'élévation, et une excessive timidité.

« Je suis *vraie* sans être *franche*. (Sa remarque est subtile, elle est de Rousseau : Rousseau le lui dit, et elle le crut.) La timidité m'a souvent donné les apparences de la dissimulation et de la fausseté ; mais j'ai toujours eu le courage d'avouer ma faiblesse pour détruire le soupçon d'un vice que je n'avais pas.

« J'ai de la finesse pour arriver à mon but et pour écarter les obstacles ; mais je n'en ai aucune pour pénétrer les projets des autres.

» Je suis née tendre et sensible, constante et point coquette :

J'aime la retraite, la vie simple et privée ; cependant j'en ai presque toujours mené une contraire à mon goût.

» Une mauvaise santé, et des chagrins vifs et répétés *ont déterminé au sérieux* mon caractère naturellement très-gai. Il n'y a guère qu'un an que je commence à me bien connaître. »

— Heureuse femme ! tant de gens ne se sont jamais connus.

Je voudrais ajouter un coup de pinceau de Diderot. C'est madame d'Épinay dans la première après-midi de la seconde jeunesse.

Diderot écrit à mademoiselle Roland :

« On peint madame d'Épinay en regard avec moi : elle est appuyée sur une table, les bras croisés mollement l'un sur l'autre, la tête un peu tournée, comme si elle regardait de côté ; ses longs cheveux noirs relevés d'un ruban qui lui ceint le front. Quelques boucles se sont échappées de dessous ce ruban ; les uns tombent sur la gorge, les autres se répandent sur ses épaules et en relèvent la blancheur; son vêtement est simple et négligé. »

L'original du premier portrait, mademoiselle d'Esclavelles encore, alla, son père mort, habiter avec sa mère la maison de M. la Live de Bellegarde, son oncle. Le ministre se souvint du gentilhomme mort au service du roi. Un *bon* de fermier général fit de mademoiselle d'Épinay un parti brillant. Elle épousa bientôt son cousin, M. d'Épinay, l'aîné des fils de M. de Bellegarde.

C'était un mariage d'amour.

Madame d'Épinay a peint dans ses lettres la félicité de ses premières illusions.

« Quels délices, quelle félicité que celle d'être l'épouse chérie d'un homme que l'on aime, et pour qui l'on a souffert! Non je ne puis croire encore à mon bonheur. Les seuls moments désagréables que j'ai eus depuis mon mariage, sont ceux qui ont été employés à recevoir des visites ou à les rendre. Quelle heureuse situation que la mienne! mon cœur pourra-t-il suffire à tant de bonheur? »

« Plaisirs d'amour ne durent qu'un instant! » —

Madame d'Épinay vit bientôt qu'elle s'était trompée, que son mari ne l'aimait pas et qu'il n'était pas digne d'être aimé d'elle.

C'est une découverte bien dangereuse dans la vie d'une jeune femme.

Que faire? se résigner? c'est bien difficile; souffrir tout bas? c'est bien triste ; cacher ses larmes? elle avait de si beaux yeux à qui les larmes allaient si bien ! se tourner vers Dieu, la seule consolation qui ne nous manque jamais, le seul amour que nous retrouvions toujours ? — Hélas ! nous sommes en plein dix-huitième siècle. Les philosophes avaient voilé la face du Christ.

Elle lutta bien un peu ; elle voulut se faire une loi de ses devoirs, puis le courant du monde l'emporta, et bientôt ses rêves eurent un nom.

M. de Francueil était beau, jeune, aimable, élégant, et s'il ne savait pas aimer il savait plaire. Avec beaucoup de femmes c'est le point important.

Madame d'Épinay hésitait encore : elle prend une confidente : elle est perdue. Cette confidente, c'est la maîtresse de M. de Valory, mademoiselle d'Ette, fille de trente ans, — l'âge où les filles sont dangereuses — belle autrefois comme un ange, et à qui il ne restait plus que l'esprit d'un démon. « C'est une Flamande, écrit Diderot, et il y paraît à la peau et aux couleurs. Son visage est comme une grande jatte de de lait sur laquelle on a jeté des feuilles de rose. »

Cette intervention presque officielle de mademoiselle d'Ette dans les affaires de cœur de madame d'Épinay est un des côtés les plus curieusement positifs et pratiques du xviiie siècle, et jamais madame d'Épinay n'a mieux surpris ni plus fidèlement peint la vive nature.

— « Votre cœur est isolé, dit mademoiselle d'Ette à madame d'Épinay, qui nous a rapporté la scène ; — il ne tient plus à rien : Vous n'aimez plus votre mari, et vous ne sauriez l'aimer. — Je voulus faire un mouvement de désaveu; mais elle continua d'un ton qui m'imposa. — Non ! vous ne sauriez l'aimer, car vous ne l'estimez plus ! — Je me sentis soulagée de ce qu'elle avait dit le mot que je n'osais prononcer. Je fondis en larmes. Pleurez en liberté, me dit-elle en me serrant entre ses bras; dites-moi tout ce qui se passe dans cette jolie tête. Je suis votre amie, je le serai toute ma vie; ne me cachez rien de ce que vous avez dans l'âme; que je sois assez heureuse pour vous consoler. Mais, avant tout, que je sache ce que vous pensez, et quelles sont vos idées sur votre situation. — Hélas! lui dis-je, j'ignore moi-même ce que je pense... Suivent des confidences de jeunes femmes dans lesquelles on ne montre pas M. d'Epinay comme un héros.

« Vous ne guérirez, reprend mademoiselle d'Ette, qu'en aimant quelqu'autre objet plus digne de vous... »

Ainsi, le premier mot est dit. — Hélas! en pareille matière, le premier mot c'est le dernier... Voyez plutôt.

« Mon premier mouvement, ajoute madame d'Epinay, fut d'être scandalisée; le second, (voilà qui est précieux comme analyse du cœur humain... des femmes), fut d'être bien aise qu'une fille de bonne réputation, telle que mademoiselle d'Ette, pût supposer qu'on pouvait avoir un amant sans crime; non que je me sentisse aucune disposition à suivre ses conseils, *au contraire,* mais je pouvais au moins ne plus paraître devant elle si affligée de l'indifférence de mon mari. »

Au contraire! est sans doute très-rassurant, mais le conseil fit son chemin et fit fortune. On sait, du reste, quelle était à ce sujet la maxime du siècle.

« Ce n'est que l'inconstance d'une femme dans ses goûts, ou le mauvais choix, ou l'affiche qu'elle en fait qui peut la perdre. » — « Une femme prend un amant! On en parlera pendant huit jours, peut-être même n'en parlera-t-on point, et puis l'on n'y pensera plus, si ce n'est pour dire : Elle a raison. »

Madame d'Epinay *eut donc raison...* avec M. de Francueil. Ce fut d'abord un amour gracieux et léger, à la française... a dit M. Sainte-Beuve qui s'y connaît. Une liaison de bonne compagnie, élégante, sans troubles, sans orages, un amour *comme il faut,* mais cependant plein de charmes dès l'abord, et de suaves tendresses... Ils sont là une troupe d'amoureux, écrit mademoiselle d'Ette au chevalier de Valory ; en vérité cette société est comme un roman mouvant. *Francueil et la petite femme* sont ivres comme au premier jour.

— Francueil était léger : cette race-là a été créée pour le châtiment des femmes trop aimantes... « Vous vous êtes attachée à la patte d'un hanneton, lui disait Duclos avec sa brusquerie spirituelle. »

Un beau jour le hanneton rompit son fil, et madame d'Epinay se trouva seule.

Elle n'avait pas encore l'âge où il est bon d'être seul. Elle se tourna un peu du côté de Dieu, mais pas assez. Dieu est jaloux et il veut qu'on se donne à lui tout entier. Un abbé, assure-t-elle, lui dit qu'elle n'avait point de vocation pour la vie dévote. Elle prit Grimm pour directeur.

J'aime mieux Grimm depuis que j'ai lu madame d'Epinay. Il eut pour elle toutes sortes de délicatesses tendres. Il la traita comme il faut traiter une femme qui a souffert : en enfant malade! Cet homme judicieux et jeune, formé de bonne heure au monde, le connaissant, le jugeant et l'estimant peu, était pour elle de la plus exquise bonté : la bonté, c'est la grâce de la force. Ce que madame d'Epinay trouva d'abord en lui, ce fut un guide et un ami. Aussi son affection pour Grimm fut toujours mêlée d'une sorte de reconnaissance pieuse... « Nous avons causé jusqu'à minuit. Je suis pénétrée d'estime et de tendresse pour *lui*. Quelle justesse dans ses idées! quelle impartialité dans ses conseils! »

Et lui, de son côté : « Oh! que vous êtes heureusement née, lui écrivait-il, de grâce ne manquez pas votre vocation; il ne tient qu'à vous d'être la plus heureuse et la plus adorable créature qu'il y ait sur la terre, pourvu que vous ne fassiez plus marcher l'opinion des autres avant la vôtre, et que vous sachiez vous suffire à vous même! »

Grimm avait trente-trois ans quand il la connut.

Leur liaison en dura vingt-sept dans une égalité rare de confiance, d'affection et de fidélité.

Au milieu de ces aventures de son cœur, madame d'Epinay, je l'ai déjà dit, groupe en ses récits ingénus tous les noms littéraires du xviiie siècle. — Elle les touche, elle les effleure d'une main légère. — Elle eut à se plaindre de quelques-uns, elle a le bon goût de l'oublier en écrivant. Ce n'est qu'à son mari qu'elle garde un peu de colère et de rancune. Mais les femmes qui écrivent ont mis presque toujours leurs maris hors la loi.

Madame d'Epinay écrit pour le plaisir d'écrire, — non pour la gloire. Elle ne songe point au retentissement vain de son nom à travers le monde. Elle écrit, que ce soit là son éternelle excuse! pour être mieux connue et plus aimée de ceux devant qui elle lira ces pages dans l'intimité indulgente et discrète du cabinet. Ses livres ne l'ont jamais détournée ni du soin des enfants ni des devoirs du monde. On ne lui vit point de tache d'encre au bout du doigt, et la même main qui griffonnait une lettre à Rousseau ou un billet à Voltaire, chiffonnait un bout de dentelle ou nouait un ruban le plus agréablement du monde. Madame d'Epinay ne se piquait point d'avoir du style ; elle voulait seulement rester femme et femme aimable. C'est surtout de quoi je la loue.

Les livres ont une histoire.

Celui-ci fut commencé pour Grimm. Madame d'Epinay lui écrivait pour consoler les ennuis de son absence. Elle revit plus d'une fois le manuscrit et le corrigea de sa propre main.

Elle mourut, laissant Grimm son dépositaire.

Pourquoi n'imprima-t-il pas ?

Sans doute par une délicate jalousie d'amant qui veut garder pour lui seul la chère pensée de sa maîtresse.

Quand il quitta la France, le baron remit les célèbres *Mémoires* à M. Lecourt de Villières, dont les héritiers les livrèrent à la publicité en 1818.

On sait leur immense succès : curiosité d'abord d'un livre nouveau, puis scandale de révélations inattendues. — Enfin, et c'est le sentiment qui domine aujourd'hui, le calme intérêt d'un document historique.

La postérité ne décernera point de brevet de génie à madame d'Epinay. Voltaire disait d'elle : « *Ma philosophe, c'est un aigle dans une cage de gaze.* » C'était là un compliment de seigneur châtelain recevant une belle hôtesse ; mais ces compliments-là venant de Voltaire n'ont jamais trompé personne. Je crois à la cage, mais pas à l'aigle.

Grimm, quoique son amant, est encore celui qui l'a le mieux louée et le plus justement. Elle lui envoya d'abord les deux premiers cahiers. — « En vérité, disait-il, cet ouvrage est charmant. J'étais bien las quand on me l'a remis ; j'y ai jeté les yeux ; je n'ai jamais pu le quitter ; à deux heures du matin je le lisais encore : si vous continuez de même, vous ferez un ouvrage unique. » Et le fin connaisseur ajoutait : « N'y travaillez que lorsque vous en aurez vraiment le désir, et sur toutes choses, oubliez que vous faites un livre : il sera aisé d'y mettre des liaisons ; c'est l'air de vérité qui ne se donne pas quand il n'y est pas du premier jet ; et l'imagination la plus heureuse ne le remplace point. »

Avec madame d'Epinay, l'air de vérité y est toujours.

Comme renseignement de détail, comme échappée de vue d'ensemble sur une société évanouie, les *Mémoires* de madame d'Epinay sont un livre précieux. On n'avait pas le droit de les laisser dans l'ombre. Ils éclairent tout un côté de leur siècle.

Je ne me fais point illusion sur les torts de madame d'Epinay. La morale ne lui pardonne point. Mais je crois du moins que l'on peut plaider pour elle les *circonstances atténuantes*. La faute, c'est surtout la faute de son temps : l'excuse, je la trouverais dans son cœur tendre jusqu'à la faiblesse, déshérité de l'amour permis et ne pouvant se passer d'amour. La pitié est chose dangereuse et contre laquelle je me défends mal. Cette belle coupable séduit les uns, fléchit les autres et désarme le reste, à force de bonne foi, de bonne grâce et de candeur naïve, au milieu même du mal qu'elle commet sans paraître savoir que c'est le mal.

Louis Enault.

MÉMOIRES ET CORRESPONDANCE

DE

MADAME D'ÉPINAY

PREMIÈRE PARTIE

Monsieur Tardieu d'Esclavelles, brigadier d'infanterie, venait de mourir au service du roi, pendant la campagne de 1735, laissant à sa veuve, pour toute fortune, l'expectative d'une pension à peine suffisante pour élever leur fille unique âgée de dix ans. Comme j'étais le plus ancien ami de la famille, je fus chargé de la tutelle de la jeune Émilie.

Une tante de M. d'Esclavelles, madame de Beaufort, réduite par des malheurs à vivre dans un couvent, à Paris, prit avec elle ma pupille dont la mère alla dans le pays de son mari pour y ramasser les débris d'un patrimoine dépensé en très-grande partie au service.

La retraite de madame de Beaufort était partagée par sa petite fille, victime, ainsi que sa grand'maman, d'un second mariage contracté par sa mère. Car madame de Beaufort pensait qu'il valait mieux pour des filles de qualité, qu'elles fussent mal à leur aise dans un couvent que chez les autres par charité. C'est dans cet asile de l'infortune que mademoiselle de Beaufort et ma pupille formèrent entre elles cette liaison dont Emilie a conservé le souvenir dans ses Mémoires.

Le caractère de mademoiselle de Beaufort était vif, enjoué et très-décidé. Celui d'Emilie, au contraire, était réfléchi et extrêmement sensible ; et elle avait autant de candeur que d'esprit. Pendant les trois années à peu près qu'elle resta au couvent, il ne se passa rien de bien important pour elle. Seulement elle devint très-dévote, et la différence qui existait entre les principes de madame de Beaufort et ceux de madame d'Esclavelles jeta de fâcheuses incertitudes dans son esprit.

Madame d'Esclavelles était dominée dans toutes ses actions par la crainte du blâme, et elle ne cessait d'inspirer à sa fille ce sentiment qui, chez elle, allait jusqu'à la faiblesse. Madame de Beaufort, au contraire, avec plus de fermeté, voulait que l'on se bornât à graver dans le cœur d'Emilie les principes qui font pratiquer le bien et fuir le mal : « Avec cela, disait-elle, peu importent les faux jugements. » Mais madame d'Esclavelles avait un si grand amour pour sa fille, qu'elle craignait toujours qu'on ne la vît pas des mêmes yeux qu'elle : et à force de vouloir tout prévoir elle allait souvent au-delà du mal qu'elle craignait. Sa fille, de son côté, feignait souvent d'être de son avis pour ne pas l'affliger, ou elle le suivait aveuglément ne croyant pas que sa mère pût errer.

Telle était la disposition d'esprit où était ma pupille lorsqu'elle alla habiter avec sa mère la maison de M. la Live de Bellegarde, fermier général. Madame de Bellegarde était sœur de madame d'Esclavelles ; elle avait trois fils et une fille plus jeune qu'Emilie de cinq ans (1).

Sans être véritablement jolie, mademoiselle d'Esclavelles avait une physionomie à la fois noble et spirituelle ; son âme se peignait dans ses yeux, et la dévotion qui la subjuguait alors, répandait sur toute sa personne un air de tristesse qui la rendait encore plus intéressante.

Il était sans doute difficile que M. d'Epinay, l'aîné des fils de M. de Bellegarde, qui achevait ses exercices, vît sa cousine sans éprouver un sentiment dont tout autre moins jeune aurait eu de la peine à se garantir.

M. de Bellegarde crut qu'en faisant voyager son fils pour le service de sa place, il arrêterait, dans ses commencements, un amour que la disproportion de fortune faisait, aux yeux de madame de Bellegarde, un devoir de combattre, tandis que madame de Beaufort ne pouvait s'imaginer que l'on osât supposer seulement le mariage de sa nièce avec tout autre qu'un gentilhomme ; et revenant à un ancien projet qu'elle avait eu autrefois : « Si M. et madame de
» Bellegarde, disait-elle, sont un peu susceptibles de quel-
» ques sentiments glorieux, pourquoi ne leur proposerait-on
» pas de mettre leur fils dans le service et de lui faire alors
» épouser mademoiselle d'Esclavelles, à condition qu'il pren-
» drait ses armes et son nom. » Mais madame de Bellegarde qui était l'obstacle le plus invincible à ce mariage, étant venue à mourir, son mari, homme excellent mais faible, consentit, peu de temps après, à couronner un amour dans lequel son fils avait peut-être mis plus d'extravagance que de véritable passion. Emilie était alors âgée de vingt ans.

J'avais été obligé de quitter Paris pour quelques affaires ;

---

(1) C'est celle qui, par la suite, a été madame la comtesse d'Houdetot.

ma pupille m'écrivit, lorsque cette union fut tout à fait arrêtée, de hâter mon retour. J'arrivai le jour de la signature du contrat ; elle le passa dans les larmes, et lorsqu'il fallut signer, la plume lui tomba des mains.

M. de Bellegarde donna à son fils trois cent mille livres et environ pour deux mille livres de diamants à sa bru. On voit qu'il ne se ruina pas en générosités.

Pour moi je rendis mes comptes, et le lendemain je reçus de madame d'Epinay la lettre que voici :

» Que pensez-vous de moi, de ma fuite d'hier au soir, de
» mon silence ? En conclurez-vous, mon cher tuteur, que je
» suis ingrate ? Jamais vous ne pourriez être aussi injuste.
» Croyez que je sens, comme je le dois, les soins que vous
» avez bien voulu prendre de mes intérêts depuis la mort
» de mon père. J'ai voulu vous en remercier hier, mais mon
» cœur était si plein que je n'ai pu proférer un seul mot.
» Je n'ai pu tenir à l'espèce d'adieu que vous nous avez fait
» en remettant mes papiers à mon beau-père ; les choses
» honnêtes et douces dont vous avez accompagné ce dernier
» acte de votre tutelle m'ont fait venir les larmes aux yeux ;
» j'espère qu'elles ne vous auront pas échappé. Je me suis
» retirée un moment pour être en état de vous témoigner
» toute ma sensibilité et ma reconnaissance ; et lorsque je
» suis rentrée vous étiez parti. J'ai été tout le reste de la
» soirée mal à mon aise ; si j'avais été assurée que vous ne
» vous fussiez pas mépris à mon silence, j'aurais été plus
» tranquille. Soyez toujours, mon cher tuteur, le conseil et
» l'ami de votre pupille et ne lui refusez jamais vos avis sur
» aucune matière. Rassurez-la promptement et dites-lui
» que votre amitié égale sa reconnaissance, c'est n'y mettre
» pas de bornes et la dire éternelle. »

LETTRE

DE MADAME D'EPINAY A MADAME LA PRÉSIDENTE DE M*** (1).

Que j'en veux à madame votre mère, ma chère cousine, de ne vous avoir pas mariée à M. de T... qui vous adorait. Quels délices, quelle félicité que celle d'être l'épouse chérie d'un homme que l'on aime et pour qui l'on a souffert ! Non, je ne puis croire encore à mon bonheur. Vous me plaigniez il y quelque temps dans l'idée que je mourrais d'ennui dans la maison de mon beau-père lorsque j'aurais une fois commencé à voir le monde ; ah ! que vous vous trompiez, ma cousine. Les seuls moments désagréables que j'aie eus, depuis mon mariage, sont ceux qui ont été employés à recevoir des visites ou à les rendre. Quelle heureuse situation que la mienne ! mon cœur pourra-t-il suffire à tant de bonheur ? Il y a des moments où il ne peut soutenir tous les mouvements qui l'agitent... Y a-t-il un fils plus respectueux, plus tendre que M. d'Epinay, un mari plus... Ah ! ma cousine,... les termes me manquent, et puis, que vous dirai-je ? Ce sont mille choses que je ne puis exprimer, mais que je sens bien !... Je voulais vous rendre compte du plan de vie que se propose M. d'Epinay. Il compte, lorsque le temps de ses tournées sera fini, d'abord épargner pendant les six ans qu'il va voyager, et puis, si nous sommes en état d'avoir notre ménage, nous nous y mettrons. Nous viendrons deux fois la semaine dîner chez nos parents. Nous aurons, dit-il, deux soupers et un dîner par semaine. Il veut un dîner indépendamment des deux soupers, parce que c'est le repas que je préfère. Qu'il est bon ! est-ce que je ne mènerai pas la

(1) Mademoiselle de Beaufort était mariée depuis un an, malgré elle, malgré sa grand-maman, mais par la volonté de sa mère, au président de M***, qu'elle n'aima jamais.

vie qui lui conviendra le mieux? Je le lui ai dit, cela ne fait rien, il insiste sur le dîner. Ensuite nous aurons un concert où tous les gens de notre connaissance pourront venir, et deux autres jours où nous aurons seulement quelques musiciens pour nous amuser à porte fermée... Bon! j'oubliais le sujet pour lequel je voulais vous écrire : je compte aller demain dîner chez vous avec mon mari, si vous y êtes. Un mot de réponse. Bonjour : je finis bien vite, quoique j'aie encore mille chose à vous dire ; mais l'on va dîner, et ma toilette n'est encore qu'à moitié faite.

DE LA MÊME A LA MÊME.

Ah ! ma cousine, j'ai passé hier une journée délicieuse ; nous devions aller, mon mari et moi, chez madame de***. Ma mère se trouva fort incommodée le matin d'un mal de gorge : cela m'inquiéta, et après avoir un peu combattu mon envie de sortir et mon devoir, j'engageai mon mari à m'excuser auprès de madame de*** et je lui dis que je voulais absolument rester auprès de ma mère : j'avais bien envie de lui conseiller d'y rester aussi, par plus d'une raison, comme vous vous en doutez bien ; mais je désirais encore plus que cela vînt de lui : j'eus beau attendre. J'avais la bouche ouverte pour lui représenter qu'il devait au moins proposer à ma mère de lui tenir compagnie ; car il y avait, ce me semble, plus de dix grandes minutes que nous parlions d'autres choses, lorsqu'enfin il m'offrit de rester avec moi. Je n'aurais peut-être pas dû l'accepter tout de suite ; cependant je le fis, en le remerciant beaucoup de cette complaisance. Nous restâmes jusqu'à trois heures dans l'appartement de ma mère qui ne fut pas aussi sensible à cette attention de M. d'Epinay qu'elle l'aurait dû ; car enfin je sais bien qu'il ne faisait que ce qu'il devait, mais combien peu y a-t-il de gens qui fassent ce qu'ils doivent : et puis il me semble que les actions ont plus ou moins de prix suivant le caractère des gens qui agissent. Un jeune homme qui est fort dissipé, qui aime les plaisirs, le grand monde, et qui, de lui-même, les sacrifie à son devoir sans une absolue nécessité, simplement pour montrer des égards et des soins, ne fait-il pas une action aussi estimable qu'un homme fort grave et fort occupé de ses principes lorsqu'il rend un service essentiel? Voilà, je trouve, en général le grand défaut des hommes, c'est qu'il ne se mettent jamais à la place de ceux qu'ils jugent... Enfin ma mère est, je crois, dans ce cas ; elle n'a peut-être jamais été jugée injustement, ce qui fait qu'elle est beaucoup, mais beaucoup trop sévère avec mon mari, et si je ne prenais souvent son parti contre elle, je ne sais ce qui en arriverait. Concevez-vous ce qu'il m'en coûte pour prendre parti contre ma mère? Je voudrais bien donner à mon mari un peu plus de confiance en elle, et l'engager à la prier de diriger ses affaires, car je soupçonne qu'il n'y entend pas grand'chose et qu'elles ne sont pas trop en ordre.

A trois heures après dîner nous remontâmes dans notre appartement, il me proposa de ne recevoir personne de tout le jour, sous le prétexte que ma mère était malade ; et à cette condition, il me dit qu'il ne sortirait pas de la journée. Je ne demandais pas mieux, j'en étais enchantée, mais je ne l'aurais jamais proposé. Sûrs donc de n'être point interrompus, nous nous mîmes d'abord à faire de la musique ; et ensuite il me parla des spectacles où il va souvent et où il voudrait que j'allasse. Nous cherchâmes ensemble des moyens d'y parvenir sans choquer ma mère ; il était d'avis que je prisse sur moi d'y aller et de m'autoriser de l'usage, sans égard pour le chagrin de ma mère qu'il trouve déraisonnable, et qui par là, dit-il, ne mérite pas qu'on y cède.

Voilà un principe, ma cousine : je crois que vous m'avez dit qu'il n'en avait point. Il est vrai que l'application m'en paraît déplacée, parce que nous ne sommes pas encore capables ni l'un ni l'autre de juger de nos pères et mères ; lui l'est pourtant plus que moi, et je trouve que j'ai eu bien du mérite à ne lui pas céder ; car indépendamment de ce qu'il appuyait toutes ses raisons d'exemples et d'usages bien séduisants, j'avais à combattre l'empire qu'il a sur moi, le désir de le suivre, celui de ne pas le perdre de vue et un peu de honte, s'il faut l'avouer, de ne pas faire comme toutes les femmes que je vois. Enfin je lui ai promis de tenter encore, en causant avec ma mère, d'arracher son consentement : je ne sais comment je m'y prendrai ; j'aurais bien des choses à lui dire qui me tiennent beaucoup plus à cœur que celle-là, comme, par exemple, l'aigreur qu'elle met dans tout ce qu'elle dit à mon mari, la prévention qu'elle a contre lui et qui fait qu'elle est toujours d'un avis contraire au sien. Mais je n'ose rien tenter, car si elle prenait mal mes représentations, elle se préviendrait peut-être aussi contre moi, et alors je n'aurais plus de crédit à employer pour lui dans l'occasion. Il faut donc que je ménage mon oncle et ma mère, et que je ne me mêle point de les contrôler.

Notre soirée fut aussi délicieuse que notre journée ; mon mari trouva qu'elle avait passé bien vite ; je ne l'ai jamais vu si aimable ; nous fûmes très-gais à souper ; enfin nous fîmes rire mon beau-père et ma mère. Mon beau-frère de Jully me plaisanta beaucoup sur ma gaieté, il m'embarrassa d'abord presque autant que si je n'eusse pas été mariée ; il est vrai que ma mère me regardait de temps en temps avec un certain air sévère, lorsque nous parlions des délices de notre journée : est-ce donc un crime, une indécence d'aimer son mari ? Ce nom si respectable, si cher... je crains quelquefois de le prononcer devant elle ; quelle gêne, ma cousine ! savez-vous que je meurs de peur à la fin d'en être impatientée... On m'appelle ; bonjour : ah Dieu ! il y a deux grandes heures que je vous écris.

DE MADAME D'ÉPINAY A MONSIEUR DE LISIEUX.

Mon cher tuteur, je donne un bal masqué jeudi, de l'aveu de mes parents, il faut absolument que vous y veniez. Je suis enchantée, il sera charmant ; je serai en bergère, madame de M*** aussi. Si vous voyiez mon habit ! venez, mon tuteur ; mais je n'ai pas le temps de vous en dire davantage, venez seulement... Sérieusement nous ne pouvons pas nous passer de vous... A propos, savez-vous que j'ai dit ce matin devant ma mère, *je veux* ; cela ne m'a pas trop réussi, je crois que c'est qu'elle a vu que je tremblais bien fort en le disant... Mais je vous conterai tout cela.

DE LA MÊME AU MÊME.

Mon tuteur ! mon cher tuteur !... oh Dieu ! mon mari est fâché contre moi. J'ai beau y réfléchir, je n'ai pas tort, au moins je ne le crois pas... Ma mère, qui est toujours contre mon mari, est pour lui dans cette occasion-ci... Oh ! cela me passe, j'ai bien envie de vous rendre compte de ce qui s'est fait, mais vous devez être notre juge, ne serait-ce pas chercher à vous prévenir en ma faveur? Non, non, mon cher tuteur, car je ne vous demande que de nous raccommoder ; je consens que vous me trouviez tort si je l'ai, mais seulement un peu ; car si vous me condamniez ouvertement, une autre fois mon mari ne m'écouterait peut-être pas du tout. Vous savez que depuis une quinzaine de jours il soupe très-souvent en ville, mais ce que vous ne savez pas, c'est qu'il rentre si tard, qu'il n'ose passer le reste de la nuit dans mon appartement, alors il se retire dans sa petite chambre.

Comme elle est adossée à la mienne, et que je ne saurais prendre de sommeil que je ne l'aie entendu rentrer, je ne puis me tromper là-dessus. Jusqu'à présent, je n'avais osé lui en faire des reproches sérieux, quelque chagrin que j'en ressentisse.

Dimanche, entendant du bruit dans sa chambre, je crus qu'il était incommodé; il ne m'en fallut pas davantage pour y entrer. Je le trouvai en effet souffrant d'une forte indigestion; je passai le reste de la nuit auprès de lui, et à quatre heures j'envoyai chercher le médecin qui ordonna quelques remèdes qui le soulagèrent; il s'endormit ensuite pendant quelques heures. Lorsqu'il fut réveillé, je lui demandai doucement où il avait soupé la veille? « Chez le chevalier de C... » — Pourquoi, me dit-il? « C'est que je suis bien tentée » de prendre en haine tout ceux qui sont cause du dérange- » ment de votre santé. » Il me sourit et me remercia. Ce chevalier, mon tuteur, est celui qui accompagnait madame de M*** à notre bal, et qui était si empressé autour de moi. Cela m'encouragea à lui dire que je craignais bien qu'il ne fût pas aussi soigneux de conserver sa santé qu'il était sensible à l'intérêt que j'y prenais, et que cela n'était pas conséquent. « D'où vient donc cette crainte, me dit-il? — De ce » que depuis quelque temps vous veillez beaucoup, lui dis-je. » —D'où savez-vous cela? est-ce que vous m'épiez par hasard? » je vous avertis que cela ne me convient point. Est-ce vous » épier, repris-je, que de vous attendre en vain tous les soirs » jusqu'à plus d'une heure après minuit? Vous prenez bien » votre temps pour me faire des reproches qu'assurément » je ne mérite pas, me dit M. d'Epinay : je vous le passe pour » cette fois; mais je vous prie de ne pas prendre ce ton là. » Je veux être libre, et je n'aime point les questions. » M. l'abbé de G... et M. de R... entrèrent comme il me disait cela. Les premiers compliments faits, je sortis et me retirai dans mon appartement, humiliée, affligée.... et par mon mari! J'entendis à six heures, que, malgré la défense de sortir que lui avait faite le médecin, il donna ordre de mettre ses chevaux; je crus qu'il allait venir chez moi; point. Il retint ces messieurs qui voulaient s'en aller; alors je désespérai de le voir, ou du moins de lui parler. Je ne savais même si je ne devais pas lui fermer ma porte, au cas qu'il se présentât avec eux. Ah! mon tuteur, lorsque j'entendis sortir ce carrosse, je pensai me trouver mal, je ne me connaissais plus. A huit heures je fis un effort pour descendre chez mon beau-père; je ne doutais pas que mon mari ne rentrât bientôt, j'aurais voulu l'attendre dans mon appartement, mais je craignais, si je l'y attendais, de n'être plus en état de descendre. Notre explication ne pouvait être que fort longue, et peut-être trop vive; car je n'osais me flatter qu'elle fût touchante. J'étais en vérité piquée; oui, je l'avoue... D'un autre côté, le ton que je devais prendre avec lui m'embarrassait. Mon mari m'avait appelée enfant. J'étais bien sûre d'avoir raison au fond; mais je craignais de m'y être mal prise... Si ma mère va me juger comme lui, disais-je encore, voilà qui est fait, je passerai pour avoir tort sans pouvoir me faire seulement écouter; cependant... Je suis offensée, je ne pourrai jamais me conduire de manière à ne pas me faire remarquer; n'importe. Je descendis; mon beau-frère, de Jully, s'aperçut que j'avais pleuré; il voulut d'abord me badiner, mais je le priai tout bas de ne pas me faire remarquer. Il eut pitié de moi, et me serra la main avec l'air de prendre part à ma peine. A neuf heures, M. d'Épinay n'était pas encore rentré; à neuf heures et un quart, on ne l'attendait plus, et on se mit à table. L'instant d'après, il m'envoya dire que M. de R... l'avait emmené chez lui, et qu'il y resterait à souper. Ce fut alors, mon cher tuteur, que j'eus bien de la peine à me contraindre. L'inquiétude pour sa santé l'emporta sur tout le reste. Mais, comme je vis que son père était irrité de l'extrême dissipation où il vivait depuis quinze jours, je repris des forces pour le défendre.

Dès qu'on fut sorti de table, je demandai permission de me retirer, alléguant la nuit que j'avais passée, et je remontai chez moi, où je fondis en larmes. Mon beau-frère, inquiet des mouvements qu'il avait bien remarqués en moi, vint me trouver et me pressa si fort pour savoir le sujet de ma peine, que je ne pus la lui cacher : je lui confiai tout. Il blâma beaucoup son frère. Bon Dieu! était-ce là le moyen de me consoler?... Il trouva que je mettais seulement à sa dissipation plus d'importance qu'elle ne méritait. Représentez à votre mari ses torts, me disait-il; et de quelque manière qu'il prenne vos représentations, ne soyez pas assez dupe pour vous en affliger. Quels conseils! Mais quoi, n'y a-t-il donc que moi dans le monde qui sache aimer? Il ajouta, voyant que ses consolations ne servaient qu'à aigrir mes peines... Vous répéterai-je, mon tuteur, ce qu'il m'a dit? Si vous saviez l'impression... Mais que signifie cela dans la bouche d'un homme qui ne sait point aimer?... Il m'a dit, en voyant... Cependant, mon cher tuteur, s'il a bien senti ce qu'il a dit, il faut... Je ne sais ce que je voulais dire... Mais ne me le répétez jamais, je ne veux plus m'en souvenir, je veux l'oublier; je crois que si ce propos reste dans ma mémoire, il faudra que je haïsse mon frère. Il m'a dit : A quoi sert, ma pauvre sœur, l'état où vous vous mettez? Eh bien! prenons les choses au pis; quand il aurait une maîtresse, une passade, que cela signifie-t-il? Vous en aimera-t-il moins dans le fond? — Que dites-vous, mon frère, m'écriai-je? quoi, il aurait!... — Je n'en sais rien, je suppose, je l'ai vu une fois ou deux... — Non; non, mon frère, n'achevez pas... — Mais encore une fois, qu'est-ce que cela prouve?... —

Non, mon frère, cela ne se peut... — Soit, dit-il. Je combattis un quart-d'heure entre le désir et la crainte d'apprendre tout ce qu'il en pouvait savoir. La crainte l'emporta, et sous le prétexte d'avoir besoin de repos, je le priai de me laisser seule... Je ne puis vous peindre mon état, il semblait que tout conspirait à augmenter le trouble de mon âme; mais achevons ce triste récit... J'attendis mon mari jusqu'à onze heures; puis, soit d'accablement, soit d'épuisement, je m'endormis sur mon fauteuil. A trois heures je me réveillai, ne doutant pas qu'il ne fût rentré; et ne pouvant m'en éclaircir, je sonnai ma femme de chambre pour me coucher. Mais dès que je fus au lit, je me trouvai dans une agitation qui ne me permit pas de reprendre le sommeil; j'aurais donné tout au monde pour savoir si mon mari était rentré. Le violent mal de tête qui se joignit à mes agitations me prouva que j'avais de la fièvre. Je sonnai ma montre au bout de quelque temps : elle disait quatre heures. L'instant d'après, j'entendis arrêter un carrosse à la porte de la maison; mon inquiétude m'annonça mon mari, et le bruit que j'entendis tout de suite dans sa chambre me confirma son arrivée. Alors, mon cher tuteur, je ne me possédai plus. Je me jetai à bas de mon lit pour aller l'accabler de reproches; j'ouvris la porte de ma chambre, et je m'arrêtai au moment d'entrer dans la sienne, en réfléchissant que j'allais peut-être l'aigrir contre moi, et empêcher son sommeil, par conséquent le rendre plus malade encore qu'il ne l'était. Je rentrai; mais je ne fus pas plutôt dans ma chambre que je regrettai de n'avoir pas suivi mon projet. Je rallumai du feu, et je passai le reste de la nuit à me coucher et à me relever.

Le matin j'attendis avec impatience que l'on entrât dans sa chambre; mais comme j'ai coutume d'aller tous les matins le voir, par réflexion je restai à l'attendre, pour commencer à lui marquer mon ressentiment. Enfin, à onze heures, pour la première fois, j'entendis parler de lui. Il envoya savoir s'il pouvait me voir. Cet air de cérémonie auquel je n'étais point faite me parut singulier, et m'affligea beaucoup. Je fus encore plus étonnée lorsque je le vis entrer d'un air riant, et avec la contenance d'un homme sûr d'être bien reçu. Comment se porte ma petite femme, dit-il, en me prenant par la tête pour m'embrasser? Mal, lui répondis-je d'un ton fort sec, en me retirant. Lui d'un air étonné, et restant dans la même attitude, dit : Qu'est-ce que c'est? vous ai-je fait mal? Je ne répondais point, je lui avais tourné le dos, et je me promenais pour tâcher de me remettre. Son début auquel je ne m'attendais pas m'avait ôté la parole. Il me suivit, disant : Ne puis-je savoir pourquoi cet air, ce silence?... Pour la première fois je suis venu mal à propos, ajouta-t-il; il y a commencement à tout. Je m'en vais, madame; vous me ferez dire quand vous jugerez à propos que votre mari prenne part à vos peines... Je vous avoue, mon cher tuteur, que depuis ces paroles j'ai commencé à craindre de m'être un peu exagéré ses torts. Ils me parurent au moins du nombre de ceux qu'on sent mieux qu'on ne peut les reprocher : car je voulus ouvrir la bouche, et tous ces faits, qui me semblent encore dans cet instant si graves, me parurent misérables à articuler. Mais le voyant sortir d'un air si assuré, je repris courage, espérant qu'il n'y avait que de la légèreté dans sa conduite, et que n'en ayant pas senti lui-même la conséquence, il pourrait m'écouter sans rougir.

Comme il allait fermer la porte, je courus à lui, fondant en larmes, les bras étendus. Monsieur, monsieur, lui criai-je, votre conduite!... votre santé!... Rassurez-moi, est-ce que vous m'aimez?... Je ne pus en dire davantage. Les larmes me suffoquaient. Il rentra, m'assit sur ses genoux, m'embrassa en riant et me disant : Ah! je me doutais de quoi il était question... J'avoue, mon tuteur, que cette réponse me

déplut. Je m'arrachai de ses bras, et je courus à l'autre bout de la chambre, en lui criant : Comment, vous vous en doutiez ! Vous m'avez laissée dans un état de peine, et vous vous en doutiez bien !... Vous êtes un cœur de fer ; oui vous en êtes un. Je ne veux jamais entendre parler de vous... Il s'approcha de moi, et voulut, à la vérité, raccommoder ce qu'il avait dit. Je ne voulus pas l'entendre. Il sortit brusquement. Savez-vous ce qu'il fit, mon tuteur ? Il descendit chez ma mère, et se plaignit amèrement de mon humeur ; en ajoutant, que sûrement j'étais malade, que j'avais des vapeurs, qu'on ne pouvait pas y tenir, que je m'étais emportée, sans savoir pourquoi, jusqu'à lui dire des injures, et le menacer de ne jamais vouloir entendre parler de lui. Je fus très-étonnée de voir entrer dans mon appartement ma mère qui me traita d'enfant, qui m'accusa de fierté et de hauteur déplacée. Je ne lui cachai aucun de mes sujets de plaintes. Elle trouva que M. d'Epinay aurait pu se conduire avec plus de délicatesse, mais elle n'en blâma pas moins l'importance que j'avais mise à ce qu'ils appellent tous des misères. Elle trouva surtout que je m'étais emportée de la manière la plus indécente. Elle prétendit qu'il était essentiel que cette scène ne revînt pas à mon beau-père, et qu'il ne fallait pas perdre un instant pour ramener mon mari. Elle me le montra offensé et dans la douleur. Je ne pus tenir à cette idée ; je crus en vérité avoir tort, quoiqu'un certain sentiment secret me disc encore le contraire ; mais je ne voulus pas l'écouter, craignant qu'il ne partît peut-être d'un amour-propre blessé par le propos de M. de Jully, auquel je ne dois point ajouter foi : je l'espère au moins. Mon mari fut mandé, et vint recevoir, je pourrais dire, des excuses. Je n'en fis point cependant, je me bornai à lui dire : « Si l'excès de ma douleur, monsieur, m'a fait vous traiter
» d'une manière contraire aux sentiments de mon cœur,

» vous n'avez à vous en prendre qu'à vous. Voyez mon âme, ». et jugez-nous tous deux. » Il ne me répondit point, m'embrassa d'un air fort tendre, à ce que prétend ma mère, en disant : Allons, ma chère amie, oublions tout cela, qu'il n'en soit plus question. Ma mère nous embrassa tous deux, et se levant pour s'en aller : Ah ça ! dit-elle, habillez-vous, venez dîner, et que M. de Bellegarde ne s'aperçoive de rien ; car vous êtes de vrais enfants. Mon mari, en reconduisant ma mère, me dit qu'il allait s'habiller, et qu'il reviendrait me voir ensuite. Ce prétendu raccommodement ne calma point mon âme. Je restai plus triste, s'il est possible, qu'auparavant. Il me semblait qu'il y avait un air d'inconséquence et d'incertitude dans toute ma conduite, et même dans mes idées. Enfin, mon tuteur, il faut vous l'avouer, moi-même, je me trouvai enfant, non par mes peines, mais par ma conduite.

A toutes ces tristes réflexions, je n'avais que mes larmes pour consolation. Je ne me trouvai nullement en état de me présenter; et me sentant même assez souffrante, je pris le parti de me coucher. Mon mari, après le dîner, vint me tenir compagnie pendant une heure. Comme il n'était plus question d'explication, il pouvait chercher à réparer ses torts sans se compromettre. Malgré cela, il avait l'air d'attendre que les premières démarches vinssent de moi. Il rêvait, il avait l'air distrait. Il faut, mon cher tuteur, que j'aie de la rancune ; car tout ce que je pus faire au monde, ce fut de ne pas me fâcher, et de lui sourire quelquefois, toujours les larmes aux yeux. Il vint cependant m'embrasser, mais je n'en fus pas plus heureuse. Il n'est pas, je crois, possible de passer tout d'un coup de la douleur la plus amère à la tranquillité, à plus forte raison, au degré de satisfaction qui caractérise le bonheur. Et puis le propos de mon beau-frère... que je voudrais oublier... Enfin M. d'Épinay sortit vers les quatre heures.

Ayant eu toute mon après-dînée à moi, le soir je me sentis assez calme ; je pris la ferme résolution d'oublier ce qui s'était passé, et de prendre le ton que mon mari me donnerait.

Enfin, mon cher tuteur, venez, ne perdez pas de temps : je ne saurais plus vivre ainsi. J'ai encore mille choses à vous dire ; mais la plume me tombe des mains. Venez, je vous en conjure.

Je m'empressai de répondre à madame d'Epinay, je tâchai autant qu'il me fut possible de la calmer ; et pour cela je ne parlai point des torts de son mari ; je lui reprochai, au contraire, celui qu'elle avait eu d'exiger, en quelque sorte, qu'il lui en fît l'aveu, au lieu de paraître satisfaite des marques d'attachement et de regret qu'il lui avait données.

On peut s'imaginer encore aisément que je ne l'instruisis pas de tout ce que je savais. Il n'y avait que trois mois qu'ils étaient mariés, et il y en avait plus d'un que j'étais informé qu'il recherchait une fille de la comédie à qui il avait fait des offres considérables. Je lui en avais parlé quinze jours auparavant, en lui rappelant ce qu'il se devait à lui-même. Il nia les faits dont j'étais bien instruit ; il me fit les plus belles protestations sur la régularité de sa conduite, et feignit de se trouver offensé de mes soupçons : à mon tour je feignis de le croire sincère. Malheureusement, depuis il n'a été que trop constant dans ses désordres, et les scènes indécentes et injustes, qu'il a faites à sa femme en différents temps, ont toujours été la preuve assurée qu'il redoutait alors l'éclat d'une nouvelle sottise. Lorsque je fus prié par madame d'Epinay de parler à son mari, je le fis d'un ton plus sévère, et je lui donnai des preuves qu'il ne put pas nier. Il convint de tout ; mais il mêla cet aveu de tant de bassesses et de faussetés, que dès ce moment je n'en espérai rien. J'engageai cependant madame d'Epinay à l'indulgence et à la douceur, et j'exhortai madame d'Esclavelles à se prêter davantage aux goûts de sa fille. Je lui fis sentir, autant qu'il fut en moi, les inconvénients de ne jamais lui montrer qu'un visage triste et sévère : en effet, la tendresse que ma pupille avait pour sa mère cédait à l'ennui de son entretien et de ses fréquents sermons, et la tenait sur la réserve. Mon exhortation ne servit qu'à faire garder à madame d'Esclavelles une conduite inégale, tantôt suivant l'impulsion de son caractère et de ses principes, et tantôt en se rappelant mes avis, surtout lorsqu'elle voyait le mauvais succès des siens.

DE MADAME D'ÉPINAY A MADAME LA PRÉSIDENTE DE M***

En vérité, ma cousine, je ne comprends plus rien aux usages, aux convenances ! tout cela me trouble l'âme. Il faut que je vous conte en quatre mots ce qui m'est arrivé. J'allai avant hier chez madame Desfontaines. Après souper, tout le monde se mit à me persécuter pour aller au bal, je refusai fermement d'abord, et je finis par y aller, sur la parole que tout le monde me donna que l'on ne me nommerait pas; que ma mère n'en saurait rien; et que nous serions rentrés à deux heures.

A peine y fus-je, qu'un masque que je ne pus jamais reconnaître vint me raconter toute mon histoire, plusieurs détails de l'intérieur de notre maison, et des conversations entières que j'ai eues avec différentes personnes depuis mon mariage. M. d'Epinay était auprès de moi, je lui rendais tout ce que le masque me disait; et nous étions encore, hier au soir, à savoir qui c'était, lorsqu'en me couchant, ma femme de chambre me remit une lettre, qu'elle me dit lui avoir été apportée par un inconnu qui l'a priée de ne la remettre qu'à moi seule, et si je lui promettais de ne la pas lire en présence de mon mari. J'hésitai d'abord à la prendre, et enfin je me déterminai à la lire. La voici :

« Puisque vous voulez absolument me connaître, madame,
» je vais me découvrir par le côté qui flatte le plus mon
» amour-propre, et qui me fait le plus d'honneur. Je vous
» adore; et depuis le premier instant que le hasard m'a fait
» vous rencontrer jusqu'à ce moment, mon amour n'a fait
» qu'augmenter. La crainte de vous déplaire a retardé l'a-
» veu que je vous en fais; mais pourquoi vous tiendrais-je
» plus longtemps mes sentiments cachés? je n'aspire qu'à
» obtenir de vous-même la permission de vous adorer. J'ai
» une trop haute idée de vous pour prétendre davantage.
» C'est la candeur, la vertu qui brille en vous qui m'a enle-
» vé à moi-même. Je saurai respecter votre amour pour vo-
» tre mari, mais je ne puis m'empêcher de me récrier :
» qu'il est heureux! Me pardonnerez-vous, madame, l'em-
» barras que je vous ai causé au bal? Hélas! ne me repro-
» chez pas les deux heures les plus heureuses de ma vie.
» Je ne puis souffrir toutes les autres femmes, depuis que
» je vous connais. Quelle différence! et que je la sens bien!
» Mais, oh Dieu! que deviendrai-je, si abusée par des pré-
» jugés dont le manque d'expérience vous empêche peut-
» être encore de sentir toute l'absurdité, vous allez me re-
» fuser la seule chose qui désormais puisse faire mon
» bonheur; le droit de vous aimer et d'oser vous le dire….
» Si vous daignez me donner, vous-même, une réponse, vous
» me trouverez lundi au bal de l'Opéra. Je sais que vous y
» devez aller, et j'aurai l'honneur de vous faire ma cour.
» Quoique j'aie promis à une autre femme de lui donner la
» main, je n'y verrai que vous. »

Cette lettre était signée, ma cousine, devinez de qui? De M. de C.*** Vous imaginerez aisément combien je fus choquée de cette insolence. Je grondai ma femme de chambre.

J'allai aussitôt porter cette lettre à mon mari, bien chagrine de l'avoir ouverte à son insu. Croiriez-vous qu'il en rit aux larmes, qu'il avoua qu'il avait lui-même dicté au chevalier une partie des propos qu'il m'a tenus au bal pour s'amuser de mon étonnement ; mais que le drôle (ce sont ses termes) ne lui avait pas confié ses tendres sentiments, ni le projet de m'écrire. Je voulus lui montrer qu'il était cause de l'insolence du chevalier, en l'instruisant si familièrement de notre intérieur, il s'est moqué de moi : mon avis était que nous n'allassions point au bal lundi, mais il veut que j'y aille, et prétend que cela ferait un mauvais effet dans l'esprit du chevalier. J'en suis bien aise au fond, car je trouvais fort dur de sacrifier le bal de l'Opéra que je n'ai jamais vu, à ce chevalier de C*** que je ne veux point voir et dont je ne me soucie guère : et qu'est-ce que je ferais de plus pour quelqu'un dont je me soucierais ? Nous irons au bal, M. d'Epinay d'ailleurs m'a donné une si bonne raison pour m'en faire sentir la nécessité, qu'il devient indispensable à présent que j'y aille. Si je n'y paraissais pas, dit-il, le chevalier ne manquerait pas de croire que je le fuis, que je le regarde comme un homme dangereux, et il s'en vanterait, car c'est un fat, à ce qu'on dit.

S'il me parle, je ne ferai pas semblant d'avoir reçu sa lettre, et s'il m'en écrit une seconde, je la renverrai sans l'ouvrir. Je ne voudrais pas, pour rien au monde, que ma mère sût cette aventure. Elle est dans l'opinion qu'un homme n'ose pas faire une déclaration à une femme, qu'elle ne lui ait donné lieu de croire, ou par ses démarches, ou par ses paroles, qu'il en sera écouté. Je suis pourtant bien sûre que je n'ai rien fait qui ait pu autoriser la déclaration du chevalier de C*** ; sa lettre en est une preuve ; car il ne doute ni de ma sagesse, ni de mon amour pour mon mari. N'importe ; j'en suis affligée, et j'ai bien prié M. d'Epinay de n'en rien dire devant ma mère, pas même en plaisantant : il me l'a promis. Je n'en parlerai pas non plus à mon tuteur à qui je dis tout.

Adieu, ma chère amie, voilà ce que je voulais vous dire. J'irai dîner demain chez vous... A propos, mon mari ne veut pas qu'on sache qu'il a vu cette lettre du chevalier : ne lui en parlez pas.

*Billet de Madame la présidente de M*** à madame d'Epinay.*

Votre aventure est en effet fort étrange. Mais est-ce bien le chevalier de C*** ? Vous ne sauriez trop prendre garde de vous compromettre avec cet étourdi : cela est bien insolent, je n'en reviens pas. Cependant s'il est au bal lundi, et s'il vous parle encore, il n'y aura pas moyen d'en douter. J'espère que vous me tiendrez au courant de cette aventure.

Bonjour, ma cousine, j'ai une migraine effroyable.

DE MADAME D'EPINAY A MADAME DE M***

Ah ! mon Dieu, oui, ma cousine, il était au bal, il a fait plus de soupirs, plus de questions ! A tout cela point de réponse : Des *quoi*? ou bien, Monsieur, je ne comprends pas ce que vous voulez dire. Enfin je l'ai tant déconcerté... Mon Dieu ! qu'il était ridicule !... Et puis ce matin une lettre qu'il a tenté de me faire rendre par la même voie que la première ! mais j'avais si bien fait la leçon à ma femme de chambre, qu'elle n'a pas voulu la prendre absolument. Je veux me lever pour dîner avec mes grands parents, et je me recoucherai ; car il ne faut pas qu'ils sachent que j'ai été au bal. Bon Dieu ! si ma mère le savait, que deviendrais-je? Bonsoir ou bonjour, comme vous voudrez.

Madame de M*** qui aimait le chevalier, n'apprit pas sans

une secrète peine ce qui s'était passé entre lui et madame d'Epinay; et quoique l'honnêteté de celle-ci et son amour pour son mari dussent la rassurer du reste, elle ne voulut plus que son amant allât sans elle chez sa cousine. De son côté, madame d'Epinay n'attendait que le départ de son mari pour fermer sa porte au chevalier. Cependant quelques propos tenus dans le monde m'alarmèrent pour ma pupille. Je savais que sa supériorité sur d'autres femmes lui avait fait de bonne heure des ennemis, auxquels, il faut avouer qu'elle prêta souvent des armes par sa naïveté et sa vivacité.

J'avais déjà tenté plusieurs fois d'employer l'autorité de ses parents pour remédier, ou pour parer à des inconvénients que je ne croyais pas moins contraires au bien-être qu'à la réputation de madame d'Epinay : mais leur peu d'usage du monde et leurs irrésolutions perpétuelles les rendaient si gauches dans tout ce dont ils se mêlaient, qu'il en résultait presque toujours un effet contraire à ce que j'en attendais ; ce qui me fit prendre, une fois pour toutes, la résolution de ne me plus adresser à eux, convaincu d'ailleurs qu'on ne fuit point sa destinée.

DE MADAME D'EPINAY A MONSIEUR D'EPINAY.

Quoi, mon ami, mon ange, tu es parti ! tu as pu me quitter, et me quitter pour six mois ! non, je ne résisterai jamais à l'ennui d'une si longue absence. Il n'y a que quatre heures qu'elle dure, et elle m'est déjà insupportable. J'ai engagé madame de M*** à venir me tenir compagnie ; à présent je serais fâchée qu'elle vînt troubler la seule consolation qui me convienne, celle de t'écrire. Oh! mon tendre ami, me pardonneras-tu si je maudis la cause qui m'empêche de te suivre? J'ai cédé trop facilement aux craintes de ma mère, une grossesse de trois mois n'a jamais empêché de voyager, au contraire. Hier j'étais heureuse, je l'étais encore ce matin, et maintenant je ne le suis plus; je n'ai pas même l'espoir d'être tranquille d'ici à six mois. Je veux passer mes jours à t'écrire, mes nuits à penser à toi. Ne me laisse rien ignorer de ce que tu feras, surtout ménage bien ta santé, songe que ma vie est attachée à la tienne. S'il t'arrivait le moindre accident!.... Mais je n'ai pas besoin de m'exagérer mes peines pour les ressentir vivement. Que j'ai d'impatience d'avoir de tes nouvelles! Une chose m'alarme surtout, c'est que vous ne sentez pas assez la nécessité de pourvoir d'avance à tous les petits accidents qui peuvent arriver..... Peut-être pour les autres seriez-vous plus prévoyant... Tenez, imaginez que c'est moi dont vous avez à prendre soin, et traitez-vous comme vous me traiteriez, avec cela je serai tranquille.

Adieu, mon cher ami. Ah! si tu souffres autant que moi de notre séparation, que je te plains!

Si M. d'Epinay, qui, à cause de sa charge, était souvent dans le cas de s'éloigner de son épouse, eût conservé comme elle toutes ses lettres, on aurait la suite la plus exacte de leur âme, et des divers mouvements qui agitaient madame d'Epinay; toutes ses lettres étaient un journal de sa vie. Si quelques détails sont sortis de ma mémoire, les différents motifs qui la faisaient agir me sont toujours présents. J'ai connu peu d'âmes aussi intéressantes à suivre que la sienne. La douleur qu'elle ressentit à leur première séparation depuis qu'ils étaient mariés avait un tel caractère de vérité, et elle la laissait voir avec tant de franchise, qu'il était difficile de n'en pas être ému.

Dès que son mari fut parti, elle se crut seule dans l'univers. Il n'y a personne de ceux qui ont ressenti une violente passion, qui n'ait éprouvé le vide d'une première absence, combien alors est précieux tout ce qui nous représente l'objet de nos regrets, et combien est importun ce qui nous distrait de notre affliction. Madame d'Epinay se livra à toutes les extravagances qui résultent du délire d'une première passion. Elle fit apporter dans son appartement les meubles de son mari; elle résolut de se servir de préférence de tout ce qui lui appartenait et qui pouvait être à son usage; elle ne voulut voir que les gens à qui elle pouvait parler sans cesse de lui; elle trouvait mille prétextes pour le nommer : son nom lui semblait se rapporter merveilleusement à tout ce qu'on lui disait. Les larmes qu'il avait versées en la quittant lui étaient d'autant plus précieuses, qu'elle avait des inquiétudes sourdes sur sa tendresse. Cette marque de sensibilité lui parut un triomphe dont elle s'empressa de tirer vanité auprès de moi et de madame de M***. Elle ne concevait pas comment elle avait pu le laisser partir sans elle; la crainte de lui occasionner de la dépense l'avait retenue, mais un commencement de grossesse avait été le motif décisif. Comme madame de M*** et madame de Vignolles lui laissaient la liberté de s'affliger auprès d'elles, elle se livra à leurs conseils sans peine ni plaisir. Elle sortait presque tous les jours. M. de Bellegarde et madame d'Esclavelles ne s'y opposaient pas, sentant eux-mêmes la nécessité de la distraire d'une douleur qui aurait infailliblement attaqué sa santé. Elle passait toutes les matinées et une partie de la nuit à écrire à son mari. Il l'avait chargée en partant de quelques détails qui le concernaient, entre autres de retenir, tous les mois, une portion de la somme que son père lui envoyait, pour en acquitter quelques dettes dont il lui avait laissé l'état. Cette occupation lui donnait la plus grande satisfaction, et il n'y avait pas jusqu'à la vue des créanciers de son mari qui ne la comblât de joie, parce qu'elle parlait de lui; elle prolongeait la conversation avec une adresse qui enchantait ces bonnes gens, et qui me faisait mourir de rire lorsque j'en étais le témoin.

Huit jours après le départ de M. d'Épinay, il se présenta plusieurs créanciers qui n'étaient point compris sur la liste, et qui prétendaient se faire payer. Elle suspendit l'ordre qu'elle était chargée de donner au sellier pour un second carrosse qu'il devait faire pour lui, pendant son absence. Elle découvrit aussi qu'il avait acheté une magnifique calèche dorée à l'inventaire du président de Maux, et elle écrivit pour savoir son intention sur tous ces objets; elle hasarda timidement quelques représentations sur la magnificence de cette calèche, et sur l'inconvénient qu'il pouvait y avoir de s'en servir. Sa plus grande peur était de le blesser : et cette crainte qu'elle n'a conservé que trop longtemps lui a été souvent nuisible. Dans cette occasion, elle appuya moins sur l'extravagance de cette acquisition, que sur la colère où serait son père contre lui. Il répondit qu'il avait caché cette emplette, qu'il n'avait faite que pour elle, afin de lui en faire une surprise agréable à son retour. D'ailleurs il approuvait fort sa manière de vivre; sa conduite, en effet, devait lui plaire : de la dissipation, des spectacles, et une soumission aveugle à ses volontés, c'était dans son esprit le comble du bonheur. Elle avait profité aussi de l'absence de son mari pour faire fermer la porte au chevalier de C***; en effet, je ne le rencontrais jamais chez elle ; seulement, la veille de son départ pour son régiment, elle le reçut, parce que son mari le lui prescrivit très-précisément. Il l'entretint longtemps de l'embarras momentané que lui causait l'absence de M. d'Epinay dans le pressant besoin où il disait se trouver. Elle regardait avec raison ce propos comme une manière détournée de lui emprunter de l'argent, et elle rompit d'autant plus vite la conversation, qu'elle avait de la hauteur d'âme, et qu'il lui déplaisait fort que le chevalier osât l'entretenir de ses affaires. Son mari lui avait demandé dans une de ses lettres pourquoi elle ne lui parlait jamais du chevalier de C***. C'est, lui répondit-elle, que je ne puis vous en parler sur le ton qui vous plairait. Alors elle lui rendit compte de sa conduite avec le chevalier pendant son absence, en le conjurant de lui permettre de ne le pas revoir à son retour. Elle ne lui cacha pas qu'elle craignait de la part de son perfide ami un plan formé de le détacher d'elle; et comme on lui avait donné mauvaise opinion de ses mœurs, de ses principes, elle crut voir dans sa conduite le projet de la séduire. Voici comme M. d'Epinay répondit à ses craintes et à ce qui concernait ses affaires. On jugera en même temps de l'excès de l'aveuglement où la tenait sa passion : cette lettre-ci est une des mieux écrites et des plus tendres qu'elle ait eues de lui.

DE MONSIEUR D'EPINAY A MADAME D'EPINAY.

Je reçois deux de vos lettres, ma chère amie, presque dans le même moment. Que de nouvelles raisons de vous aimer davantage, si je n'y étais déjà porté par le sentiment le plus tendre! Le souvenir de Paris et de tout ce qui m'y attache doit vous assurer du regret que j'ai de vous avoir quittée, ou du moins de n'avoir pu être accompagné de vous. Jugez du désir que j'aurais de vous rejoindre; mais je sens qu'il faut aussi donner un certain temps à ce voyage et à mes affaires, et vous devez m'en savoir gré. Si je trouve ici quelque ressource, c'est comme un pis aller; et vous ne devez pas craindre que rien vous efface de mon cœur.

Je ne puis vous rien mander d'intéressant. Je n'ai donc rien de mieux à faire que de répondre aux articles de votre lettre. Cette calèche, dont vous me parlez avec tant de détails, peut vous paraitre brillante, parce que vous n'avez rien vu de mieux, ou parce que vous avez été prévenue par ceux qui vous en ont parlé ; mais dans le fond il n'y a rien de trop. Dans quelque temps elle vous plaira, et ce n'est que par une sorte de complaisance, je le sens bien, que vous voulez entrer dans des raisons d'économie, qui, au fond, ne doivent point nous arrêter. Je la garderai ainsi que les harnais et les deux chevaux qui sont achetés. Tout est arrangé pour cela, il n'y faut rien changer.

J'écris à mon sellier pour lui donner l'ordre d'achever mon carrosse, et de mettre la dernière main à la calèche, afin qu'elle soit finie, même avant mon retour, et telle que je l'ai ordonnée. Je ne sais comment vous l'entendez, ma chère amie ; il serait bien singulier que mon père prétendît compter sur mon revenu les cent pistoles qu'il me donne par mois pendant mon absence, et qui ne doivent passer que pour gratification. Il faut absolument le faire expliquer là-dessus ; je vous prie même de le prévenir sur ce que je dois lui en dire, en lui faisant sentir que, vu les dépenses inévitables auxquelles j'ai été obligé à mon mariage, il m'est impossible de me tirer d'affaire sans cette gratification, qui est peu de chose pour lui, et qui m'est absolument nécessaire.

Il faudra bien, ma chère amie, que tu tâches de payer, sur ta bourse, un à compte au tailleur de mes gens, ainsi qu'au nommé T... Avec cela ils doivent être contents et attendre mon retour pour le reste. Il est vrai que je les avais oubliés sur la liste que j'avais faite de mes dettes avant mon départ ; je ne sais comment cela est arrivé ; tu voudras bien réparer cette négligence, je m'acquitterai avec toi dès que je le pourrai.

Il me paraît que tu traites bien sévèrement ce pauvre chevalier de C***. On ne lui rend pas justice. Il a un mérite qui porte envie, et dans les torts qu'on lui suppose, il a été plus malheureux que coupable. S'il a quelques airs, il est fort en droit de se les donner. Au reste, nous avons les mêmes connaissances, nous vivons ensemble, il m'a témoigné de l'amitié dans l'occasion, je lui ai des obligations que je dois reconnaître, et à ces titres, j'espère que tu le recevras comme à l'ordinaire, sans quoi il ne manquera pas de croire que c'est moi qui t'en empêche : c'est t'en dire assez. Quant à tes craintes, elles n'ont pas le sens commun. On peut bien dire à une femme qu'on en est amoureux, sans que la tête en tourne. O amour-propre femelle!

Je suis charmé que vous alliez vous établir à Epinay, et plus content encore du goût que vous paraissez avoir pour cette terre; mais il faut du monde et des amusements. J'espère que mon père consentira à y donner quelques fêtes. Vous avez votre équipage et le sien dont vous pouvez disposer. La campagne n'offre rien si l'on y est seul, ou si l'on y voit toujours les mêmes objets. Il faut y faire naître de la variété, et j'ai besoin moi-même que vous me fassiez part de vos plaisirs, et de tout ce qui se passera à Epinay.

Tu sais à qui je dois des souvenirs et des compliments. Je t'en charge. Je compte que dans peu de jours mes affaires seront finies ici, et que j'en pourrai partir pour continuer ma route. Malgré cela, je ne vois encore que de bien loin mon retour à Paris. Plus je m'en éloigne, et plus j'aspire au plaisir de m'en rapprocher. Soutiens-moi dans cette espérance, ma chère Emilie, par le bonheur de recevoir de tes lettres. Je sens que je m'oublie et crois être avec toi. J'ai peine à te quitter; mais il le faut, et je ne puis plus te dire autre chose, sinon que je suis mille fois à toi.

Après cette lettre qui l'enchanta, comme si elle en eût valu la peine, elle fut trois ou quatre ordinaires sans en recevoir. Si elle eût attribué ce silence à la négligence de M. d'Epinay, elle aurait été excessivement malheureuse.

Enfin elle en reçut une seconde à peu près semblable à la première, et où M. d'Epinay n'avait pas encore l'air d'imaginer qu'il eût mis sa femme dans l'inquiétude, en ne lui écrivant pas pendant près de quinze jours. Emilie ne parut pas sentir cette froideur, ou, pour mieux dire, elle ne l'avoua pas ; elle s'accrocha à deux ou trois phrases fort tendres prises dans un livre qu'elle ne connaissait pas, et qui lui persuadèrent que personne n'était aimé plus délicatement et plus vivement qu'elle ; mais elle ne fut pas longtemps libre de se donner le change, et n'en fut que plus à plaindre. Elle se trouva sans un sou, ayant employé presque tout son argent à l'acquit des dettes de son mari. Elle était arriérée de quelques mois, et il lui survint des dépenses nécessaires. Comme elle n'osait représenter ses besoins ni à M. de Bellegarde, ni à sa mère, dans la crainte de les éclairer sur la conduite de M. d'Epinay, elle lui écrivit, et lui fit le tableau le plus fort qu'elle put de la situation de leurs affaires, mais toujours avec la crainte de lui rien dire d'humiliant : ce qui lui faisait apporter des ménagements qui gâtaient ordinairement tout ce qu'elle faisait de bien. Soit cette raison, soit le peu de sensibilité et de réflexion que M. d'Epinay apportait à tout ce qui ne flattait pas ses goûts et ses passions, à peine lui répondit-il sur cet article, et ce ne fut qu'en courant qu'il lui dit qu'il était bien fâché de ne pouvoir encore s'acquitter de quelques mois. Il eut grand soin d'ailleurs, dans la même lettre, de lui mander qu'il lui envoyait une robe qui lui avait paru si jolie, qu'il n'avait pu se refuser au plaisir d'en faire l'emplette pour elle ; il accompagnait cette galanterie de tous les petits propos séducteurs avec lesquels on fait des dupes de toutes les âmes droites et sensibles. J'eus bien envie de conseiller à ma pupille de ne pas accepter ce présent ; mais qu'aurait-elle gagné à une démarche que son cœur et son caractère auraient démenti mille fois pour une ? Prête d'aller s'établir à Epinay avec ses parents, elle résolut d'y être fort sédentaire pour éviter de jouer et de faire les dépenses inévitables à la ville. Elle projeta différentes occupations; elle était peu instruite, elle me pria de la guider dans le plan d'études qu'elle s'était fait. De l'ouvrage, des livres et le dessin devaient remplir les moments qu'elle ne donnerait pas à sa correspondance avec son mari. Ses parents, à qui elle communiqua ce projet sans leur en dire le véritable motif, en furent d'autant plus enchantés, qu'ils se trouvaient seuls avec mademoiselle de Bellegarde, M. de Bellegarde ayant envoyé M. de Jully chez un de ses amis, loin de Paris, afin de lui faire oublier, s'il était possible, mademoiselle Le Brun, pour laquelle il semblait prendre un goût trop vif. M. de Bellegarde redoutait les suites de cette passion naissante. Mademoiselle Le Brun sortait d'une famille obscure. Ses alentours étaient, selon lui, un obstacle invincible pour l'unir à M. de Jully, à qui il voulait faire contracter un mariage de protection. Elle était fort riche à la vérité; mais la manière dont feu son père avait acquis sa fortune ne passait pas pour très-légitime.

Madame d'Epinay alla prendre congé de ses amies. Madame de M*** la blâma, et poussa même ses railleries si loin, que ma pupille ne put se dispenser de lui confier le véritable motif de sa retraite; elle ne l'en approuva pas davantage. Vous êtes bien sotte, lui dit-elle, est-ce pour rester dans la misère que vous avez épousé un homme de fortune? qu'est-ce que c'est que cette aisance dont on nous berce, si nous nous laissons manquer des choses les plus nécessaires? nos maris sont obligés de payer nos dettes, et notre honnêteté là-dessus doit se borner à n'en pas contracter d'inutiles, ni de trop outrées... A votre place je ne me refuserais aucune dépense nécessaire et convenable à mon état. Madame d'Epinay lui représenta qu'en agissant ainsi, ses dettes viendraient nécessairement à la connaissance de son beau-père, qui croirait qu'elle a autant de goût pour la dépense que son mari. Eh bien? reprit la cousine, restez dans la misère, mais au moins dissipez-vous et ne vous enterrez pas toute vive.

Ces conseils ne changèrent rien aux projets de madame d'Epinay. Nous partimes pour la campagne où elle mena en effet la vie qu'elle s'était proposée. L'esprit toujours occupé de son mari, elle lui écrivait beaucoup ; mais plus son amour était grand, moins elle trouvait qu'il y répondit. Elle s'exagéra ses peines et finit par tomber dans la mélancolie. Plusieurs jeunes femmes alors moururent en couches. Son âme tournée à la tristesse se trouva ouverte à la crainte d'éprouver un pareil sort. Elle n'en parlait pas, mais je la surpris plusieurs fois s'occupant, les larmes aux yeux, à tout arranger pour laisser à ses amies des marques de son souvenir, et à son mari des preuves de tout ce que son indifférence, ou, pour mieux dire, la faiblesse de ses sentiments lui avait fait souffrir. Madame de M*** faisait l'impossible pour l'engager à sortir de cet état; mais elle s'y prenait toujours si follement que ses représentations ne faisaient aucun effet. M. de Bellegarde et madame d'Esclavelles qui ignoraient la cause de cette tristesse, l'attribuaient uniquement à l'absence de M. d'Epinay, et en l'exhortant à la patience, la louaient beaucoup de la retraite où elle vivait, et l'assuraient que c'était le seul moyen de retenir son mari auprès d'elle à son retour, et de le tirer de la trop grande dissipation où il se laissait entraîner. D'un autre côté, au milieu de toutes les folies de sa cousine, il se trouvait aussi des réflexions qui n'en étaient pas moins sensées pour être dites gaiement. Voici une lettre qu'elle lui écrivit dans ce temps et qui ébranla un peu ma pupille dans ses résolutions.

DE MADAME DE M*** A MADAME D'EPINAY.

Enfin, voilà huit jours que je garde la chambre, ma chère et très-lamentable cousine, sans avoir pu parvenir à vous faire accepter aucune des propositions que je vous ai faites de me venir voir. J'aime à la folie, entre autres, votre excuse d'hier, pour ne pas venir au concert que j'ai donné. « Il y y avait trop de monde. » Quelle platitude ! Quoi ! parce que votre mari est absent il faut vivre dans la retraite ; vous qui aviez l'air, il y a un mois, d'être attachée à l'aile d'un moulin à vent, vous voilà tout d'un coup livrée à la solitude la plus déplorable : et cela, pourquoi ? Pour un mari qui court les champs et qui doit être absent quelques mois. Prenez-y garde, je vous assure que vous allez vous couvrir de ridicule.

Il est assurément bien d'aimer son mari : cela est même très-admirable, mais il y a des bornes à tout. Je crois bien que vos chers parents sont fort aises de ce nouveau genre de vie, ils ont quelqu'un de plus pour les regarder bâiller, et c'est quelque chose quand on bâille par état. Raillerie à part, voyons un peu à quoi tout ceci vous mènera.

Tant par votre état que par la vie que vous allez mener, vous contracterez une mélancolie et une tristesse qui ne vous rendront pas plus aimable. Ces beaux yeux se terniront, ces jolies joues fraîches se faneront, et votre époux, à son retour, vous saura le meilleur gré du monde de cette réforme. J'y vois un autre malheur qui me paraît valoir la peine d'en parler, c'est que vous ne serez plus au ton décousu et frivole de ce charmant objet (je vous en demande pardon), et que tout cela pourrait bien produire des changements funestes ou pour l'un ou pour l'autre ; ou bien, vous voudrez recommencer à vivre comme lui, cela vous ennuiera, et vous

vous donnerez par-dessus tout la réputation d'une folle qui ne sait ce qu'elle veut.

Entendez-vous, ma belle cousine? Faites votre profit de tout cela, et venez me voir. Bonjour.

Ces conseils ne purent déterminer madame d'Epinay à changer son genre de vie. Elle entrait dans le cinquième mois de sa grossesse; et la première fois que l'enfant qu'elle portait lui fit sentir son existence fut un moment délicieux pour elle. Cette nouveauté troubla et attendrit son âme au point de lui faire verser des larmes. La joie qu'elle eut de ce mouvement ne dura guère, ses craintes précédentes lui revinrent et furent plus vives. « Quoi, il faudra peut-être
» périr en mettant au monde cette petite créature qui m'est
» si chère! Je ne jouirai pas du bonheur de lui avoir donné
» l'être : et quel sera son sort après moi? » Telles étaient les appréhensions dont elle me faisait part.

DE MADAME D'ÉPINAY A M. DE LISIEUX.

A sept heures du soir.

Ah! mon cher tuteur, que ferais-je sans vous? je me meurs.. Faut-il vous avouer la conduite... Le méritais-je?... J'avais bien raison de craindre... Pardon, je ne sais ce que je dis; un moment, un moment de repos. Je vais tâcher de me faire à l'idée de mon malheur... Il me semble que si vous étiez ici, je vous dirais... Vous le devineriez, mais écrire! écrire en détail des choses!...

A minuit.

Je ne suis pas plus calme; au contraire chaque réflexion ajoute à mon malheur. J'ai besoin de votre conseil : écoutez donc.

Hier, j'allais au palais avec madame de M*** et madame de Maurepaire pour faire raccommoder la chaîne de ma montre; je ne trouvai point la Frenaye, à qui je voulais parler; on me dit qu'il allait rentrer, et en attendant nous montâmes dans le magasin pour nous amuser un moment. Nous y trouvâmes mademoiselle la Frenaye qui travaillait à monter sur des perles un portrait richement entouré. J'allai pour le regarder, et comme je le prenais, madame Frenaye approcha, mit promptement la main dessus en me disant : Madame, pardon, mais il nous est recommandé de ne le point laisser voir. J'avais cependant eu le temps d'y jeter les yeux, et j'avais reconnu très-distinctement le portrait de mon mari; l'empressement de cette femme ne me laissa aucun doute là-dessus. Je fis mes efforts pour me contraindre et cacher mon trouble: Cette discrétion est juste, lui dis-je; mais à qui appartient-il? Je ne puis pas le dire, reprit madame de Frenaye. Madame de M*** s'approcha et voulut savoir de quoi il était question. Je fis ce que je pus pour finir cette conversation dans la crainte de voir mon malheur constaté publiquement; enfin, elle tourna si bien, qu'elle arracha l'aveu que ce portrait appartenait à une fille.

Promettez-moi, mon cher tuteur, qu'en me disant naturellement votre avis sur la conduite que j'ai tenue, vous ne ferez point de réflexions, vous n'aggraverez point mon malheur, et qu'après m'avoir conseillée sur cette cruelle aventure, vous ne m'en parlerez plus. Dans cette confiance, j'achève.

Je voulus me lever et m'en aller sous prétexte que nous attendions trop longtemps, mais, en effet, dans la crainte que madame de M*** ne poussât plus loin ses recherches; et les forces me manquant, je restai altérée. Ces dames virent que je me trouvais mal. Heureusement, sans en démêler la cause, elles me ramenèrent chez moi, et je m'en débarrassai le plutôt que je pus.

Ce n'était rien encore, mon tuteur, je voulais et je pouvais presque douter de mon malheur; il y manquait la certitude : à présent je ne puis douter de rien... Mon mari m'aimera-t-il encore s'il sait que je suis instruite? Puis-je l'aimer ou plutôt le lui avouer, ayant un tel reproche à lui faire? Que vais-je devenir? Tout le bonheur de ma vie est fini : je vais la passer dans l'amertume. Il m'a trompée une fois... Que sais-je encore si c'est la seule? Jamais, jamais je ne pourrai reprendre confiance. Il me semble qu'on m'a tout enlevé, que je suis la seule dans le monde... Eh! que lui ai-je fait pour me rendre si malheureuse?...

Ma mère, madame de M*** ! vous aviez raison ; il ne m'a jamais aimée... Ah! mon tuteur, si je ne respectais.. Hélas! je dois me conserver pour la malheureuse créature à qui je vais donner le jour... Me dédommagera-t-elle des torts de son père?

A quatre heures du matin.

Je ne puis prendre de repos; il faut que j'écrive. Vous vous rappelez sans doute que lorsque M. d'Epinay me donna son portrait, il en fit faire un autre, ne trouvant pas, disait-il, le premier assez ressemblant : je voulus les garder tous deux. Il m'objecta une raison d'économie à laquelle je n'eus rien à répondre; et je lui rendis celui qui me plaisait le moins. Dans la cruelle incertitude où je me trouvai hier, j'écrivis au peintre et le priai de me dire si M. d'Epinay lui avait payé ou remis le second portrait; j'ai feint d'en être restée chargée; mais que dans la grande quantité d'affaires qu'il m'avait laissées à son départ, j'étais incertaine de ce qu'il m'avait dit sur celle-ci. Hélas! mon cher tuteur, sa réponse a été claire et telle que je la craignais. Les deux portraits sont payés.

Voici, après vingt-cinq partis que j'ai voulu prendre et

qui tous m'ont paru alternativement bons et mauvais, celui auquel je me suis déterminée. J'écris à mon mari... Que ce nom m'était cher! Voyez, si vous croyez que cette lettre soit propre à le ramener, s'il lui reste encore un peu de compassion ou de reconnaissance!... Adieu, je vous en ai dit mille fois plus que je ne voulais; mais mettez-vous à ma place... Oh! que je voudrais me trouver injuste à présent! J'attends votre avis pour faire partir ma lettre ou la retenir. Excusez moi comme vous voudrez auprès de mes parents. Je ne suis point en état de paraître devant eux. Que deviendraient-ils s'ils connaissaient mes chagrins?

DE MADAME D'ÉPINAY A M. D'ÉPINAY.

Le hasard m'a fait découvrir, mon cher ami, une imprudence que vous avez faite et dont les suites pourraient être si graves pour vous que je ne puis me dispenser de la relever. J'espère que ce n'est en effet qu'une imprudence, une légèreté... Je l'espère! j'en suis sûre, sans quoi je mourrais de douleur. Comment survivrais-je à l'idée de vous voir infidèle? N'est-ce pas-là un accomplissement de mes tristes pressentiments, mille fois plus funestes que le malheur que je prévoyais?... Mais c'est trop m'arrêter sur une chimère; vous n'êtes qu'étourdi, vous n'êtes point criminel. Vous avez donné votre portrait à une fille, cela est trop ridicule pour exciter mes craintes; mais avez-vous réfléchi à l'indécence de le lui laisser porter publiquement; à ce que doivent penser de vous ceux qui le verront? J'en ai assez dit pour être sûre qu'aussitôt ma lettre reçue, vous lui ordonnerez de vous le renvoyer. N'y pensons plus et parlons d'autre chose... Un mot encore.

Par ménagement pour moi, vous vous croiriez peut-être obligé de nier ce fait; la dissimulation m'offenserait; c'est votre amie et non votre femme qui vous parle : d'ailleurs j'ai vu le portrait... Il est richement entouré... je pense encore qu'il n'est pas nécessaire que vous écriviez vous-même... Il serait même mieux de faire dire à cette fille, par quelqu'un de vos amis, qu'elle ait à rendre ce portrait, et cet ami pourrait me le remettre... Et un mot aussi sur l'insolence qu'elle aurait de le porter... Adieu, mon ami; j'ai un grand mal de tête et j'ai besoin de me coucher.

Je me rendis sur le champ auprès de madame d'Epinay; je la trouvai dans un état difficile à exprimer. L'excès de son désespoir me fit peur. Malheureusement j'avais peu de consolation à lui donner; ce ne fut qu'en lui rappelant le tort qu'elle ferait à son enfant, et l'impossibilité où elle serait de le nourrir si elle continuait de se désespérer, que je parvins à la calmer. Le lendemain je la ramenai à Epinay; et au bout de quatre jours, la trouvant plus disposée à vaincre sa douleur, et la voyant fonder beaucoup d'espérance sur ses lettres à son mari, je la confirmai dans cette attente et je revins à Paris où mes affaires m'appelaient.

DE MONSIEUR D'EPINAY A MADAME D'EPINAY.

Je voudrais bien savoir qui sont ceux qui ont dit à ma petite femme que j'avais donné mon portrait à la Rosette; car c'est un conte. Vous ne l'avez sûrement pas vu; mais il est assez singulier que vous souffriez qu'on vous fasse de pareils rapports. Ce ne peut être qu'un de ceux qui ont été témoins de cette folie; j'en soupçonne M. de Montreuil, et si c'est lui, j'espère qu'après ce procédé vous ne le reverrez plus. Il devait, au moins, vous dire comme la chose s'était passée;

mais non, cela n'aurait pas été assez méchant; et il a apparemment ses raisons pour l'être.

Ce fut à un souper dont lui et le chevalier de C*** étaient que la Rosette prit ce portrait dans ma poche et le garda, malgré tout ce que je pus faire pour le ravoir. Je lui dis même, afin de l'engager à me le rendre, que je voulais le faire entourer de diamants pour le lui donner. Elle me répondit qu'elle le ferait entourer elle-même, et que je n'avais qu'à lui donner la somme que j'y voulais mettre. Tout le monde m'y condamna, et je m'en débarrassai avec une soixantaine de louis. Mais je ne crois pas qu'elle le porte; j'en doute même très-fort. On lui prête cette étourderie : c'est une bonne fille qui ne voudrait pas me faire de peine, j'en suis sûr.

Je vais pourtant lui écrire pour m'informer de la vérité, et pour que cela n'arrive plus, jusqu'à mon retour. Alors je tâcherai de l'engager à me le rendre. Vous voyez que tout cela ne mérite pas la peine de vous irriter, ni d'employer les termes d'infidèle, de ridicule, et je ne sais quels autres encore dont vous vous êtes servie; mais je passe cela à la chaleur du premier mouvement. J'espère que ma chère petite femme reprendra dorénavant son joli style ordinaire, et qu'elle ne souffrira plus qu'on lui parle de moi d'une façon si indécente. C'est une imprudence dont vous n'avez pas senti la conséquence, mais qui, j'en suis sûr, ne vous arrivera plus.

DE MADAME D'EPINAY A MONSIEUR DE LISIEUX.

Je n'ai peut-être jamais eu tant besoin de vous, mon cher tuteur, que depuis que vous êtes parti. Le brouhaha de tous les gens qui sont venus nous voir m'a étourdie pendant quelques jours; mais depuis une semaine que nous sommes seuls, je ne me reconnais en vérité plus. Toutes les occupations, qui étaient pour moi des ressources contre la peine et contre l'ennui, me sont devenues fastidieuses; la lecture m'ennuie, la peinture me dégoûte, le travail me fatigue, et je ne sais plus que faire. Toutes mes idées sont noires; je me porte bien et je m'écoute toute la journée, dans l'espérance de me trouver malade. Je dis l'espérance, parce que c'est en effet le seul désir que j'éprouve. Vous me demanderez qu'est-ce qui m'a amenée à cette disposition d'âme. Je n'y vois guère autre chose qu'une lettre froide et aigre, mêlée de plaisanteries assez indécentes, que j'ai reçue de mon mari, en réponse à des reproches peut-être trop tendres que je lui ai faits. Mais si vous saviez combien j'étais pressée d'oublier ses torts, et combien j'ai besoin d'être heureuse!

Je vous envoie un extrait de sa lettre, pour que vous en jugiez, car je crains de m'exagérer les motifs de ma peine; tant je me trouve singulière depuis quelque temps. Je comptais aller incessamment à Paris; mais mon beau-père et ma mère projettent d'y faire un petit voyage de deux jours qu'ils n'ont point fixé encore, et je les attendrai. Adieu, mon tuteur... Je voulais vous demander... une femme mariée peut-elle faire un testament?...

DE MONSIEUR DE BELLEGARDE A MONSIEUR D'ÉPINAY.

Vous ne vous attendez pas, mon cher fils, à la bonne nouvelle que j'ai à vous apprendre. Votre femme est accouchée hier au soir très-heureusement d'un beau garçon. Elle est aussi bien qu'elle peut être; et moi je suis fort content d'avoir à vous donner cette nouvelle, et de vous en féliciter. Votre tante et moi avons tenu ce matin sur les fonts de baptême l'enfant, qui se porte bien.

Ma belle-fille vous embrasse et se flatte que vous serez

aussi content que nous du joli présent qu'elle nous fait. Sa mère ne la quittera point. Je m'en retourne ce soir à Epinay, pour ramener toute la maison qui ne peut être partagée. Je ne tarderai pas à vous donner de mes nouvelles; je compte apprendre bientôt aussi votre départ, car vous devez avoir terminé toutes les affaires de la compagnie. Songez, mon cher fils, à dépêcher votre besogne, sans en rien négliger. Lorsque vous serez prêt, je solliciterai votre congé. Votre présence devient ici nécessaire pour la satisfaction de votre chère femme, pour vos intérêts particuliers et pour nous tous. Je ne vous en dis pas davantage aujourd'hui. Adieu, mon cher fils. Je suis, comme je serai toujours, votre affectionné père.

DE MADAME LA PRÉSIDENTE DE M*** A MONSIEUR DE LISIEUX

Je vous écris, Monsieur, auprès du lit de notre accouchée. Elle m'a persécutée pour prendre la plume; elle avait, disait-elle, cent choses à vous dire. J'ai cru aller écrire sous sa dictée; mais apparemment que l'abondance de ses idées la suffoque, car depuis un quart-d'heure que je suis devant cette table, l'oreille en l'air, et attentive à ce que sa jolie bouche va prononcer, elle me regarde, se met à rire et ne dit mot. Je prends donc le parti de griffonner, toute seule, en attendant qu'elle prononce. Vous saurez qu'elle se porte à merveille, et..... Attendez; la voici qui parle. Pour ne point perdre de temps, je vous avertis que les moments où elle s'interrompra, je continuerai pour mon compte; au moyen de quoi je ne désespère pas que cette lettre ne vous devienne inintelligible.

Elle. En vérité, mon cher tuteur, je m'impatiente tous les jours davantage de ne vous point voir. Vous me manquez beaucoup dans un moment où ma situation exige que je sois renfermée.

Moi. Ah! quels lieux communs et froids... Remarquez ceci : le style s'échauffe...

Elle. Je ne sais si c'est parce que c'est vous que je voudrais voir ; mais il y a de certains moments où tous ceux qui m'entourent me sont insupportables.

Moi. Phrase obligeante pour le secrétaire... insup... portable... Après, Madame.

Elle. Je me porte beaucoup mieux que je n'espérais.

Moi. Je le lui ai déjà dit : passez à autre chose, ma cousine...

Elle. Mais vous me faites tourner la tête avec vos folies. Comment voulez-vous que je dicte, si vous parlez toujours?...

Moi. C'est que je vois bien que vous n'avez rien à lui dire que des choses que vous avez déjà répétées cent fois, si ce n'est que le marmot se porte bien, qu'il crie comme un sourd, qu'il est en campagne avec sa nourrice, et que son père arrivera bientôt...

Elle. Pardonnez-moi, ma cousine, je suis accoutumée à lui rendre compte de tout ce que je fais ; de la vie que je mène...

Moi. Ah! c'est en effet une chose bien intéressante que la vie d'une femme en couche. Ne voulez-vous pas écrire quatre pages sur un sujet aussi piquant? Laissez, laissez-moi faire ; je m'en vais lui dire tout cela en quatre mots.

Monsieur, elle ouvre ses rideaux tous les matins entre onze heures et midi, après en avoir dormi dix. On lui donne vite à déjeuner ; sans quoi elle est d'une humeur affreuse. Elle reçoit son père et sa mère, qui se croient trop heureux quand elle leur a fait un petit sourire : quand ils l'ennuient, elle boude ou fait semblant de dormir. Alors on lui parle de son petit ; on lui dit qu'il est charmant, qu'il a la colique, qu'il tette avec une grâce singulière ; cela la fait rire ou pleurer suivant que sa tête est montée. A trois ou quatre heures, madame de Vignolles ou moi venons lui tenir exactement compagnie. Quand elle a de l'humeur, elle nous ennuie beaucoup; mais quand elle est gaie, elle parle comme un ange qu'elle est.

A huit heures, elle soupe et puis s'endort jusqu'au lendemain, qu'elle recommence la même vie. Vous voyez, monsieur, que tout cela n'est pas bien intéressant; mais si j'eusse voulu la laisser aller, elle aurait trouvé le secret d'en faire un volume. Moi qui crois que vous en savez plus qu'il n'en faut sur cette matière, je deviens inexorable, et je ne dis pas un mot au-delà des assurances de mon attachement.

DE MADAME D'ÉPINAY A MONSIEUR DE LISIEUX.

Je n'ai le temps de vous dire qu'un mot, mon cher tuteur : mon mari est arrivé hier au soir. Quel changement dans mon âme, dans ma situation! C'est son impatience qui l'a fait arriver sitôt, car je ne l'attendais que dans huit jours. Toutes mes peines, mes inquiétudes ont disparu par sa présence, Il m'aime, il me l'assure, il a l'air vrai. Je vois même qu'il a été très-occupé de moi pendant sa tournée; il a fait à mon intention plusieurs emplettes dont il ne me parlait pas dans ses lettres. Depuis son arrivée il m'a accablée de présents. Est-ce qu'on en fait quand on n'aime pas! Que de choses il m'a dites déjà qui prouvent sa confiance, son amour!

Je suis bien impatiente de vous aller voir! mais quoique je me porte bien, il est d'étiquette de ne pas sortir avant six semaines; et vous savez que toutes ces choses indifférentes et même ridicules se font, dans ce monde, méthodiquement. Adieu donc, mon cher tuteur. Je vous quitte brusquement, sans quoi je me laisserais peut-être aller au plaisir de causer avec vous, et j'en ai un plus grand, que vous ne serez pas fâché que je vous préfère, puisque mon mari m'attend.

DE MONSIEUR DE LISIEUX A MADAME D'ÉPINAY.

Tout dans votre lettre, ma chère pupille, me serait agréable, si je pouvais m'assurer que votre félicité présente est aussi solide que je le désire. Vous m'apprenez l'arrivée de M. d'Epinay ; vous vous livrez à des espérances de bonheur dont je crois qu'il faut vous défier. Ce n'est pas que je veuille en rien troubler votre satisfaction ; je suis votre ami, je le serai toujours ; mais plus je vous suis attaché, plus je voudrais rendre votre bonheur solide et durable. Pour y parvenir, peut être serait-il bon d'apprécier les choses à leur juste valeur. M. d'Epinay arrive quelques jours plutôt que vous ne l'attendiez ; il vous témoigne de l'empressement ; il vous donne des marques toutes simples de son attention, en partageant avec vous ce qu'il apporte de ses voyages ; alors tout se change en espérance, en réalité même, et voilà des preuves évidentes de sa passion : voyez, je vous prie, s'il n'y a point d'excès dans le contentement dont votre âme est remplie ? Vous prétendez que votre mari soit aujourd'hui votre amant : vous avez raison ; cette prétention est fondée à bien des égards. Mais il est jeune, à peine a-t-il vu le monde ; il est dans l'âge des passions, et il n'a pas encore eu le temps de se repentir de les avoir satisfaites. Vous n'avez guère éprouvé qu'une très-petite partie des peines, des plaisirs, du bonheur et des vicissitudes auxquelles vous pouvez être exposée ; vous croyez être dans le port, ma chère pupille, et vous êtes en pleine mer. Dussiez-vous ne pas m'approuver, je crois que c'est le moment de vous communiquer une idée dont l'exécution doit influer sur votre bonheur.

Au milieu des plaisirs dans lesquels je vois que vous allez être entraînée, soit par complaisance pour votre mari, ou peut-être même par votre propre goût, ne pourriez-vous pas employer quelques moments à tenir un journal de votre vie, des impressions produites sur votre âme par les diverses situations où vous pourriez vous trouver, et enfin des réflexions qu'une pareille occupation ne peut manquer de faire naître dans un esprit comme le vôtre.

Ce journal deviendrait à la longue un miroir dans lequel vous vous verriez telle que vous avez été et telle que vous seriez. Si un pareil examen doit vous aider à embellir votre existence, pourriez-vous craindre d'en mettre le tableau sous vos yeux.

DE MADAME D'ÉPINAY A MONSIEUR DE LISIEUX.

Oh! mon tuteur, quelle lettre j'ai reçue hier de vous! Comment vous rendre tout ce qui s'est passé dans mon âme en la lisant? Il est vrai qu'elle m'a trouvée aussi dans une situation singulière... En vérité les termes me manquent. Pourquoi faut-il que vous ne sachiez pas tout! Mais indépendamment de ce que moi-même je ne sais par où commencer, il y a des choses que je voudrais que vous connussiez sans que je vous les eusse dites. C'est une des raisons qui me font saisir avidement votre idée d'un journal. Il me semble que je vous le laisserai plutôt lire, que je ne vous écrirai les choses qui y seront. Vous ne sauriez croire le plaisir que j'ai de voir que vous me conseillez cette méthode, parce que j'y avais déjà souvent pensé; mais je n'aurais jamais osé la suivre, craignant qu'on ne me prît pour une folle, de m'écrire ainsi à moi-même. Je vais donc commencer. Je ne sais pas trop si je vous le communiquerai en entier; au moins je vous en détacherai quelques morceaux. Je ne vous dirai rien de plus sur votre lettre, mon cher tuteur; sur cet article je vous renvoie à mon journal; vous jugerez bien mieux de l'impression qu'elle m'a faite.

J'ai fait ces jours-ci deux nouvelles connaissances, madame Darty et M. de Francueil. Madame Darty a une figure singulière qui m'a longtemps prévenue contre elle ; mais l'ayant vue un peu plus souvent cet été, et madame de Maurepaire m'en ayant dit du bien, j'ai prié celle-ci de me l'amener, parce que mon état ne me permet pas encore de sortir.

Je vous quitte à regret ; mais je vais commencer mon journal : je le daterai des premiers jours de la semaine. Je vous y parlerai toujours, que vous le voyiez tout entier ou non ; sans cela comment ferais-je ? Il me semble que je ne saurais parler ainsi à mon bonnet.

MON JOURNAL.

Le 20 octobre.

Je me suis levée de bonne heure dans l'espérance de voir mon mari plutôt et d'avoir plus de temps à causer avec lui ; mais j'ai été trompée dans mon attente, car il lui est venu successivement tant de monde, qu'à midi je ne l'avais pas encore vu. A midi et demi il est entré dans mon appartement avec un air d'impatience et d'empressement qui m'a enchantée ; il m'a embrassée et m'a témoigné beaucoup de chagrin d'avoir ainsi perdu une matinée : voilà comme il appelle, cet ange, le temps qu'il passe sans me voir. Il m'a annoncé qu'il sortirait après le dîner, et il m'a priée de ne retenir personne ce soir, parce qu'il voulait souper seul avec moi.

Le 21 octobre.

Mon mari est en effet revenu comme il me l'avait dit. Après souper, nous avons beaucoup causé de sa tournée. J'ai voulu lui dire tout ce que son absence m'avait fait souffrir ; mais il m'a fermé la bouche par un baiser, en me disant :

« Ne pensons plus à cela, ma petite femme; et moi aussi vraiment j'ai beaucoup souffert, mais il est inutile à présent d'en parler. » Il est bien dommage que sur de certaines choses mon mari et moi nous pensions si différemment : c'est pourtant un plaisir bien vif, ce me semble, que de rappeler ses peines et ses plaisirs à celui qui les a causés.

Le 22 octobre.

J'ai déjeuné ce matin avec mon mari; nous avons parlé de ses affaires qui sont en assez mauvais ordre. Je l'ai prié de me rembourser le plutôt qu'il pourrait le reste des avances que j'ai faites pour lui. Il ne m'a pas donné sur cela beaucoup d'espérances : il ne conçoit pas, dit-il, à quoi je dépense mon argent. J'ai eu beau lui représenter qu'avec deux mille livres par an, qu'il me donne, je ne peux pas jouer et m'entretenir de tout. Il prétend, lui, que je n'ai point d'économie... Je n'ai osé lui dire, et cela dans la crainte de lui causer de l'humeur, que je devais près de cinq cents livres.

Au sortir de table, nous avons passé dans la bibliothèque. Après avoir rangé toute sa musique, mon mari s'est assis, et me prenant sur ses genoux : Venez ici, ma petite femme, m'a-t-il dit, et rendez-moi compte des lectures que vous avez faites pendant mon absence. Je lui ai avoué ingénument que tous les livres d'histoire que j'avais commencés m'avaient assommée d'ennui, au point de ne pouvoir les finir, excepté cependant les *Mémoires du cardinal de Retz*; que les romans ne m'avaient point intéressée, si ce n'est dans les endroits où je trouvais des situations semblables à la mienne. Et dans quel roman, me dit-il, avez-vous trouvé une situation semblable à la vôtre? Je me défendis de lui répondre, craignant ou d'être injuste, ou de l'humilier trop, si mes anciennes craintes étaient fondées. Mais comme il m'obligea de répondre : C'est, lui dis-je, dans les *Confessions du comte de* ***, lorsque madame de Selve voit clairement l'infidélité du comte, et que, loin de se plaindre, elle le défend quelque temps contre elle même, et ensuite renferme sa douleur. Je l'embrassai les larmes aux yeux en achevant ces paroles. Ah! parbleu, dit-il en riant de toute sa force, cela ne te ressemble guère, car tu ne te fais pas faute de te plaindre... Moi? repris-je tout étonnée...

Dans ce moment on lui apporta ses lettres ; j'avançai la main vers le laquais pour les prendre et les lui remettre, mais il s'empara du paquet. Il ouvrit d'abord une ou deux lettres qu'il ne fit que parcourir, et il me les donna sans me regarder, ayant les yeux fixés sur une adresse qu'il considérait, ce me semble, avec complaisance. Que voulez vous que je fasse de ces lettres, lui dis-je en les prenant? — Que vous les lisiez si vous voulez, me dit-il, ou bien gardez-les moi jusqu'à ce que j'aie lu toutes les autres. Il décachetait et commençait à lire la principale, ou du moins celle que j'appelais ainsi dans mon idée. Après un moment de lecture : Les verrai-je toutes, lui dis-je tout doucement? Il sourit, et, comme il lisait toujours, je me hasardai à ramasser l'enveloppe pour voir... quoi? je n'en sais rien. Je vis seulement qu'elle était timbrée de... L'écriture me parut fort grande et sans orthographe : Il faut en savoir bien peu pour n'en pas mettre dans une adresse, dis-je tout haut. Mon mari rougit. Pourquoi rougissait-il? car au contraire il rit et se moque de moi lorsque je fais des fautes de ce genre. Sa lecture finit enfin, et il ne me donna point sa lettre. Il ouvrit les autres, les parcourut en silence, et puis se baissant, en appuyant ses deux poings sur ses genoux : Qu'est-ce que vous dites? me demanda-t-il en se retournant vers moi et bâillant. — Que je n'ai plus que faire ici, et que j'aurais dû m'en aller lorsqu'on vous a remis vos lettres. Je me levai pour sortir; il me tira par ma robe, et m'asseyant encore sur ses genoux : Ah!

répliqua-t-il, voici de l'humeur; et d'un ton d'applaudissement : Bon ! continua-t-il, je n'en avais pas encore vu depuis mon retour. Et pourquoi, je vous prie, auriez-vous dû être déjà partie, et n'avez-vous plus que faire ici? — Parce que... à cause de... Je ne savais trop que répondre. Je sentis bien que j'avais de l'humeur, et que c'était cette lettre qui m'en donnait. J'avais grande envie de lui en parler; mais, me disais-je, si c'était pourtant une lettre d'affaire, mon soupçon l'offenserait; je n'en veux pas parler de peur de le blesser; et pour lui donner le change, je m'efforçai de sourire. Ah ! vous riez; au moins il y a de la ressource avec quelqu'un qui rit, dit-il. Allons, c'est cette lettre, n'est ce pas, qui vous tourmente? — Oui, cette lettre sans orthographe, lui dis-je... — Eh bien ! reprit-il, si je vous la fais lire, que direz-vous? — Que je suis bien injuste... Oh ! que... que je vous demanderai de pardons, si vous pouvez me la montrer... — Tenez, dit-il, en me la montrant, comme pour me la donner, et la retirant tout de suite; la voilà, lisez. Mais auparavant il faut vous dire... sans cela vous n'y comprendrez rien. C'est une femme de ***.

Pendant qu'il parlait, je le regardais lorsqu'il ne me regardait pas; car alors j'étais embarrassée de la confidence qu'il me faisait, et je baissais les yeux. Il riait beaucoup; il fallait bien sourire; mais mon cœur palpitait bien fort. J'étais sensible à sa franchise, à sa confiance; et je me disais : si je pouvais devenir sourde et être pourtant sûre qu'il ne me cache rien, et qu'il crût que je l'entends !

Il disait donc : Et cette femme... je ne sais en vérité pourquoi elle croyait que j'étais amoureux d'elle. Elle a fait cent extravagances... On s'en moquait... Il faut avouer qu'elle nous a bien divertis.

Eh bien! cette femme, lui dis-je? — Eh bien! eh bien! elle s'était persuadée que je ne revenais à Paris que pour me mettre en état de m'établir tout à fait à... Elle me donnait des rendez-vous. Quelquefois j'y allais; d'autrefois je lui faisais accroire que je ne l'avais pas pu. Enfin elle... elle ne me savait pas marié. Elle est désolée de mon absence, et voilà ce qu'elle m'écrit. Alors il me donna la lettre. Je mourais d'envie de la lire; mais je voulus lui montrer de la générosité. Non, lui dis-je en la lui rendant; votre confiance me suffit; je suis flattée de votre franchise, de votre complaisance... vous êtes plus léger que coupable... mais je pense que vous retournerez à... que, même peut-être avant ce temps-là... puisque vous avez pu une fois vous faire une plaisanterie d'oublier votre femme... Ici les occasions sont fréquentes. Le chevalier de C*** reviendra... Ce portrait dont il est cause... — Non, en vérité, reprit-il, ma chère amie, vous n'avez nulle idée de ce monde, ni de ses usages. Que fait tout cela? et qu'a de commun une créature qu'on peut avoir pour de l'argent, et qu'on laisse là quand on n'en veut plus, avec une femme qu'on estime et qu'on a choisie?... Croiriez-vous, mon tuteur, que, quelque blessée que je fusse de ce raisonnement, je ne pus d'abord y répondre que par mes larmes. Comment, lui dis-je enfin, un cœur tout entier à vous peut-il s'accommoder d'un partage aussi vil? — Mais je ne vous parle pas de moi; je vous dis que, quand même je ferais comme tout le monde, vous ne devriez pas vous en tourmenter, parce que cela ne diminuerait rien de ma tendresse pour vous. Est-ce que le petit P*** n'a pas de maîtresses? cependant il adore sa femme; est-ce qu'elle n'est pas heureuse? — On le dit; mais peut-être si on le lui demandait...— Ah! parbleu, elle serait bien venue de se plaindre; on lui rirait au nez. Que veut-elle donc? Son mari ne lui refuse rien.

Je voulus relever vivement toute cette indigne morale. J'étais outrée. Il mit sa main sur ma bouche. Ah! bon, dit-il

4.

en s'en allant, des misères! Ne parlons plus de cela; il faut que je sorte. Adieu, ma chère amie; sois sûre toujours que tu es de toutes les femmes celle que j'aime le mieux... Et là-dessus il partit. Pour moi, je restai encore quelques moments dans la bibliothèque, ne sachant si je rêvais, ni où j'étais, et versant un torrent de larmes... Je ne suis plus que celle qu'il aime le mieux!

Je fus tirée de cette rêverie par l'arrivée de M. Francueil et de son beau-frère que l'on vint m'annoncer. Je voyais le premier pour la seconde fois chez moi. Il me paraît fort aimable : on dit qu'il l'est; mais je crois cependant que j'aurai de la peine à me faire à lui; je trouve qu'il porte le menton trop en l'air et qu'il est trop poudré. Nous fîmes rouler la conversation sur la musique, l'opéra et la comédie.

Le 10 novembre.

Comment calmer mon trouble? Que deviendrai-je? Il est près de minuit, et mon mari n'est pas rentré. Ce qui m'est arrivé avec lui avant de partir me revient continuellement... O la cruelle vie!

Ce matin, à sept heures, ma mère me fit dire qu'elle était prête à partir. En traversant l'antichambre, je voulus savoir si mon mari était éveillé; on me dit que non. Il y avait un petit décrotteur sur l'escalier qui avait l'air d'attendre son réveil. Je pensai lui demander ce qu'il voulait; mais ces sortes de curiosités me répugnent à satisfaire, ainsi je passai sans lui rien dire. Mais à peine fus-je arrivée chez ma mère, que je m'aperçus que j'avais oublié un petit présent que je destinais à la nourrice, et je remontai le chercher. Ayant vu la chambre de mon mari ouverte, j'y entrai pour l'embrasser avant de partir. De la porte je lui criai bonjour, et dans la glace qui donne aux pieds de son lit, je vis, à travers les rideaux entr'ouverts, qu'il lisait une lettre, qu'il serra sous son oreiller avec un mouvement de surprise, qui me prouva que sans doute il me croyait partie. Je vous demande pardon, lui dis-je, d'avoir interrompu votre lecture, monsieur ; une autre fois je serai plus prudente... Bon ! quelle folie, reprit-il ; je ne lisais point. Où avez-vous pris cela ?... J'avançai quelques pas vers son lit : Voulez-vous que je vous le prouve, lui dis-je ? Je ne vous le conseille pas, reprit-il sèchement. Alors je lui tournai le dos, en colère, et m'en allai.

Ce soir, tandis que j'écrivais ceci, mon mari est rentré. Quoi, m'a-t il dit d'un air aisé, pas encore couchée ? Je voulais, lui ai-je répondu un peu étonnée de son air, vous rendre compte de mon voyage ; je vous en suppose curieux. Eh bien ! dit-il en m'embrassant, comment se porte votre cher enfant ? A merveille, lui dis-je. Le compte que je lui ai rendu de tout ce que j'ai remarqué d'aimable et de touchant dans cette petite créature parut lui faire grand plaisir ; il m'écouta avec attention ; me fit mille questions qui marquaient l'intérêt. Ah ! disais-je en moi-même, que n'est-il toujours ainsi ? Ah ça ! dit il au bout d'une demi-heure de conversation toujours sur le même sujet, il faut, pour vous récompenser de m'apporter de si bonnes nouvelles, que je vous montre cette lettre qui vous a fait tant d'effroi ce matin. Non, monsieur, lui dis-je, je ne veux plus de confidences de l'espèce... Pardonnez-moi, reprit-il, vous la verrez pour vous apprendre à suspendre vos faux jugements : mais à condition que vous n'aurez plus de ces curiosités. — Moi ! moi, monsieur ; je n'en ai aucune, je vous assure. Est-ce que je fais une question ? au contraire. — Non pas par vos paroles, mais bien par votre voix altérée : tenez, vous dis-je, c'est une lettre de madame Darty qui vous prie à souper pour demain. Je suis engagé, moi ; mais il faut que vous y alliez, et j'irai sûrement vous y retrouver. Eh bien ! vous ne voulez pas lire ?

En effet, j'avoue que d'abord je craignis que ce ne fût quelque imposture qui me blessât encore plus que la scène du matin. Je pris enfin la lettre en tremblant; la date était : *A six heures du matin, en rentrant de chez le prince de Conti.* Mes yeux alors se remplirent de larmes; je ne vis plus rien, le papier me tomba des mains, et je me jetai à son cou... « Serez-vous encore injuste, mon Emilie, me dit-il? — Non, non, jamais, je vous le jure; mais aussi pourquoi cet effroi ce matin, quand je suis arrivée? — Ah! plus de question... Pourquoi? vraiment, pour vous éprouver; mais tout est dit, je ne réponds plus. »

Depuis que la nuit m'a laissé le temps de la réflexion, hélas! je ne sais que penser; il y a là-dessous, il faut l'avouer, quelque chose qui ne me paraît pas naturel. Peut-être ne serai-je que trop tôt éclaircie!

Le 12 novembre.

Hélas! oui, la cruelle scène que je viens d'essuyer ne m'a que trop instruite... Mais allons par ordre. Je me rendis hier à l'invitation de madame Darty à huit heures du soir. En arrivant elle me dit : « Vous êtes partie hier de bon matin, ma belle; car mon messager, à qui j'avais donné ordre de vous remettre ma lettre en l'absence de votre mari, ne vous a pas trouvée. » Je ne répondis rien et n'osai même demander à quelle heure, dans la crainte de n'être pas maîtresse de mon trouble.

Le souper fut assez bruyant pour qu'on ne prît pas garde à moi, et assez gai pour que madame Darty et une autre dame formassent le projet de nous en aller toutes trois, sans hommes, au bal de l'Opéra : car M. d'Epinay ne vint pas comme il l'avait projeté, et les maris de ces dames ne voulurent pas les accompagner. Je fis ce que je pus pour me dispenser d'être de cette partie : j'étais trop mal à mon aise.

J'aurais donné tout au monde pour voir sur-le-champ M. d'Epinay et le confondre. Ce fut même dans l'espérance de le trouver au bal que je me déterminai à y aller. Il n'y était pas. Vous ne croiriez pas que je finis par m'enivrer de la gaîté, du bruit et des efforts que je faisais pour vaincre mes tristes réflexions ; et que je m'amusai. J'étais, je l'avoue, plus piquée qu'affligée. Il y a comme cela des moments dont on ne saurait rendre raison, où le cœur prend son parti ; mais c'est pour peu de temps : voilà le mal. Pour en revenir au bal, nous y restâmes jusqu'à quatre heures ; nous y fîmes enrager Francœur (1). Je ne l'avais jamais vu ; madame Darty, qui le connaissait beaucoup, nous instruisait de ce qu'il fallait dire. Il a gardé ma tabatière pour avoir une occasion, dit-il, de me faire sa cour et de se présenter chez moi.

Lorsque je rentrai, M. d'Epinay était couché et dormait. Ce matin je ne l'ai point vu, et après le dîner il est venu dans mon appartement. Encore au lit, s'est-il écrié, voilà une jolie vie ! Cette madame Darty vous tuera. — Non, non, ce ne sera pas elle. — Non ! et qui donc ? Je ne répondis point ; et il alla aussitôt à mon clavecin en chantonnant. Cette idée de musique lui vint si subitement, qu'il était clair qu'il redoutait une explication ; moi, qui la voulais, je pris un livre pendant qu'il jouait, pour le rassurer et le laisser revenir près de moi. En effet il revint et s'assit même sur le pied de mon lit. Eh bien ! monsieur, lui dis-je alors, cette lettre de l'autre jour était donc de madame Darty ? — Sans doute ; et de qui donc, s'il vous plaît ? — Ah ! de je ne sais qui ; mais sûrement elle n'était pas d'elle. — Fort bien, madame ; c'est répondre comme le mérite la bêtise que j'ai de vouloir rassurer une tête folle qui se tourmente le jour des

---

(1) Habile musicien qui fut par la suite directeur de l'Opéra.

rêves de la nuit. — Vous avez vu par mon attendrissement combien il m'en coûtait de vous croire coupable ; mais il est indigne à vous d'abuser de ma crédulité. — Eh ! que venez-vous me chanter ici ? Comment, ce sera tous les jours des scènes nouvelles ! Je vous ai dit et je vous ai prouvé que cette lettre était de madame Darty. — Et moi je vous prouve, monsieur, qu'elle n'était pas d'elle ; car elle m'a dit très-précisément que son laquais ne m'avait pas trouvée, et que j'étais déjà partie. — Ah ! cela est excellent, ce domestique ne peut pas s'être trompé. Puisque nous vous croyions partie, il peut bien l'avoir cru. — Non, car si c'eût été lui qui était dans votre antichambre, il m'aurait vu remonter ; et puis le commissionnaire qui attendait votre réponse était un décrotteur, et celui de madame Darty était son laquais. — Son laquais ! Oh ! pour cela, il en a menti, ou il a donné sa commission à faire à un décrotteur, puisque je l'ai vu en sortant, et qu'il m'a remis la lettre à moi-même. — Mais s'il vous a remis la lettre lorsque vous êtes sorti, ce n'est donc pas celle que vous lisiez dans votre lit. — Eh !... quoi !... de pareilles fadaises occupent une place immense dans la tête des femmes, et n'entrent seulement pas dans la nôtre. Puisqu'il en est ainsi, je ne vous dirai, par Dieu, plus un mot de rien de tout ce que je ferai ; arrangez-vous là dessus, madame ; adieu. Et il sortit. Ah ! mon tuteur, que faire, et que deviendrai-je ? Direz-vous encore que c'est là vanité ?

Le 20 novembre.

Nous attendons aujourd'hui M. de Jully ; madame Darty doit aussi venir passer l'après-dînée avec moi.

Je ne connais point de femme plus gaie, plus aimable, ni qui ait un tour d'esprit plus amusant ; il me semble qu'elle a autant d'amitié pour moi que j'en ai pour elle. Madame la marquise de Vignolles ne l'aime point ; elle la trouve trop étourdie. Je sais pourtant des traits d'elle, qui prouvent que ce que l'on croit étourderie n'est souvent que vivacité; au moins n'est-elle pas sans mérite : elle est même capable de prendre des partis courageux.

Cela n'empêche pas que mes parents ne voient avec peine mes grandes liaisons avec elle ; sans doute parce qu'ils ne la connaissent pas. S'ils savaient l'intérêt qu'elle prend à ce qui me regarde, avec quelle tendresse, avec quelle sensibilité elle me le marque, ils n'en parleraient pas comme ils font.

Le 22 novembre.

Francœur est venu me rapporter ma tabatière; il a voulu badiner sur les propos que je lui avais tenus au bal. J'ai rompu la conversation. Nous avons chanté quelques airs ; il m'a promis de me donner des leçons de chant...

Billet de madame d'Epinay à madame Darty.

J'ai été un peu grondée, ma reine, d'avoir passé deux jours de suite chez vous; moyennant cela je n'ose aller vous voir aujourd'hui. Si vous sortez, passez un moment chez moi comme par hasard... Mais non, ne venez pas, car cela donnerait encore de l'humeur à mes parents ; j'aime mieux être privée du plaisir de votre société aujourd'hui, afin d'en jouir plus à mon aise demain. Adieu. Je ne sais comment cela se fait, mais je ne puis plus me passer de vous. Si vous voyez Francœur, dites-lui de venir me voir.

Réponse de madame Darty.

Cela est en effet bien scandaleux de voir deux femmes passer leur journée et veiller tête à tête ; en vérité vos parents sont fous. S'ils veulent encore s'opposer à notre liaison je louerai un appartement aux Capucins (1); je vous regarderai toute la journée sur votre balcon ; et s'ils mettent le nez à la fenêtre, je leur ferai la grimace pour leur apprendre à vivre. On m'a éveillée pour me remettre votre lettre, et je n'ai qu'un œil d'ouvert, encore ne l'est-il qu'à moitié. J'ai le bout des doigts gelé ; mais cette sensation ne va pas plus loin lorsqu'il s'agit de vous. Adieu, ma belle ; je ne vous réponds pas, malgré votre défense, de ne vous point voir aujourd'hui : je ne me sens pas d'humeur à m'imposer cette pénitence : et vous, n'en serez-vous pas moins boudée pour une visite de plus ou de moins... Voilà Francœur qui vient dîner avec moi ; je vous l'enverrai après.

Suite du journal.

Je n'aurais pas été instruite de l'arrivée du Chevalier de C***, que je l'aurais devinée à la dissipation de M. d'Epinay ; depuis quinze jours je l'ai à peine vu. Il ne soupe presque jamais chez lui ; et toutes les fois que je l'ai rencontré au spectacle, c'était toujours sur le théâtre et avec ce chevalier, qui, m'a-t-on fait entendre, sans me le dire précisément, passe dans le monde pour être amoureux de moi. J'ai aussi appris qu'il avait perdu de réputation plusieurs femmes, sans qu'elles le méritassent : uniquement par ses propos et sa fatuité.

J'ai voulu avoir enfin une conversation à ce sujet avec mon mari, et ce matin j'ai eu le bonheur d'obtenir de lui une heure d'entretien.

« Bon! m'a-t-il répondu, misères ! je sais tout cela. Il y a des femmes à qui on ne saurait manquer. Vous verrez que celles dont le chevalier a parlé ne seraient pas perdues sans lui. » Dans tous les cas, repris-je, je vous déclare dès aujour-

(1) Madame d'Epinay demeurait rue Saint-Honoré, vis-à-vis de ce couvent.

d'hui que ma porte sera toujours fermée pour lui. Et j'appuyai tellement sur cette résolution, qu'enfin par accommodement, il a consenti à ce que peu à peu je cessasse de le voir, mais avec toutes les précautions nécessaires, dit-il, pour qu'on ne puisse pas s'apercevoir de mon projet, ni qu'il y fût entré pour rien. Je le lui ai promis; mais j'abrégerai beaucoup ces formalités. Au milieu du déjeuner, son valet de chambre lui est venu dire que sa chaise était prête. Comme il ne m'avait point dit qu'il dût s'absenter, je lui demandai d'un air inquiet où il allait. Il me répondit avec un ton qui me fit bien voir qu'il ne voulait point de questions, qu'il allait à Versailles et qu'il reviendrait ce soir, ou au plus tard demain matin. Mais j'en sus bientôt plus que je ne voulais en savoir, car le chevalier entra, tout étonné de ce qu'il n'était point encore prêt. Quelques propos qu'ils tinrent entre eux me firent juger qu'ils allaient ensemble, et que cette partie était arrangée depuis longtemps. Je me sentis un mouvement de colère si vif contre le chevalier, que je passai brusquement dans mon cabinet, tant pour l'éviter que pour cacher quelques larmes qui tombaient de mes yeux. L'instant d'après je voulus entrer dans ma chambre, espérant, je ne sais pourquoi, que je retiendrais mon mari; mais ils étaient déjà partis... Est-il possible que les femmes n'aient d'autre ressource et d'autre consolation que les larmes! Pourquoi donc avoir mis l'autorité et la puissance entre les mains de ceux qui ont le moins besoin de soutien!

Le 9 décembre.

Où suis-je? où suis-je? Ah Dieu! je me meurs de douleur, de honte, de dépit..... Quelle humiliation! est-il possible qu'un homme se respecte assez peu pour exposer sa femme!... J'ai passé la journée d'hier dans l'état le plus violent. Ce voyage de Versailles m'inquiétait... Mais dois-je achever!...

Sachez donc, mon tuteur, puisque je suis obligée de me rappeler cette scène indécente, qu'après avoir été toute la journée dans l'incertitude sur la conduite que j'avais à tenir, je me trouvai assez incommodée pour me coucher le soir, vers les neuf heures. Au bout d'une heure ou deux, je fus réveillée, en entendant ouvrir brusquement mes rideaux par mon mari qui était avec le chevalier. Qui vous a permis, monsieur, lui dis-je, d'entrer dans mon appartement? Hélène! Hélène! n'ai je pas donné ordre de ne laisser entrer personne quand je suis au lit? Vous sortirez... Madame, votre femme de chambre dort, dit M. d'Epinay, en refermant mon rideau. Je suis fâché d'avoir troublé votre repos. Il est étrange cependant... Vous conviendrez qu'il n'est pas ordinaire... On ne s'attend pas... Chevalier, comment faire, il faut pourtant manger un morceau. Rien n'est si aisé, ce me semble, reprit celui-ci, il n'y a qu'a nous faire apporter quelque chose. Sans doute, répondit mon mari, Hélène! éveillez-vous donc et faites nous apporter ici de quoi souper... Comment! monsieur, ici! m'écriai-je. Vous n'y pensez pas... Voulez-vous donc que j'éveille mon père, reprit mon mari, on ne peut remuer chez moi qu'il ne l'entende. Nous ne vous dérangerons pas longtemps, madame. D'ailleurs il n'y a pas de feu dans ma chambre, nous sommes transis... Et nous n'avons pas mangé de la journée, ajouta le chevalier.

La nécessité de souffrir cette indécente scène mit le comble à ma douleur. J'appelai Hélène et je lui ordonnai de rester auprès de mon lit. Je jetai ensuite ma couverture par dessus ma tête et je fondis en larmes. J'entendais le chevalier parler et rire, mais je ne distinguais aucun de leurs propos. Cependant je compris, par quelques mots qui furent prononcés plus haut que les autres, que mon mari était un peu embarrassé; que le chevalier l'en plaisantait, et le félicitait sur son bonheur. L'affectation qu'il mettait à élever la voix, lorsqu'il débitait les fades et plates louanges qu'il me donnait me montra qu'il se flattait bien que je n'en perdrais rien. On leur apporta leur souper. Vingt fois je fus tentée de prier encore M. d'Epinay de s'en aller : je me relevais sur mon séant, je me recouchais. A la fin je crus qu'il valait mieux feindre de ne pas les entendre, étant d'ailleurs presque certaine que ma prière ne serait pas écoutée. Au dessert, ils renvoyèrent les gens, et le chevalier demanda une bouteille de vin de Champagne ; mon mari la fit apporter avec une autre de vin de Lunel. Je frémis en pensant tout à coup qu'ils pouvaient s'enivrer. J'étais sûre qu'ils étaient encore de sang-froid, car ni l'un ni l'autre n'avait rien dit en présence des valets. Je saisis ce moment pour appeler M. d'Epinay. Il vint à mon lit : Monsieur, lui dis-je tout bas, en voilà bien assez ; allez, je vous prie, achever votre repas dans votre chambre, le feu doit être allumé. Cela n'en vaut pas la peine, me répondit-il, nous ferions du bruit à mon père ; nous aurons fini dans un moment. Il voulut me prendre la main, je le repoussai rudement. Il se retira en fermant le rideau. « J'ai » cru, lui dit à voix basse le chevalier, que tu allais me lais- » ser là et prendre place à côté d'elle ; si j'en avais le droit, » je n'y aurais pas manqué. » Je ne tardai pas à distinguer de la part du chevalier un projet formé d'enivrer mon mari. La colère et la frayeur s'emparèrent de moi, je sonnai toutes mes sonnettes, j'ouvris précipitamment mon rideau. Messieurs, leur dis-je d'un ton ferme, sortez tout à l'heure de mon appartement ; Hélène, allez tout de suite réveiller ma mère et M. de Bellegarde ; dites-leur de ma part de monter promptement. L'air avec lequel je parlais leur en imposa. M. d'Epinay se leva en chancelant et dit tout bas au chevalier : Elle est fâchée, allons-nous en. Quoi ! sans lui dire adieu, reprit le chevalier en le prenant par le bras et le poussant vers mon lit. N'avancez pas, monsieur, lui criai-je ;

si l'un de vous a la hardiesse d'approcher... je ne réponds point jusqu'où peut aller ma colère. Alors je sonnai de nouveau ; les domestiques arrivèrent. M. d'Epinay se retira en répétant au chevalier : « Je te dis qu'elle est fâchée : aussi tu ne veux pas me croire... Tu n'as qu'à revenir demain... » Jugez de l'indécence de leurs propos et de l'état de leurs têtes. Les domestiques qui entrèrent les déterminèrent à sortir. Je fis alors fermer ma porte à double tour. Il est sept heures, et je suis encore toute tremblante. Comment envisager à présent ces deux hommes ? Mais il n'y a plus de mœurs ! Quoi ! ne pas même respecter sa femme ! Ah ! si par malheur leur début eût été plus honnête, que je n'eusse pas eu de défiance... que je me fusse endormie... Mon cher tuteur, ma tête s'égare, en vérité... Quelle partie ont-ils été faire à Versailles ? Car il faut avoir d'avance l'imagination prodigieusement échauffée... ou, est-ce le désordre habituel ? Je n'ai plus la force d'écrire...

Le soir.

Mon mari est entré chez moi dans la matinée, et s'est jeté à mes genoux en me conjurant d'oublier son imprudence. « Votre imprudence ! lui ai-je dit : monsieur, vous êtes bien
» modéré dans la qualification de vos torts ; vous m'avez fait
» la plus cruelle insulte qu'une femme puisse jamais éprou-
» ver : elle a mis l'amertume dans mon âme ; elle est flétrie
» pour toujours, puisque je vois à quel homme j'ai le mal-
» heur d'être unie. Voilà qui est fini, monsieur, il n'y a plus
» rien à démêler entre vous et moi ; tous les liens sont rom-
» pus. » En vérité, mon tuteur, je le pensais et je le pense encore... Toute illusion est détruite, le bandeau est déchiré... Voilà l'effet qu'a produit en moi cette malheureuse nuit.

Que je suis malheureuse !... Mon mari s'est désolé, il m'a laissée maîtresse de ne pas recevoir le chevalier, et m'a demandé pour toute grâce de garder le silence avec nos parents sur cette aventure. J'ai eu bien de la peine à y consentir. A la fin cependant j'ai cédé à toutes les protestations qu'il m'a faites de se conduire à l'avenir de manière à me rassurer sur ses principes, et j'ai promis de me taire. Mais qu'il est loin de sentir combien il déchire mon cœur! je ne sais quand je pourrai vous voir. Il est décidé que je suis grosse, on veut me faire saigner demain; la frayeur que j'ai eue cette nuit rend cette précaution nécessaire. Me voilà pour quelques jours à garder mon appartement. M. de Bellegarde m'accable d'amitiés. Si mon bonheur dépendait de lui, je pourrais me croire heureuse... Mais il tient à quelqu'un qui s'est rendu indigne... Que je suis à plaindre !

Le 2 mars.

M. d'Epinay m'a présentée aujourd'hui à mademoiselle d'Ette (1) qui vient s'établir à Paris. Il l'a connue dans sa dernière tournée : elle était chez un oncle à qui elle donnait des soins. Elle demeure aux Filles Saint Thomas ; sa figure m'a plu ; elle a même dû être très-jolie. Elle a trente-trois ans, elle est grande et très-bien faite ; elle parait avoir de l'esprit et de la finesse. Son maintien est embarrassé, je la crois timide. J'ai passé une heure chez elle : je me propose de cultiver cette connaissance ; elle me plait tout à fait.

Le 8 mars.

Je n'ai jamais été si dissipée que depuis un mois et je ne m'en trouve pas plus heureuse ; au contraire lorsque je suis seule, je m'ennuie et je pleure. Personne ne me vient voir, parce qu'on ne me trouve jamais chez moi. C'est par complaisance pour M. d'Epinay que je me suis jetée dans le

---

(1) Elle passait pour méchante, et vivait avec Valory, qui ne passait pas pour bon (J.-J. Rousseau, *Confessions*, liv. VII).

monde ; aujourd'hui je m'y livre par nécessité. Je ne puis plus être avec moi, et je ne puis penser à mon mari, parce que sa conduite me déchire l'âme. J'ai ouï parler sourdement d'une mademoiselle Rose, danseuse de la comédie, qu'il suit de près. Jusqu'ici je n'en ai rien voulu croire, tant j'ai de peine à le trouver coupable.

Mimi (1) se marie ; c'est une chose décidée, elle épouse M. le comte d'Houdetot, jeune homme de qualité, mais sans fortune, âgé de vingt-deux ans, joueur de profession, laid comme le diable et peu avancé dans le service, en un mot ignoré, et suivant toute apparence, fait pour l'être. Mais les circonstances de cette affaire sont trop singulières, trop au-dessus de toute croyance pour ne pas tenir une place dans ce journal. Je ne pourrais m'empêcher d'en rire si je ne craignais que le résultat de cette ridicule histoire ne fût de rendre ma pauvre Mimi malheureuse. Son âme est si belle, si franche, si honnête, si sensible... C'est aussi ce qui me rassure ; il faudrait être un monstre pour se résoudre à la tourmenter.

Le 7 mai.

La voilà donc faite d'hier, cette noce : j'ai été ce matin à la toilette de la mariée, elle était fort triste, et a beaucoup pleuré ; elle m'a priée en grâce de la venir voir tous les jours, je n'y manquerai pas : je sens trop le besoin qu'elle doit avoir de ma présence, dans les premiers temps d'un mariage, et surtout d'un mariage tel que le sien.

Le 7 juin.

Mon mari vient de partir pour sa tournée. Ce départ, loin de m'affliger comme autrefois, m'a causé, j'ose l'avouer, une

(1) Nom d'enfance d'Elisabeth-Sophie-Françoise de la Live de Bellegarde, comtesse d'Houdetot.

sorte de plaisir. Je vais ce soir à Epinay : j'y serai seule au moins pendant quelques jours ; j'y jouirai paisiblement de la tranquillité que j'ai perdue presque depuis que je me connais. Je découvre en moi une sorte de honte de me trouver heureuse par l'absence de mon mari. Jusqu'à présent, lorsqu'il partait, je cherchais mes amis, je leur disais de me consoler. Aujourd'hui je les fuis, et je crains qu'ils ne voient que je n'ai pas besoin de leur secours. Personne ne tient sa place dans mon cœur, et personne ne pourra jamais l'occuper. En le voyant avec indifférence, je n'ai fait autre chose que ce qu'il a paru désirer lui-même, par la conduite qu'il a tenue avec moi. Je n'ai rien négligé pour le ramener ; il m'en a coûté bien des larmes avant d'en être arrivée au point où je suis... Irai-je donc, à force de réflexions, troubler encore le premier moment de tranquillité qui me luit ?

Mon fils est avec moi : je ne suis occupée du matin au soir que de cette petite créature. Il ressemble à son père, mon tuteur, et il ne lui ressemble pas. C'est sa figure, et il a de plus un sourire fin, touchant même, et une manie... oui précisément, une manie de m'avoir toujours auprès de lui. Il pleure dès que je m'éloigne... Il me craint déjà, et je n'en suis pas fâchée, car je ne veux pas le gâter... Je pense quelquefois, lorsqu'il sourit en me regardant, et qu'il marque en frappant ses petites mains la joie qu'il a de me voir, qu'il n'y a point de satisfaction pareille à celle de rendre son semblable heureux.

Le 8 septembre.

Voilà trois mois que mon journal est interrompu, plutôt par l'apathie et l'indifférence que j'ai pour moi-même, que par la disette des faits (1). Je veux à l'avenir m'assujettir à le tenir exactement.

(1) Madame d'Epinay était accouchée d'une fille, le 4 août. Pendant

Mademoiselle d'Ette est venue passer la journée avec moi. Après le dîner, je me suis mise sur ma chaise longue... Je me sentais de la pesanteur, de l'ennui; je baillais à tout instant, et craignant qu'elle n'imaginât que sa présence me gênait ou m'était désagréable, je feignis d'avoir envie de dormir, espérant à la fin faire passer cette disposition. Mais point; elle ne fit qu'augmenter : la tristesse s'empara de moi, et je me sentais le besoin de dire que j'étais triste. Les larmes me venaient aux yeux : je ne pouvais plus y tenir.

Je vous demande pardon, lui dis-je; je crois que ce sont des vapeurs : je me sens bien mal à mon aise. Ne vous gênez pas, me dit-elle. Vraiment oui, vous avez des vapeurs, et ce n'est pas d'aujourd'hui; mais je n'ai eu garde de vous en rien dire, car j'aurais redoublé votre mal... Après une petite dissertation sur les vapeurs et leur effet : Venons, dit-elle, à la cause des vôtres. Tenez, soyez de bonne foi et ne me cachez rien, c'est l'ennui; ce n'est pas autre chose. Je le croirais assez, lui dis-je, si je n'éprouvais cette disposition que depuis mes couches, ou depuis le moment que j'ai quitté la campagne pour les faire. La solitude dans laquelle je vis, tous mes amis étant absents, l'impossibilité de m'appliquer, pourraient bien en effet me donner de l'ennui, et être la cause du découragement qui s'est emparé de moi; mais il en était ainsi à Epinay, et dans le temps même que vous y avez passé avec moi. Les moments où je paraissais le plus jouir de votre conversation étaient quelquefois ceux... Oui, interrompit-elle, où vous vous trouviez la plus malheureuse.

---

cette couche, mademoiselle d'Ette était venue s'établir chez elle. M. de Francueil, le chevalier de Valory, homme d'un certain âge, militaire retiré du service, ancienne connaissance du père de madame d'Épinay, et fort ami de mademoiselle d'Ette, lui avaient tenu fidèlement compagnie.

Tout cela me confirme dans ce que je vous dis ; car c'est l'ennui du cœur que je soupçonne chez vous, et non celui de l'esprit. Voyant que je ne répondais pas, elle ajouta : oui, votre cœur est isolé ; il ne tient plus à rien ; vous n'aimez plus votre mari, et vous ne sauriez l'aimer. Je voulus faire un mouvement de désaveu ; mais elle continua d'un ton qui m'imposa. Non, vous ne sauriez l'aimer, car vous ne l'estimez plus. Je me sentis soulagée de ce qu'elle avait dit le mot que je n'osais prononcer. Je fondis en larmes. Pleurez en liberté, me dit-elle en me serrant entre ses bras ; dites-moi tout ce qui se passe dans cette jolie tête. Je suis votre amie, je le serai toute ma vie, ne me cachez rien de ce que vous avez dans l'âme ; que je sois assez heureuse pour vous consoler. Mais avant tout, que je sache ce que vous pensez, et quelles sont vos idées sur votre situation. Hélas ! lui dis-je, j'ignore moi-même ce que je pense. Il y a longtemps que je croyais être détachée de M. d'Epinay ; sa conduite m'a permis de m'avouer que je ne l'aime plus. Je l'ai presque oublié, et cependant lorsque j'y pense, c'est toujours en versant des larmes. Si vous savez un moyen de me tirer de cette situation, indiquez-le moi ; je me livre à vous sans réserve. Mais une des plus surprenantes contrariétés qui se passent en moi, c'est que je redoute son retour, et que je me sens même quelquefois une si forte répugnance à le revoir, qu'il me semble que je ne pourrais pas être autrement, si je le haïssais.

Eh oui ! me répondit mademoiselle d'Ette en riant, on ne hait qu'autant qu'on aime. Votre haine n'est autre chose que l'amour humilié et révolté : vous ne guérirez de cette funeste maladie qu'en aimant quelque autre objet plus digne de vous. Ah ! jamais ! jamais ! lui criai-je en me retirant d'entre ses bras, comme si je redoutais de voir vérifier son opinion, je n'aimerai que M. d'Epinay. Vous en aimerez d'autres, dit-elle en me retenant, et vous ferez bien : trouvez-en seulement d'assez aimables pour vous plaire. Et... premièrement, lui dis-je, voilà ce que je ne trouverai point. Je vous jure sincèrement que depuis que je suis dans le monde, je n'ai pas vu un homme autre que mon mari qui me parût mériter d'être distingué. Je le crois bien, reprit-elle, vous n'avez jamais connu que de vieux radoteurs ou des fats : il n'est pas bien étonnant qu'aucun n'ait pu vous plaire. Dans tout ce qui vient chez vous, je ne connais pas un être capable de faire le bonheur d'une femme sensée. C'est un homme de trente ans, raisonnable, que je voudrais ; un homme en état de vous conseiller, de vous conduire, et qui prît assez de tendresse pour vous pour n'être occupé qu'à vous rendre heureuse... Oui, lui répondis-je, cela serait charmant ; mais où trouve-t-on un homme d'esprit, aimable, enfin tel que vous venez de le dépeindre, qui se sacrifie pour vous, et se contente d'être votre ami, sans pousser ses prétentions jusqu'à vouloir être votre amant? Mais je ne dis pas cela non plus, reprit mademoiselle d'Ette ; je prétends bien pour lui qu'il sera votre amant.

Mon premier mouvement fut d'être scandalisée ; le second fut d'être bien aise qu'une fille de bonne réputation, telle que mademoiselle d'Ette, pût supposer qu'on pouvait avoir un amant sans crime, non que je me sentisse aucune disposition à suivre ses conseils, au contraire, mais je pouvais au moins ne plus paraître devant elle si affligée de l'indifférence de mon mari ; car je crains quelquefois qu'on ne me fasse un crime dans le monde de n'être pas assez malheureuse. Je suis sûre que ma mère le craint aussi, quoiqu'elle ne l'ait jamais dit clairement.

Oh ! je n'aurai jamais d'amant, lui dis-je. — Et pourquoi cela, reprit-elle? est-ce par dévotion? — Non, lui répondis-je ; mais je ne crois pas que les torts d'un mari autorisent une femme à se mal conduire. — Qu'appelez-vous se mal conduire? Je ne vous propose pas d'afficher un amant, ni de l'avoir toujours à votre suite; il faut au contraire qu'il soit l'homme du monde qui paraisse le moins en public avec vous. Je ne veux point de rendez-vous, point de confidences, point de lettres, point de billets; en un mot rien de toutes ces fadaises qui ne causent qu'une légère satisfaction, et qui exposent à mille chagrins. — Fort bien! lui disje, vous voulez qu'on ait un amant, qu'on ne le voie point, qu'on n'en soit point occupée. — Ce n'est point cela, me dit-elle, mais je veux qu'on ne le soit que d'une façon qui laisse le public indécis sur le jugement qu'il en doit porter. — Ah! vous convenez donc, lui dis-je, que, malgré tant de précaution, on en parlera; et me voilà perdue de réputation. — Mais où prenez-vous cela? Premièrement, quelle est la femme dont on ne parle point? Y avez-vous beaucoup gagné jusqu'à présent à n'avoir point d'amant? Le public vous en a-t-il moins donné le chevalier de C***? — Quoi! m'écriai-je, le chevalier de C***! on pourrait croire!... — Pauvre enfant, reprit-elle, tout vous étonne et vous effarouche! Mais dans ce monde on dit tout ce qu'on imagine, on croit tout et rien de ce que l'on entend dire. Qui est-ce qui prend assez d'intérêt pour approfondir ce qui se débite ainsi à tort et à travers? D'ailleurs ce n'est que l'inconstance d'une femme dans ses goûts, ou un mauvais choix, ou, comme je vous ai déjà dit, l'affiche qu'elle en fait qui peut flétrir sa réputation; l'essentiel est dans le choix: on en parlera pendant huit jours, peut être même n'en parlera-t-on point, et puis l'on ne pensera plus à vous, si ce n'est pour vous applaudir. — Je ne puis me faire à cette morale, lui dis je. Il y a trois choses dans tout cela qui ne m'entrent point dans l'esprit. La première est qu'on puisse avoir un amant et le regarder sans rougir, car cette liaison entraîne un commerce perpétuel de faussetés; la seconde est qu'on puisse avoir un amant sans qu'on le sache ; et la troisième, qu'on puisse soutenir les regards de ceux qui en sont instruits, ou qui le soupçonnent. Mademoiselle d'Ette rêva un moment. Je connais me dit-elle ensuite, votre franchise et votre discrétion : dites-moi naturellement quelle opinion on a de moi dans le monde. — La meilleure, lui dis-je, et telle que vous ne pourriez la conserver si vous pratiquiez la morale que vous venez de me prêcher. — Voilà où je vous attendais, me dit-elle. Depuis dix ans que j'ai perdu ma mère, je fus séduite par le chevalier de Valory qui m'avait vu, pour ainsi dire, élever ; mon extrême jeunesse et la confiance que j'avais en lui ne me permirent pas d'abord de me méfier de ses vues. Je fus longtemps à m'en apercevoir, et lorsque je m'en aperçus, j'avais pris tant de goût pour lui, que je n'eus pas la force de lui résister. Il me vint des scrupules ; il les leva, en me promettant de m'épouser. Il y travailla en effet ; mais voyant l'opposition que sa famille y apportait, à cause de la disproportion d'âge et de mon peu de fortune, et me trouvant, d'ailleurs, heureuse comme j'étais, je fus la première à étouffer mes scrupules, d'autant plus qu'il est assez pauvre. Il commençait à faire des réflexions ; je lui proposai de continuer à vivre comme nous étions ; il l'accepta. Je quittai ma province, et je le suivis à Paris : vous voyez comme j'y vis. Quatre fois la semaine il passe sa journée chez moi ; le reste du temps nous nous contentons réciproquement d'apprendre de nos nouvelles, à moins que le hasard ne nous fasse rencontrer. Nous vivons heureux, contents : peut-être ne le serions-nous pas tant si nous étions mariés... — Je ne sais où j'en suis, interrompis-je, tout ce que vous me dites me confond, et je sens qu'il me faudra du temps pour m'y accoutumer. — Pas tant que vous croyez, me dit-elle ; je vous promets qu'avant peu vous trouverez ma morale toute simple, et vous êtes faite pour la goûter... — Je ne suis pas dans le cas d'en faire usage, lui répliquai-je, je n'aime point, heureusement ; et quand j'aimerais, pourrais-je jamais me promettre un instant de bonheur en me rendant maîtresse de mes scrupules ; la gêne, la contrainte, la honte, tout doit empoisonner un sentiment qui n'est délicieux qu'autant qu'on s'y livre tout entier. Après cette conversation, nous sommes sorties, mademoiselle d'Ette et moi, pour faire quelques emplettes. Nous avons rencontré M. de Francueil, qui m'a dit qu'il était venu sept ou huit fois pour me voir sans avoir pu me trouver : Je veux, un de ces jours que je ne sortirai pas, le lui faire dire. Il a des talents, il sait la musique, sa société m'a plu beaucoup pendant mes couches ; elle pourra m'être encore de quelque ressource.

Le cinq janvier.

Je suis triste et mal à mon aise aujourd'hui. Je n'ai point vu mademoiselle d'Ette, je ne saurais me passer d'elle : j'attends la journée de demain avec impatience, dans l'espérance de la voir. Si ma santé continue à être aussi mauvaise qu'elle l'est depuis une huitaine de jours, je l'engagerai à venir passer quelque temps chez moi, puisque je ne saurais l'aller chercher. Mon cœur a besoin d'appui ; je sens un vide, une langueur... Il faut que je l'aime bien plus que je ne crois, car je ne puis penser qu'à elle.

Le treize janvier.

Depuis deux jours mademoiselle d'Ette est établie chez moi. Elle me fait oublier mes souffrances, qui sont cependant bien grandes. Le chevalier de Valory a passé hier son après-dînée entre nous deux. Leur union fait plaisir à voir. Elle est décente, elle intéresse même.

Le chevalier est très-aimable ; il a une façon de dire et de voir qui est tout à fait fine et piquante. Il n'a pas d'humeur, mais il est impatient; ce qui lui donne précisément le degré de vivacité nécessaire pour rendre sa société aussi amusante qu'agréable; d'autant plus que cette impatience est tempérée par un fond de bonté inépuisable. Il est singe et contrefait plaisamment; mais on s'aperçoit qu'il ne se livre à ce genre de plaisanterie que pour plaire à son amie. J'ai lieu de le croire ainsi, puisque je n'ai jamais ouï dire qu'il eût ce talent, et que je l'ignorais avant que je les connusse. Il est fort au fait de tout ce qui se passe dans Paris; de toutes les intrigues et de toutes les cabales de société. Tous les matins il sort, à ce qu'il m'a dit, et va ramasser tous ces détails qu'il vient rendre le soir à mademoiselle d'Ette. Ils m'amusent, et j'en profite; c'est sans doute parce que je suis désœuvrée, car en général j'aime peu à m'occuper des affaires des autres.

DE MADEMOISELLE D'ETTE AU CHEVALIER DE VALORY

Je vous en demande pardon, mon cher chevalier; mais je n'irai point encore rendre à votre belle-sœur la visite qu'elle m'a fait l'honneur de me faire : je ne quitterai point madame d'Epinay aujourd'hui; je ne la quitterai pas même de quelques jours. Cette femme est en vérité trop malheureuse. Quelle âme! Je ne connais rien de si généreux, de si intéressant qu'elle, ni rien de si indigne que son mari. Je crois qu'il a autant de vices que sa femme a de vertus. Mes soupçons n'étaient que trop fondés : j'ai voulu essayer de lui en faire naître; mais sa sécurité était si grande, qu'elle ne m'entendait même pas.

Vous êtes injuste, m'a-t-elle répondu : M. d'Epinay est ingrat, volage; il a de faux airs, il a même de la dureté vis-à-vis de moi; mais il est honnête homme. Cependant l'évidence est devenue bientôt si forte, qu'il n'y a plus eu moyen de s'y refuser. Jugez du désespoir de cette pauvre femme. Malgré cela, elle a voulu que l'on annonçât à son mari son état avec toutes les précautions nécessaires pour ne point l'humilier. Elle est persuadée que ce malheur lui fera une si forte impression, qu'il pourra influer sur sa conduite à l'avenir, et le tirer de ses égarements! Voilà, lui ai-je dit, qui est bien honnête, bien généreux, de votre part; mais c'est peut être la seule occasion que vous aurez de votre vie de vous rendre maîtresse de votre mari, et vous la laissez échapper! — Non assurément, ce n'est pas mon intention, mais plus son tort est grand, irréparable, plus il va être confus; et plus je veux lui montrer de générosité. — Eh! mais il ne faut rien taire de tout cela; il faut le dire à ses parents, à toute la terre; apprendre au public sa conduite, combien vous êtes à plaindre, et tirer au moins de ce malheur tout le parti possible pour acquérir une liberté que les femmes n'obtiennent presque jamais, et qui est pourtant le plus précieux de tous les avantages. Pensez-y; vous la regretterez : il sera trop tard. On ne trouve point en sa vie deux occasions aussi favorables. — Mon amie, je n'en ferai rien.

Tandis que je lui parlais, elle était comme immobile, les yeux fixés en terre, et absorbée par la douleur. Que dirait M. de Lisieux, s'il savait cela, s'écria-t-elle? — S'il le savait! Mais sans doute il faut qu'il le sache, que vous le vouliez ou non. Je vais le lui apprendre, et je suis sûre qu'il dira comme moi. Je vous prédis plus, c'est que votre mari n'est pas homme à être touché d'un procédé si noble, si grand : il faut mâter cet homme pour en tirer parti.

Je l'ai assurée qu'il fallait que M. de Lisieux ou M. de Bellegarde et madame d'Esclavelles en fussent instruits. Je ne sais pas trop même si je ne les instruirai pas tous malgré vous, ai-je dit. — Gardez-vous en bien, reprit-elle avec vivacité, je vous désavoue, je me brouille avec vous; et ne vous pardonnerai ni à la vie, ni à la mort. Soyez tranquille, lui dis-je, je ne ferai rien que de votre aveu; mais il est bien dur de vous voir agir avec tant de fermeté contre vos intérêts, tandis que vous pouvez peut-être vous assurer votre repos pour le reste de votre vie.

M. D'Epinay a su que c'était moi qui avais éclairé sa femme sur son état; je crois qu'il ne m'en aime pas davantage. Son premier mouvement fut de dire : Ah! pourquoi le lui a-t-elle dit? Jugez par là de la délicatesse et de l'honnêteté de l'homme. Il arriva chez elle avec l'air du plus faux repentir et de la douleur la moins sentie. Plus la contenance de madame d'Epinay m'arrachait l'âme, plus celle de son mari me révoltait.

Il ne répondit à ce qu'elle lui dit, que par des cris et des larmes forcées. La petite femme en fut la dupe, ou elle feignit de l'être. Il se jeta à ses genoux, se reconnaissant un monstre, un misérable, et l'assurant qu'il était prêt de ne rien faire à l'avenir que ce qu'elle lui prescrirait sur tous les points; mais la seule grâce, ajouta-t-il, que vous demande un malheureux qui n'est pas digne de vivre, c'est de ne rien dire à qui que ce soit de cette aventure. Comment trouvez-vous ce terme? Surtout, dit-il, ni à nos parents, ni à madame de M***. Soyez tranquille, lui dit-elle, je vous promets le plus profond secret; mais je vous demande, pour tout dédommagement, de renoncer pour jamais à toute mauvaise compagnie en hommes et en femmes, et particulièrement à celle du chevalier de C*** que vous aviez tant de raisons de ne jamais revoir, et surtout depuis que je lui ai fermé ma porte. Il le jura, protesta et fit tous les serments qu'on voulut; mais il revenait sans cesse à la crainte que ses parents n'en sussent quelque chose.

J'ai fait consentir ma malade à écrire à M. de Lisieux : elle m'a dicté quatre mots avec bien de la peine. Mais je lui ai fait sentir qu'il fallait de toute nécessité avoir dans cette affaire un témoin de poids; elle m'a chargée de lui détailler le repentir de son mari, et la promesse qu'elle lui a faite d'un secret inviolable; elle a poussé la délicatesse jusqu'à dire à son mari, que M. de Lisieux était le seul à qui elle n'eût rien caché. Il a voulu se fâcher, mais la crainte qu'elle ne parlât encore lui a fait promptement changer de ton; il n'y a sorte de bassesses qu'il ne fasse pour l'engager à se taire. Ah! le vilain homme! Vous pouvez nous venir voir, mon chevalier, tout comme à l'ordinaire. Ayez seulement, en arrivant, l'air étonné de m'y trouver encore. Bonjour.

Suite du journal de madame d'Épinay.

Le 23 février.

Quel chaos dans mon âme! Quel bouleversement dans mes idées! Quelle révolution s'est faite en moi! J'étais sans le savoir, la victime d'une maladie horrible... C'est à mademoiselle d'Ette que j'en dois l'affreuse conviction, et le courage d'y avoir remédié. Le premier moment de cette certitude m'a causé un désespoir affreux, il m'a semblé que tout lien était à jamais rompu entre M. d'Epinay et moi. Quand le divorce aurait été prononcé sur nous, et m'eût laissée à la merci d'une nouvelle passion qui eût dû me rendre encore plus malheureuse, je n'aurais rien vu de plus sinistre dans l'avenir : tout m'alarmait. Je redoutais pour mon mari le ressentiment de M. de Bellegarde et de ma mère, s'ils étaient venus à découvrir combien il était coupable envers moi. J'ai caché ses torts dans l'espérance de le ramener à force de générosité; hélas! je n'y ai rien gagné. Je ne dois avoir pour lui désormais d'autre sentiment que le mépris.

Le 28 février.

Madame la comtesse d'Houdetot m'a présenté aujourd'hui

M. Gauffecourt (1), que je connaissais de réputation, et pour l'avoir vu dans mon enfance. C'est un homme de beaucoup d'esprit, très-aimable et très-gai, quoique déjà d'un certain âge. Je vois que dorénavant, en restant un peu chez moi, je pourrai me former une société assez agréable.

M. de Francueil a profité de l'invitation que je lui ai faite; il est venu hier passé l'après-midi avec moi. Il me paraît aimable, et beaucoup plus que je ne le croyais d'abord. Comme il ne m'est venu personne, au bout d'une heure de conversation, et ne sachant plus que lui dire, je lui ai proposé de faire de la musique; nous en avons fait toute la soirée. J'ai voulu le retenir à souper; mais il était engagé.

Épinay, le 5 avril.

Nous sommes venus ici passer les fêtes de Pâques. M. d'Épinay a engagé M. de Francueil à y venir, et j'en ai été très-aise. Il a une politesse si aisée, de la grace à tout ce qu'il fait, une complaisance, une douceur charmante; sa figure prévient en sa faveur, et sa conversation a tant d'intérêt, qu'on ne peut se défendre d'en prendre beaucoup à lui. Il a fort réussi auprès de M. de Bellegarde. Auprès de qui ne réussirait-il pas! Il peint à merveille, il est grand compositeur en musique; il a toutes sortes de connaissances, et une gaîté précieuse pour moi. J'avoue que depuis longtemps je n'avais passé des moments aussi agréables. M. d'Épinay repart demain pour une nouvelle tournée; elle sera au moins de six mois.

Le 15 avril.

Que ceux qui sont d'accord avec eux-mêmes sont heureux,

---

(1) Fils d'un horloger de Genève, horloger lui-même, qui avait la fourniture des sels du Valais.
(V. les *Confessions* de J.-J. Rousseau, liv. VIII.)

m'écriai-je ce matin en m'éveillant ! Je suis malheureuse ; je connais le moyen d'adoucir mon sort, et je n'ai pas le courage de m'en servir. Venez donc, ma chère amie, mettre de l'ordre dans mes idées et dans mes volontés. Le Ciel ne m'enverra-t-il pas mon amie ? Et comme j'achevais cette phrase, mademoiselle d'Ette entra. Arrivez donc, lui dis-je, car j'ai bien besoin de vous. Elle s'assit sur mon lit. Je jetai mes bras autour de son cou, et je l'embrassai en fondant en larmes. Qu'avez-vous, me dit-elle, M. d'Épinay vous a-t-il donné quelque nouveau sujet de chagrin? Graces à vos conseils, lui dis-je, mon mari n'a plus le droit de m'en donner. Mais je crains de les avoir trop bien suivis, ces conseils ; peut-être déjà, ajoutai-je en me cachant dans son sein, me blâmez-vous d'avoir pris à la lettre des discours que vous ne me teniez peut-être que pour m'éprouver. Y pensez-vous, me dit-elle ? Songez-vous que vous désapprouvez ma conduite et que vous m'accusez de fausseté? A moins que vous n'ayez fait un choix indigne de vous, ce dont vous n'êtes pas capable, je ne puis que vous approuver. Ce n'est point un choix, lui répondis-je ; je me suis laissé prendre comme un enfant. Je ne sais pas encore moi-même, et je sais encore moins si je suis aimée. Quelques petites préférences qui ne partent peut-être que d'un esprit habitué à la galanterie, quelques marques d'intérêt et de compassion qui n'ont vraisemblablement pour principe qu'un sentiment d'humanité ; voilà ce qui m'a séduite, et je tremble de laisser faire des progrès à un penchant qui fera peut-être mon malheur, si je m'y livre. Mais, me dit mademoiselle d'Ette, avant de vous répondre, entendons-nous. De qui me parlez-vous ? Si c'est de M. de Francueil, n'en doutez pas, il est amoureux de vous, et je vous dirai même qu'il y a long temps que je m'en aperçois, et que cette remarque m'a fait d'autant plus de plaisir, qu'il paraît sensé et raisonnable ; il a une bonne réputation, de la fortune ; enfin il est tel que je le desire pour vous. Or, si vous êtes de bonne foi, vous ne devez pas douter de son amour. A vous voir ensemble, j'ai cru qu'il vous en avait parlé, et j'ai cru même que vous l'aviez écouté. Non, en vérité, lui dis-je, il ne m'en a pas ouvert la bouche, et tout ce que vous avez pu remarquer n'a été de sa part que la démonstration de l'amitié ; et de la mienne que celle de la reconnaissance. En ce cas, reprit-elle, cela pourrait devenir sérieux. Contez-moi en détail les progrès de cette connaissance, car sans reproche, ma chère amie, vous vous êtes un peu cachée de moi depuis quelque temps, et c'est ce qui m'avait fait croire vos affaires plus avancées. Volontiers, lui dis-je, je ne cacherai rien ; mais laissez-moi lever et faire ma toilette, car si une fois nous nous mettons à causer, je ne trouverai pas le moment de m'habiller. Je l'établis à mon secrétaire, où elle écrivit des lettres ; je fis mes affaires, et nous passâmes ensuite dans mon arrière petit cabinet, où nous nous enfermâmes toutes deux, et nous commençâmes ainsi notre conversation.

Voilà, dit-elle, que je plains ce pauvre homme, à présent. Il vous aimera comme un fou, car vous êtes une séduisante créature, quand vous vous y mettez ; et vous le rendrez malheureux. — Pourquoi donc, malheureux ? — Eh ! parce que vous êtes des têtes, vous autres, incapables d'un sentiment solide. Une mouche, une partie de bal vous distrait ; et vous ne savez pas vous-même ce que vous voulez. — Ce reproche me confond de votre part. Vous savez bien que cette dissipation où j'étais livrée n'était pas de mon goût, et que si... — Oui, oui, passons toujours, et dites-moi où vous en êtes avec ce pauvre diable. — Eh bien donc !... Mais nous reviendrons ensuite à ce que vous disiez ; car j'ai à cœur de vous dissuader. — voyons toujours. — Vous savez qu'il y a environ trois mois M. de Francueil m'ayant fait plusieurs visites sans me trouver, je lui fis dire que je restais chez moi. Il y vint plusieurs fois. La musique et la peinture furent presque toujours les sujets de nos conversations. Nous fîmes un voyage à Épinay où nous l'invitâmes... Peu à peu le ton de cérémonie se perdit, et celui de liberté, renfermée cependant dans les bornes d'une politesse sévère, lui succéda. Vous dites que je suis dissipée; il trouva que je ne l'étais pas assez. Comme il me voyait souvent triste et rêveuse, il me conseilla, pour m'occuper, d'apprendre la composition. Je lui montrai d'abord que je le désirais fort; puis faisant réflexion qu'un maître me coûterait de l'argent, et que je n'en avais point, je cherchai un prétexte honnête pour éluder cette proposition que j'avais d'abord acceptée si vivement. Je lui dis qu'avant de m'engager à prendre un maître, je voulais voir si je réussirais. Il m'offrit de m'en servir; j'acceptai, et deux jours après il me donna ma première leçon : je réussis fort bien. Il prétend que rien n'est égal à ma pénétration. Chaque jour il mit un nouveau zèle à ses leçons; vous avez entendu la semaine dernière le morceau que j'ai composé : vous pouvez juger de mes dispositions.

La veille du départ de mon mari, il vint passer l'après-dînée à la maison, comme à son ordinaire. Je lui dis, je ne sais à propos de quoi, que je n'aimais rien tant que d'entendre des cors-de-chasse le soir pendant le repas; il ne releva point ce propos. Il sortit à huit heures, et en s'en allant il rencontra M. d'Épinay, à qui il demanda à souper pour prendre, disait-il, congé de lui. Comme il ne m'avait pas paru désirer de rester, je trouvai cela singulier. Il revint en effet à neuf heures; et comme nous étions à table dans l'appartement de M. de Bellegarde, nous entendîmes tout à coup dans la pièce voisine les cors-de-chasse qui nous donnèrent pendant tout le repas la musique du monde la plus délicieuse. Dès que je les entendis, je regardai M. de Francueil qui sourit en disant que c'était sans doute une fête que je donnais à M. d'Épinay pour son départ. J'assurai que je n'avais nulle part à cette galanterie ; mais je me tus sur le propos que j'avais tenu l'après-dînée, et je remarquai très-bien que M. de Francueil m'en sut gré. Après le souper, comme il faisait le plus beau temps du monde, M. d'Épinay proposa de faire le tour du plateau (1); nous l'acceptâmes. M. de Francueil me donna le bras ; il me serra la main plusieurs fois ; mais toujours dans des occasions où je pouvais m'y méprendre, et comme pour me garantir d'un faux pas ou de quelque danger.

De retour au logis, mon mari qui était en belle humeur, et qui devait partir à six heures du matin, proposa de faire de la musique jusqu'à ce moment. Le premier mouvement fut de l'accepter ; Mais M. de Francueil fit remarquer que ma santé pourrait en être altérée. Il prit congé en me demandant permission de venir le lendemain s'informer de la manière dont je m'étais trouvée de cette soirée. Le lendemain, nous soupions ensemble chez madame Darty... Je m'y trouvai indisposée ; les soins et l'inquiétude qu'il me marqua sont au-delà de toute expression. Je m'en allai de bonne heure ; je m'attendais qu'il m'offrirait de me donner la main ; il n'en fit rien, et je vous avoue que j'en fus piquée. Mais en arrivant chez moi, je ne fus pas peu étonnée de voir son carrosse qui suivait le mien ; il descendit, me donna la main jusqu'à mon antichambre seulement. Il s'informa avec les marques du plus vif intérêt de l'état où je me trouvais, et se retira tout de suite, sans entrer dans mon appartement. Toutes ces marques d'égards ne furent point perdues pour lui, et je les sentis vivement.

Hier, il se hasarda à me dire qu'il me soupçonnait d'avoir

---

(1) La place Vendôme.

du chagrin. J'aurais cru lui manquer en dissimulant. Je vous avouerai même que, pour la première fois de ma vie, j'ai été un peu fausse, car je lui ai beaucoup exagéré la peine que je sentais de la conduite de mon mari, dans la crainte que j'avais qu'il ne me parlât d'amour, ce qui m'aurait obligée à le congédier... — Eh? pourquoi donc le congédier? Voilà une inconséquence bien singulière. — Cela est vrai; car je ne me plais qu'avec lui et avec vous. — Oui, avec moi, surtout quand vous parlez de lui, n'est-ce pas? — Mais... je serai franche ; alors vous me plaisez davantage. — Je l'ai bien vu. Ensuite. — Eh bien! ensuite? Voilà tout. L'intérêt qu'il a marqué prendre à mes peines est tout aussi vif que je devais l'attendre de la conduite qu'il tient avec moi. Que pensez-vous de tout cela? — Je pense qu'il est amoureux, et qu'il l'est bien fort, puisqu'il n'ose vous le dire. Je pense encore que vous l'aimez aussi, et que vous ferez une sottise si vous ne l'écoutez pas. — S'il pouvait ne m'en rien dire... Nous sommes si heureux à présent! — Et pourquoi le seriez-vous moins en vous avouant que vous l'êtes? — Oh! c'est que je crois qu'il n'est pas possible d'être heureuse, quand on a eu un amant. — Et pourquoi cela? — Par mille raisons. Si j'avais un amant, je voudrais qu'il fût sans cesse avec moi. Si par prudence ou autrement il refusait un seul jour de me voir, je serais dans la plus amère douleur. Si au contraire son empressement répondait au mien, la crainte qu'on ne sût qu'il ne me quitte point, et que l'on en parlât, me causerait de continuelles alarmes. D'ailleurs M. d'Épinay reviendra un jour. Si à force de malheurs et de réflexions il se reprenait de goût pour moi? ou si par fantaisie... peut-être... — Eh bien! Que feriez-vous? — J'en serais désolée..... Mais en bonne foi pourrais-je le refuser? — Comment un homme qui vous fait mourir à petit feu, qui a et qui aura toute sa vie, je vous en réponds, une conduite détestable, vous auriez le cœur?... — C'est un homme qui a fait ma fortune, à qui je dois tout. — Oui, même... — Paix! ma chère amie, laissons-là le passé et ne disputons point sur une chose qui n'arrivera peut-être jamais. Mais sans faire de suppositions, on peut très-bien prévoir que si un jour j'avais un amant, mon mari viendrait à le savoir ; ou ses reproches m'accableraient, et je ne saurais les soutenir; ou il se croirait peut-être en droit par là de continuer la vie qu'il mène. — Il n'y a guère de conseils à donner sur de telles inconséquences. Savez-vous ce que je vois de plus certain dans tout ceci, c'est que vous rendez Francueil très-malheureux? Vous l'écouterez, parce que cette passion est bien plus établie dans votre cœur que vous ne le croyez. Mais comme ces mouvements sont trop forts pour pouvoir durer, je ne vous donne pas trois mois pour reprendre toutes vos incertitudes ; et au moment où il commencera à se livrer à vous de bonne foi, il vous prendra fantaisie d'écouter ce que vous appelez votre raison, et vous le laisserez là. — Non, non, vous vous trompez, et vous ne me connaissez pas : si je fais tant que d'aimer Francueil et de me livrer à lui, ce sera pour ma vie, à moins qu'il ne change. — Etes-vous bien sûre de ce que vous me dites? — Oui, j'en suis très-certaine. — En ce cas, voici le conseil que je vous donne. C'est de l'éprouver quelque temps, afin de juger si son goût pour vous est véritable. — Oh! voilà ce que je ne ferai point; car si je me détermine à l'écouter, ce sera certainement tout de suite; et si je me décide, au contraire, à lui résister, je le congédierai promptement. — Mais vous dites qu'il a une bonne réputation; vous avez donc ouï parler de lui dans le monde; on en dit donc du bien? — On n'en dit pas de mal, et lorsqu'on le nomme, on vante l'agrément de sa société, et cet éloge n'est jamais suivi du *mais*. D'ailleurs je ne sais aucun détail de son intérieur... mais il est marié. — Cela est-il bien sûr? — Je le crois; il me semble qu'on me l'a dit... Il y a même quelque chose sur sa femme que je ne rappelle pas. — Voilà ce qu'il faudrait pourtant approfondir, si vous pouviez. — Laissez-moi faire ; mon chevalier me rendra ce service là ; il a trois ou quatre chenapans dans sa manche, qui savent et qui connaissent tout ce qui existe et tout ce qui se dit dans Paris. — Oui, mais sous quel prétexte ?... S'ils allaient savoir ou supposer ?... — Comment donc, on ne pourra plus s'informer d'aucun homme dans Paris que ce ne soit pour en faire votre amant ! Ici nous fûmes interrompues par un message de M. de Francueil qui me faisait demander si je serais l'après-dînée chez moi ; je lui ai fait dire que oui. Il m'est venu successivement des visites, et mademoiselle d'Ette s'est en allée, en me rassurant de nouveau sur mes inquiétudes.

J'ai dîné avec mes parents ; et immédiatement après le repas j'ai monté dans mon appartement, croyant n'y être jamais assez tôt pour recevoir Francueil : je me suis mise à écrire ceci en l'attendant: Il est cinq heures, il n'est point encore arrivé. Sûrement M. de Francueil n'a rien à me dire... S'il me parle cependant, quel parti prendrai-je ! Hélas ! celui que je pourrai, excepté de l'écouter comme amant. Il ignore peut-être combien est douce une union intime, quand elle n'est point troublée par les remords... Ah ! j'entends....

Le soir, à onze heures.

Oh ! quel triomphe ! Quelle satisfaction !...... Que deviendrais-je à présent, si je n'étais livrée au trouble et à la pitié que Francueil a excités dans mon âme ? Je puis m'avouer que j'aime Francueil ; que j'en suis aimée ; que notre union est pure... Je puis jouir hautement de la douceur d'avoir un ami tendre et vertueux.... Que cette soirée m'est précieuse ! je n'en veux jamais perdre la mémoire. Chaque mot qu'il m'a dit est gravé dans mon cœur. Je puis en toute sûreté transcrire notre conversation. A qui ne pourrais-pas la montrer ?

En entrant il m'a fait des excuses d'arriver si tard ; je trouvais qu'il avait raison, mon cœur intérieurement lui en avait déjà fait des reproches ; mais en pensant cependant qu'il n'était que cinq heures, et que c'était de bonne heure pour tout autre que pour lui, je ne lui répondis point, et je me contentai de sourire à ses excuses, comme une imbécile. J'étais un peu troublée, le cœur me battait ; pour lui, il était embarrassé, rêveur : la conversation tombait à tout instant. Je lui ai proposé une leçon de composition, elle avait été négligée depuis quelque temps (nous aimions mieux causer). Je lui en fis des reproches. En effet, me répondit-il : je me trouve ingrat envers la musique : elle m'a procuré le plus grand avantage que je puisse jamais avoir ; celui de vous amuser, madame, et de vous voir tous les jours. Mais plus je vous vois, et plus je sens qu'il y a des choses bien plus intéressantes à vous dire. Je me hâtai de l'interrompre, craignant une déclaration, comme ce propos semblait l'annoncer ; et ne sachant comment la détourner, je lui dis assez sottement : Ah ! sans doute..... c'est de l'état de M. de Bellegarde que vous voulez parler ? Il est sûr que sa santé s'altère tous les jours, j'en suis peinée..... Je voudrais.......

— C'est moins de son état que je veux parler que de l'admiration qu'occasionnent votre tendresse et vos soins pour lui à tous ceux qui ont le bonheur de vous approcher de près...

— Monsieur, cette admiration m'étonne, je ne remplis que mon devoir. J'oserais dire que je serais portée à avoir une faible opinion de ceux qui m'en feraient un si grand mérite.

— C'est précisément cette façon de penser qui n'est pas commune à votre âge. Se séquestrer volontairement ; tant de sensibilité, de reconnaissance jointe à tant d'agréments. —

Je vous assure, monsieur, que je mènerais par goût la vie que je mène par devoir. Les soins donnés par l'amitié et par le respect sont si doux : ce vieillard est si bon! je lui dois tant! — J'en conviens, madame, mais les soins donnés à un vieillard, quel que soit le sentiment qui les dicte, ont toujours quelques retours pénibles; au moins, faudrait-il un ami pour partager ces soins, et dédommager des alarmes ou des inconvénients qu'ils entraînent : c'est alors qu'ils seraient vraiment délicieux. — Sans doute, lui dis-je ; mais quelle est la femme qui pourrait s'assujettir? — La femme, reprit-il? impossible! elles sont trop dépendantes pour pouvoir se charger du bonheur de leurs semblables, c'est un ami et non une amie qu'il faut en pareil cas. — Ah! un ami! j'en ai plusieurs, repris je. — Plusieurs, madame, gâtent tout. Il n'en faut qu'un. — Mais songez-vous, monsieur, à toutes les perfections qu'il faudrait qu'eût cet un là pour donner ainsi l'exclusion aux autres?

Comme je vis qu'il était résolu à ramener toujours la conversation à son but, je pris le parti de badiner et de lui faire le tableau le plus exagéré de mes prétentions, et en même temps le plus opposé aux avantages extérieurs que pouvait offrir sa personne.

On peut, à force de zèle, dit-il, espérer de trouver grâce pour les perfections qui pourraient... — Non, non, monsieur, quant à moi, du moins, je ne voudrais passer à un homme la prétention d'être seul mon ami, que dans le cas où il serait complètement doué de toutes les qualités que je lui désirerais : et je serais fort difficile. Indépendamment de ses qualités personnelles, vous voyez que j'exigerais qu'il eût encore celles de tous les amis auxquels il faudrait renoncer pour lui. La tâche est terrible ; je ne comprends pas qu'un homme ait assez bonne opinion de lui pour l'oser entreprendre. — Les femmes auxquelles on se dévoue ne sont pas non plus toujours justes dans leurs prétentions, ni même d'accord avec elles-mêmes. Je suis persuadé, madame, que vous n'exigeriez aucune perfection qu'il ne fût possible d'acquérir. Rien n'est impossible à l'amour, dit-on : ce proverbe, tout usé qu'il est, n'en est pas moins vrai ; mais pourrais-je vous demander les qualités que vous exigeriez. — Monsieur, il n'est pas question de moi. — Il ne peut être au contraire question que de vous et d'aucune autre. — Eh bien donc ! monsieur, puisque vous voulez que je vous dise, en pareil cas, quelles seraient mes chimères, d'abord je ne voudrais pas que cet homme, qui serait l'homme par excellence, fût fort grand ; je le voudrais même petit. — Et pourquoi donc cela, madame ?... On veut pourtant que ce soit un avantage. — Sans doute, monsieur ; mais cette grande taille me rappelerait sans cesse qu'il est là pour me protéger : cela humilie une petite femme ; convenez-en. — Il se mit à rire, et moi aussi. Ah ! me dit-il, d'un air si doux et si timide, en me prenant la main : vous n'avez pas parlé sérieusement. Moi, sans lui répondre, je continuai, en retirant ma main : l'avantage d'une belle figure me touche peu ; c'est un très-petit mérite auprès de moi, mais très-petit. Je m'y étais bien attendu, me répondit M. de Francueil, d'un air dont en vérité je fus touchée ; aussi il faudrait être bien vain, continua-t-il, bien dénué de tout autre mérite et vous connaître bien peu, madame, pour prétendre vous plaire avec ce seul avantage, si c'en est un, ajouta-t-il modestement. Quant au caractère, lui dis-je, je voudrais qu'il se refondît tellement sur le mien, que l'excellent homme et moi ne fussions qu'une même volonté. — Sans doute, reprit-il vivement, cela doit être et cela serait. Je crois, dis-je encore, que je serais d'une jalousie insupportable ; tout me ferait ombrage. — Cela est bon, tant mieux, dit-il ; preuve d'une grande chaleur d'âme. Quel bonheur de pouvoir être l'excellent homme! — Non-seulement j'aurais de la jalousie, mais je voudrais qu'il en eût : s'il n'était pas jaloux, j'en serais blessée. — Et lui en donneriez-vous sujet ? — Sujet ou non ; croiriez-vous, qu'au choix, j'aime mieux une querelle déplacée, qu'une marque d'indifférence ? — D'indifférence, sans doute ! mais la sécurité prouve l'estime et non pas l'indifférence. — J'exigerais encore des sacrifices à tout moment; et puis je voudrais, par exemple, une grande égalité de fortune; cela me paraît absolument nécessaire. — Je crois, madame, que vous avez raison.... Que de délicatesse et de sentiment dans vos idées ! Ah !...

Là, il fit un profond soupir, mais n'osa pas ajouter un mot. Enfin, lui dis-je, croyez-vous que je serais peut être bizarre au point de ne vouloir pas qu'il eût plus de talents que moi. — Mais cette condition dépend de vous, madame. Vous acquerrez tous ceux que vous voudrez ; vous n'avez qu'à vouloir. — Eh bien, monsieur, je voudrais qu'il fût si uniquement occupé de moi, qu'il fût prêt à renoncer à toute espèce de sociétés et de liaisons. Voilà comme il faudrait que fût l'excellent homme. — Quoi! madame, il n'y a rien dans tout cela ni du cœur, ni de l'esprit, ni de la valeur ? Mais quant à ce dernier article, vous le prisericz peu, ne voulant pas être protégée. — Cela n'empêche pas. Je fais grand cas de la valeur ; et si je ne veux pas être protégée, je veux du moins être en sûreté. Au reste, je ne finirais pas, si j'entrais dans ce détail. Il vaut mieux laisser là ce chef-d'œuvre de la nature, d'autant plus que je conviens qu'il est introuvable. — Non pas, s'il vous plaît, madame, achevons : ces derniers articles valent bien la peine que vous vous expliquiez. — Mais je veux un cœur!... un cœur comme on n'en trouve point ! qui soit tendre, délicat, constant, fidèle. — Mais cela va sans dire ; rien n'est si commun, ni si aisé à trouver. — Pas tant que vous le croyez ; il y a mille cas où je le trouverais peut-être fort loin de l'unisson que je désire. Quant à l'esprit, par exemple, vous croyez peut-être que j'en voudrais trouver beaucoup? Non, ce n'est pas cela ; c'est une certaine tournure, une manière d'envisager les objets .... d'entendre à demi-mot... — Madame, le cœur donne cet esprit-là. Enfin, vous voulez qu'on modèle son caractère sur le vôtre. — Vous l'avez dit. — Mais pour y réussir, il faut qu'il soit permis de vous étudier, de vous suivre, de vous voir sans cesse. — Un moment : puisque vous l'avez voulu, il faut que j'achève. Si un homme tel que je le désire s'avisait de m'aimer, ce qui ne peut pas être ; car il me trouverait peut-être aussi bizarre que je l'exige aimable, je voudrais qu'il y regardât longtemps, mais très-longtemps avant de me le dire, car je ne serais peut être d'humeur à l'écouter que lorsqu'il ne serait pas auprès de moi. — Ah! s'écria-t-il avec transport, faites grâce à ma taille que je ne puis changer, et je fais vœu à vos genoux de remplir toutes les autres conditions avec une ardeur inaltérable. Je suis déjà l'homme qui vous adore uniquement et qui vous jure une soumission sans bornes.

Il s'était jeté à mes genoux ; je le fis relever avec sévérité. J'étais effrayée de cette démarche et de sa vivacité ; je me sentis cependant attendrie et fort émue ; je pris le ton le plus assuré qu'il me fut possible. Je vais vous parler naturellement, lui dis je, monsieur. Si mon intention était de vous écouter, je ne vous ferais pas languir ; je me sens pour vous, je vous l'ai déjà dit, je pense, un attachement fondé sur ce que vous valez et sur celui que vous me marquez. J'oserais même dire que cela va jusqu'à l'amitié la plus tendre ; mais n'attendez rien de plus. Il n'est pas dans mes principes de me croire autorisée, par la conduite de mon mari, à avoir un amant. De plus, je l'aime, et tous les moments de ma vie seront employés à tâcher de le ramener ; vous pouvez compter sur ce que je vous dis là, et vous pouvez compter de même sur la tendre amitié que je vous promets. Plus ce que vous me dites me paraît vrai, me répondit M. de Francueil, plus j'admire votre franchise, la bonté de votre caractère ; et plus je me trouve malheureux. J'achèterais de mon sang l'amitié que vous me promettez, ajouta-t-il en fondant en larmes ; mais je ne suis point en état d'en jouir à présent. Il faudra bien vous épargner la vue de mon désespoir, puisque vous rejetez mon amour : il ne me reste qu'à m'éloigner pour toujours. Dans peu de temps mon père part pour aller passer quelques mois dans sa terre ; autant je redoutais de l'y accompagner, autant je dois désirer maintenant d'y rester avec lui pour toujours. Cette résolution commença à m'alarmer ; je gardais le silence. Je sentis cependant qu'il fallait le rompre, et ce fut pour lui dire faiblement : Si vous croyez ce parti nécessaire.... c'est à vous à savoir.,... la raison, quand on veut l'écouter, est souvent d'une grande consolation ; et nous gardâmes encore une fois tous les deux le silence. A la fin il se leva, et prit congé de moi.

Je pensai dans ce moment que je le voyais peut-être pour la dernière fois. Je ne pus soutenir cette idée : je l'arrêtai avec vivacité Demeurez, lui dis-je, monsieur ; quelle idée prétendez-vous par cette conduite me donner de vos sentiments ? Vous me montrez en effet de la passion, du délire, mais aucun attachement solide et véritable, ni qui puisse me flatter un moment. Est-ce mon déshonneur que vous exigez de moi, le sacrifice de mes devoirs les plus sacrés, l'oubli du serment que j'ai prononcé à l'autel de n'être jamais qu'à l'époux que j'ai choisi volontairement ? Si ce sont là vos prétentions, j'ose me promettre que je ne regretterais pas la perte d'un ami qui serait aussi partial dans ses désirs, et qui me montrerait un oubli aussi total de tout principe, quelque forte que pût être mon inclination pour lui ; mais me serais-je trompée en accordant mon estime à M. de Francueil? en serait-il indigne? Si je vous ai bien jugé, mon amitié, j'oserai même dire ma tendresse, doit alors vous suffire. Je ne ferai plus votre malheur, je ferai votre consolation comme vous ferez la mienne ; nous passerons nos jours ensemble ; je vous regarderai comme un être protecteur placé près de moi par le ciel même, pour me dédommager des peines que ma destinée doit me faire éprouver dans ce monde, et je serai la compagne fidèle de votre sort ; nous jouirons sans remords et sans crainte tant que dureront d'aussi douces relations ; nous ne craindrons point les regards des censeurs, puisque nous ne craindrons point les nôtres ; et nous n'aurons point à redouter les retours funestes qui suivent toujours le sacrifice de la vertu.

Il me parut touché, mais il n'était pas encore converti ; il voulut combattre mes principes, et faire son apologie par l'étalage de la même morale que m'avait prêchée mademoiselle d'Ette. Je redoutai son éloquence, et je l'interrompis : Monsieur, vous ne me persuaderez pas, et vous allez ulcérer mon cœur, en me donnant de vous une opinion que je serais fâchée d'avoir, mais qu'il faudra bien prendre cependant si vous m'y forcez. Je vous l'avoue, je n'ai jamais vu dans la qualification de préjugés qu'on donne aux principes les plus sacrés, autre chose que les sophismes d'un séducteur. J'espère que les miens sont trop bien gravés dans mon cœur pour être jamais ébranlés. Il m'assura enfin d'un air pénétré, d'un air divin, enchanteur, qu'il ferait son possible pour se soumettre à ce que j'exigeais de lui : et nous avons passé l'après-dînée à nous confier réciproquement notre situation et nos peines.

J'étais fière de la victoire que j'avais remportée sur M. de Francueil. Il s'est tenu dans les bornes du respect le plus profond ; il m'a baisé plusieurs fois la main en soupirant, mais sans dire un mot qui pût m'alarmer. Nos conventions ne me laissent plus rien à redouter : j'ai cru pouvoir, sans me compromettre, prendre avec lui les moyens de nous voir tous les jours, et d'être instruits réciproquement de nos démarches. Je lui ai dit que je partais pour la campagne après-demain ; et je l'ai instruit de la façon dont il doit s'y prendre auprès de mes parents pour s'y faire inviter : je ne sais pourquoi je lui ai conseillé de se conduire de manière à ne point laisser pénétrer ses sentiments par mademoiselle d'Ette ; il m'a demandé le motif de ce conseil. Je n'ai point fait de difficulté de lui dire que, jusqu'à ce que notre façon de vivre fût bien prouvée, il fallait éviter les faux jugements. Vous voyez donc bien, m'a-t-il dit, que nous n'y gagnerons rien. Et la conscience, ai-je repris, qui donne le courage de braver les faux jugements, n'est elle pas le premier des biens ?

Le temps qu'a duré cette conversation a passé comme un éclair. Je n'ai osé le retenir à souper ; je m'en suis su mauvais gré dès qu'il a été parti. Le reste de la soirée, il ne m'a pas été possible d'être un instant à la conversation ; j'ai été malgré moi rêveuse et distraite. Je repassais en moi-même tout ce qu'il m'avait dit, ce que je lui avais répondu ; je désirais de le revoir ; j'ai, à ce qu'il me semble, bien mieux encore à lui dire ; enfin j'ai attendu impatiemment la fin du souper. Je me suis plainte d'un mal de tête, et je suis remontée afin de rêver sans interruption à la chose qui peut seule fixer mon âme. Je vais m'endormir avec la douceur d'avoir ramené un homme d'honneur à ses principes. Quelle supériorité j'ai acquise sur vous, mademoiselle d'Ette ! C'est une des raisons, je crois, qui me feront garder le silence avec elle. Ses intentions étaient bonnes, et je ne veux pas l'humilier.

Le lendemain, 16 avril.

M. de Francueil est venu voir aujourd'hui M. de Bellegarde. J'étais convenue avec lui qu'il ne me demanderait pas, et que je ne paraîtrais pas pendant sa visite. Mais l'ayant vu arriver, par ma fenêtre, je trouvai, au bout d'une demi-heure, qu'il m'obéissait trop exactement, et j'eus l'injustice de lui en savoir mauvais gré : je savais bien, me disais-je, qu'il est trop difficile d'être l'excellent homme... Sitôt manquer d'empressement ! Mais si cependant il était alarmé de toutes les conditions que j'exigeais l'autre jour ? Je lui dirais que j'ai badiné. Et puis je cherchais un prétexte dans ma tête pour descendre. J'en avais trouvé un dont j'allais profiter, lorsqu'il est entré dans mon appartement. Oh ! quelle joie j'ai eue de le voir ! Qu'il y avait de douceur et de tendresse dans ses regards ! J'étais enchantée, et cependant je témoignai du mécontentement de ce qu'il était monté. Il m'a demandé excuse avec vivacité, et m'a dit qu'il était prêt à m'obéir, si je lui ordonnais de s'en aller, parce qu'il ne voulait rien faire qui pût me déplaire ; mais qu'ayant beaucoup causé avec M. de Bellegarde, il lui semblait important que j'en fusse informée. Je l'ai interrompu pour savoir s'il était prié de venir à la campagne. Il m'a dit que oui ; il a répondu sans affectation qu'il ferait son possible pour y passer vingt-quatre heures, on a trouvé que c'était trop peu. On veut qu'il accorde au moins huit jours ; il n'a pas promis, se réservant de se conduire par mes ordres ; mais il a ajouté, en me prenant la main, qu'à moins que je ne le chasse, il aura bien de la peine à ne pas donner cette satisfaction à M. de Bellegarde.

Comme nous partons demain, nous sommes convenus qu'il viendrait nous rejoindre après demain au soir. Au bout d'une heure, il a voulu s'en aller, dans la crainte qu'on ne trouvât singulier qu'il restât plus longtemps, ayant passé hier toute l'après-dînée avec moi ; il avait raison, je lui sus très-bon gré de cet égard ; mais mon cœur murmurait comme le sien de cette nécessité. Je n'ai pas eu le courage de refuser une lettre qu'il m'a donnée en sortant, et qu'il avait écrite au cas qu'il ne pût pas me voir seule. Lorsqu'il a été parti, je suis retournée à la fenêtre pour le voir encore ; et comme s'il s'y fût attendu, il s'est avancé à la portière pour y regarder. Comme nos cœurs se devinent et s'entendent bien ! Certainement ils étaient fait pour s'aimer. J'ai ordonné qu'on fermât ma porte ; je voulais être seule avec ma lettre le reste de la journée. Voici ce qu'elle contient.

« Je ne sais plus, madame, de quelle nature sont mes sen-
» timents pour vous : ce qu'il y a de certain, c'est qu'il n'y
» en a pas de plus tendres ; mais leur vivacité même me laisse
» la crainte d'en être un jour la victime. Si vous voulez un
» homme parfait, que deviendrai-je ? Plus je réfléchis aux
» conditions que vous exigez, et plus mon infériorité me fait
» trembler. Me tiendrez-vous compte au moins du zèle avec
» lequel je vais travailler à vous imiter ? Mais est-il bien vrai
» que vous exigez qu'on soit jaloux, qu'on vous tourmente,
» qu'on vous querelle ?... Jamais mon cœur, madame, ne
» pourra vous soupçonner ; je suis confiant naturellement, et
» j'avoue que jusqu'à présent les hommes ne m'ont pas
» donné sujet de m'en repentir ; jugez, quand je joindrai à
» cette disposition l'estime la plus profonde et l'amour le
» plus violent, s'il me sera possible d'être inquiet de vos sen-
» timents. Lorsque votre bouche aura daigné confirmer
» mon bonheur, si elle prononce aussi souvent que je l'en
» presserai, que vous m'aimez uniquement, et avec la même
» ardeur que je vous adore, sera-t il en mon pouvoir d'en
» douter ? Ah ! madame que de temps j'ai perdu ! Vous m'a-
» vez défendu de vous voir aujourd'hui. J'ai promis, parce

» que vous l'avez voulu ; mais pourquoi tenir autant à des
» préjugés ! Il est cruel à vous d'exiger de moi de me priver
» d'un bien auquel seul je vais borner mon existence. Je
» vais aller faire ma cour à madame votre mère et à M. de
» Bellegarde ; si j'ai le bonheur d'être de nouveau invité
» d'aller les voir dans leur terre, je vous jure que je ne me
» le ferai pas dire deux fois ; mais s'ils ne me disent rien,
» j'irai également, parce qu'il me serait impossible de m'en
» dispenser. En attendant, me sera-t-il permis de vous écrire?
» me donnerez-vous de vos nouvelles? Il m'en faut au moins
» une fois tous les jours ; je ne peux vivre sans vous répéter
» sans cesse que je vous adore. Je ne vois, je ne sens que
» mon amour ; tout le reste m'importune et m'est odieux...
» Il faudra donc laisser cette lettre à votre porte et ne point
» vous voir ?..... N'importe, je serai dans la maison que vous
» habitez. Il n'est que quatre heures ; il est encore trop tôt :
» mon empressement pourrait paraître suspect. Jamais jour-
» née ne m'a paru si longue ».

J'étais bien tentée de répondre ; mais apparemment la multitude de choses que j'avais à dire, a fait que je ne trouvais pas une expression : je serais restée vingt-quatre heures dans cette situation. On est venu m'avertir que le souper était servi ; pendant tout le repas, je n'ai pensé qu'à Francueil ; mes distractions ont été remarquées ; on me parlait, je ne répondais point, ou je répondais tout de travers. Je me suis excusée sur la quantité de choses que j'avais à faire ou à arranger avant mon départ. Dès que j'ai eu soupé, je me suis servi du même prétexte pour remonter dans mon appartement. Là j'ai relu encore sa lettre, et à présent que je l'ai copiée, je vais la brûler, comme je ferai de celles que je recevrai, et comme je veux qu'il fasse des miennes.

Le 17, à Épinay.

M. de Francueil a envoyé savoir de mes nouvelles avant mon départ. J'avais grande envie de lui écrire un mot ; mais je me suis contentée de lui faire dire que nous comptions qu'il viendrait bientôt nous trouver. Je viens de me promener seule dans l'allée la plus retirée pour n'être point interrompue dans les pensées que j'adresse à Francueil ; mais ne pouvant pas résister à l'envie que j'avais de lui écrire, je suis rentrée. Voici ma lettre.

DE MADAME D'ÉPINAY A MONSIEUR DE FRANCUEIL.

Qu'avez-vous de plus à désirer ? Et puis-je vous aimer davantage quand même j'aurais pour vous ce que vous appelez amour, au lieu de ce que j'appelle amitié ? Non je ne vous aimerais pas plus ; votre idée me suit partout, votre nom est sans cesse dans ma bouche ; les éloges qu'on vous donne me font rougir, et néanmoins me rendent vaine. Encore une fois, mon cher Francueil, si vous m'aimez d'un sentiment pur et aussi vif que le mien, vous n'avez rien à désirer. Non, non, je ne suis point jalouse, rassurez-vous, et je ne fais pas plus de cas de la jalousie, que vous n'en pouvez faire ; ne me prenez au mot, sur tout ce que je vous dis, que sur la résolution très-décidée de n'avoir point d'amant. Quant au reste, je cherchais à rendre votre tâche difficile, pour vous ôter le courage de l'entreprendre et de vous déclarer.

Le 18, à sept heures du soir.

Je n'attendais M. de Francueil que le soir. Il est arrivé le matin, et a amené avec lui mademoiselle d'Ette. J'ai été chercher ma lettre pour la lui donner, mais lorsque j'ai été près de lui, je n'ai jamais osé. J'ai eu moins de plaisir à voir mademoiselle d'Ette que je n'en aurais eu en toute autre occasion. Je crains ses remarques et même ses encouragements, en un mot sa présence m'embarrasse. Elle l'a, je crois, remarqué, car elle se conduit avec une réserve qu'elle n'est pourtant pas fâchée de me faire apercevoir. Au reste, ma conduite avec Francueil me fait assez d'honneur pour ne pas redouter une confidence.

J'ai saisi le premier moment où j'ai pu dire un mot à Francueil pour lui répéter : Prenez garde à mademoiselle d'Ette. Il n'a pas eu le temps de me répondre. Nous avons été si obsédés tout le reste du jour, que nous n'avons pu trouver le moment de nous dire un mot. J'ai lu dans ses yeux qu'il en était impatienté. Il ne tient qu'à lui de lire la même chose dans les miens. Comme il venait de me quitter pour aller se promener avec M. de Bellegarde, j'ai rencontré mademoiselle d'Ette seule ; elle est venue à moi d'un air malin, et cependant compatissant. Qu'avez-vous fait à Francueil, a-t-elle dit? Il a l'air inquiet et malheureux. Je savais bien que vous feriez son tourment. J'ignore, lui répondis-je, pourquoi vous faites cette supposition. S'il a de l'amitié pour moi, s'il aime à vivre dans ma société, si mes goûts sont conformes aux siens, il doit être content : je me plais à le voir. Vous savez d'ailleurs quelles sont mes chimères; je n'ai pas laissé de les lui faire entrevoir d'une manière, à la vérité, fort générale et fort détournée. S'il a d'autres sentiments pour moi que ceux qui me conviennent, il sent qu'il ne doit pas me les déclarer, et je l'entretiendrai le plus que je pourrai dans cette réserve... Diantre ! vous avez fait bien du chemin depuis huit jours, reprit-elle ; mais cela est bien : cette conduite vous donnera le temps de le connaître mieux, et nous irons au jour le jour. Non, repris-je en riant; je suis au but. — Et voilà le moyen d'aller plus vite que vous ne voudrez. Votre goût pour Francueil peut être très-honnête, même en vous y livrant; mais il faut tenir son cœur à deux mains en pareil cas, si l'on ne veut pas qu'il s'échappe. Vos regards sont déjà en contradiction avec vos paroles : ma chère amie, vous êtes vraie ; soyez-le toujours.

La promenade cependant me paraissait longue. Il revint, et je fus étonné de voir en regardant ma montre qu'elle n'avait pas duré plus d'une demi-heure. Quand il est rentré, j'étais occupée à copier un dessin que je tenais de lui. Il est venu s'asseoir près de moi. C'est beaucoup, me dit-il, d'habiter le même lieu que vous ; mais ne pouvoir ni vous parler, ni vous voir qu'au milieu de dix personnes, concevez-vous, Madame, quel supplice pour un homme qui vous adore ? — Point d'adoration, Monsieur, si vous voulez que je vous écoute ; souvenez-vous des bornes que je vous ai prescrites et ne les passez pas. Il soupira : Ah ! vous ne m'aimez pas comme je vous aime, me dit-il. — Ne perdons point de temps à disputer sur la différence de nos sentiments : laissez-moi vous dire que je suis heureuse de vous voir auprès de moi ; que cette campagne que j'aime va me paraître encore plus délicieuse à présent que je vous ai vu, et que je l'ai habitée avec vous... Je dessinais toujours. — Vous n'avez pas eu assez de bonté pour m'écrire un seul mot. Je le regardai en souriant sans répondre Dites-donc, reprit-il, m'auriez-vous écrit? Oh ! non sûrement ; et vous croyez m'aimer ! Ah ! si vous saviez le bien que m'auraient fait deux mots de votre main !...

Je n'y pus tenir, je lui donnai ma lettre. Il rougit, il pâlit et me serra la main en la prenant. Je le lui rendis doucement. M. de Bellegarde est venu ensuite faire de la musique avec M. de Jully ; mademoiselle d'Ette a chanté. Mon beau-père ayant appelé Francueil pour lui faire jouer du violon, et voyant que je n'avais plus d'espérance de lui parler de la soirée, je me suis retirée pour m'occuper plus entièrement de lui... Depuis que j'écris, j'ai cru déjà l'entendre deux fois dans le jardin... je veux voir... C'est lui ; il se promène avec mademoiselle d'Ette... Si tard ! cela est singulier ! J'ai grande envie d'aller les trouver... Je dirai que ne pouvant dormir, j'ai voulu prendre l'air...

Le 19 au soir.

Comme j'allais descendre, je les ai entendus remonter, et je suis rentrée promptement dans mon appartement. J'ai peu dormi. Je me suis levée de grand matin. Il me semble que j'avais mille choses à faire ; et dès que j'ai été levée, je n'ai plus su que devenir. J'ai été me promener ; et machinalement, en passant devant la porte de M. Francueil, j'ai fait le plus de bruit qu'il m'a été possible. J'ai suivi les allées où je l'avais vu avec mademoiselle d'Ette : il semblait qu'elles devaient m'instruire de tout ce qui s'y était dit la veille. Je me plaisais du moins à parcourir tous les endroits où je l'avais vu, et où j'apercevais encore les traces de ses pas ; j'espérais qu'il ne tarderait pas à me suivre. Il est venu, en effet, mais pas sitôt que je l'avais espéré ; malgré cela, il me semble que j'ai oublié, en le voyant, tout le temps que j'ai passé à l'attendre. Nous nous récriâmes sur le bonheur de nous rejoindre. Il m'offrit son bras, et nous marchâmes longtemps en silence. Arrivés au bord d'une prairie entourée d'arbres et traversée par un ruisseau, il me proposa de nous y asseoir. Je choisis l'endroit le plus proche du ruisseau, qui était en même temps le plus ombragé, et je m'adossai contre un arbre. Il s'assit près de moi, de sorte que je pouvais appuyer mon bras sur son épaule ; il me regardait ; et moi, pour le contempler à mon aise, et sans rougir, je fixais les yeux sur le ruisseau. Que vous êtes belle ! s'écria-t-il. Cette exclamation me causa un trouble inexprimable, et ce trouble m'alarma. Je retirai ma main qu'il voulut baiser ; mais je pris un ton de sévérité qui lui imposa. Pour m'aider à donner une autre tournure à notre conversation, je lui montrai de la curiosité sur celle qu'il avait eue la veille avec mademoiselle d'Ette. Pourrait-il être question d'autre chose que de vous, me dit-il? et ne pouvant jouir de votre présence, qu'avais-je de mieux à faire que de m'entretenir de vous? Au surplus vous auriez été contente de la façon dont je lui ai parlé. Elle voulait pénétrer mes sentiments; et tout ce qui m'a déplu de cette conversation a été d'être contraint de feindre une froideur que je suis bien loin de ressentir. Notre entretien en resta là, parce que nous aperçûmes mademoiselle d'Ette qui venait nous retrouver : seulement je dis à Francueil que je voulais avoir le détail de cette conversation, et il me le promit.

Nous nous levâmes ensuite pour aller à la rencontre de mademoiselle d'Ette. Elle voulait me prévenir que l'on m'attendait au château, parce qu'on était venu dire que ma fille était fort malade. Elle ajouta tout bas : Comme je me doutais bien que vous n'étiez pas seule ici, j'ai voulu venir-moi-même.

Trois jours de distance, à deux heures du matin.

Quelle situation est la mienne actuellement?... Que deviendrai-je? Je voudrais fuir... je voudrais me cacher... Je ne puis prendre de repos. Ah ! Francueil, tu m'as perdue... Et tu disais que tu m'aimais ! Je ne sais où j'en suis : j'ai trop de trouble pour écrire... Essayons d'aller respirer dans ces allées où je rêvais, il y a deux jours, si délicieusement à toi... Jamais la nature ne fut si calme : tout dort ; mon âme seule sera-t-elle donc agitée?

En rentrant.

Le silence m'épouvante. Autrefois j'aimais les ombres de la nuit. C'est l'avantage d'une conscience tranquille et sans reproche de n'être point accessible à la terreur.... Quand l'oiseau de la nuit se faisait entendre, il remplissait mon âme de volupté; d'où vient que cette volupté est aujourd'hui mêlée d'effroi? Puis-je bien me le demander! n'ai-je pas poussé au dernier degré l'oubli de moi-même? Comment pourrais-je me souffrir à présent! Francueil! Francueil! tu as donc dégradé celle que tu disais t'être si chère! Tu m'as trompée : je te croyais généreux. Tu as abusé de l'empire que tu t'es reconnu sur moi. Comment t'aurais-je résisté, à toi que j'adore encore malgré ta séduction?..... Mes remords ne sauraient te chasser de mon cœur, je le sens : chaque pensée, chaque réflexion t'y établissent davantage..... Oui, tu seras à jamais l'objet de toute ma tendresse. Oh! combien tu me dois d'amour pour tous les sacrifices que je t'ai faits! Viens, viens donc, ô toi que j'adore; c'est dans tes bras seuls, c'est dans ton sein que je puis cacher ma honte et étouffer mes remords.

Le 24 avril.

Quel bonheur serait comparable au mien, s'il pouvait être avoué? Je ne me ferai jamais à la nécessité de cacher les mouvements les plus doux de mon cœur. Il me semble que ma contenance m'accuse. Comment soutiendrai-je la présence de mon mari, à son retour; puisque les regards de ceux qui prennent le moins d'intérêt à moi m'intimident?... C'est donc à moi seule et dans l'ombre de la nuit que je puis m'avouer les délices de ma journée d'hier. Presque toujours à côté de mon ami; presque point interrompus; le soir, à la promenade, dans la même voiture; mademoiselle d'Ette assez bonne, ou assez délicate pour ne pas prendre garde à nous. Que je l'aime pour cette attention! Puisse cette journée être aussi heureuse! et puisse l'ivresse de mon âme étouffer enfin mes scrupules, inutiles au fond, puisqu'ils ont été si tardifs et si infructueux!

Le lendemain.

Voilà déjà une contrariété. Il devait rester ici le reste de la semaine; mais il a reçu hier une lettre qui le mande pour affaires, et il ne reviendra que la semaine prochaine. Je vais passer ma soirée à lui écrire; que ferais-je sans cela?

DE MADEMOISELLE D'ETTE AU CHEVALIER DE VALORY.

En voici bien d'une autre, mon cher chevalier! Écoutez ceci. Vous savez ce que je vous disais l'autre jour sur l'amour que Francueil avait pour Emilie. Eh bien! vous verrez que la chère petite a étouffé tous ses scrupules, et ce qui s'en est suivi... Hier, en sortant de chez vous, je rencontrai son laquais; je lui demandai ce que faisait sa maîtresse, et si elle était chez elle. Il me répondit que oui, qu'elle s'était trouvée mal, qu'elle ne comptait point retourner à la campagne de quelques jours, et qu'elle avait fait venir son fils qui venait d'arriver. Il ajouta qu'elle avait fait fermer sa porte, avec ordre de ne laisser entrer qui que ce fût. Cela me donna de la curiosité, et je résolus d'entrer chez elle, bon gré, mal gré. On me dit, en effet, qu'elle était sortie. Je parvins avec assez de peine à faire accroire au portier qu'elle m'avait envoyé chercher, et que cet ordre n'était pas pour moi. Lorsque je me trouvai à la porte de sa chambre, je n'en fus guère plus avancée; elle s'y était enfermée. J'entendis son fils pleurer; la gouvernante et elle parlaient en même temps : je ne concevais rien à tout cela. Ne pouvant pas me faire entendre, je fis le tour par la chambre de l'enfant; et comme elle communique à celle d'Emilie, j'entrai sans être annoncée. Elle était échevelée, sa robe retroussée dans ses poches; et assise sur la fenêtre, les pieds appuyés sur un tabouret. Ses yeux étaient hagards et fixés sur son fils. Je compris;

par quelques mots, qu'elle grondait la gouvernante d'avoir voulu le corriger mal à propos. Mais je ne concevais pas qu'un sujet aussi léger eût pu la mettre hors d'elle-même comme je la voyais. Dès qu'elle m'aperçut, elle jeta un cri et sauta à terre. Elle vint à moi d'un air égaré, me prit la main, et en me menant dans son cabinet : Que venez-vous faire ici, me dit-elle d'un ton pénétré? C'est pourtant vous qui êtes cause....... Ce sont vos conseils, vos pernicieux conseils. Puis se tournant vers la gouvernante : Emmenez mon fils, que je ne l'entende plus crier; cela me tue. Qu'on me laisse. Mais allez-vous-en aussi, continua-t-elle en s'adressant à moi, et me repoussant, en entrant dans le cabinet. Comment avez-vous fait pour pénétrer ici? Elle me jeta sur le sopha qui était auprès de la fenêtre, et se cacha le visage dans ses mains en sanglotant.

Pour moi je restai si étonnée, que je ne pus lui dire un mot. Elle releva la tête : les larmes commençaient à tomber de ses yeux. Elle me dit d'un ton ferme : Je ne vous dirai rien; je ne puis vous rien dire : je suis assez malheureuse; ne me tourmentez pas davantage; laissez-moi, au nom de Dieu, laissez-moi. Elle garda encore un moment de silence, et puis elle continua : Ce n'est pas votre faute; mais que ne me parliez-vous plutôt : il m'en allait coûter la vie.... — La vie !... m'écriai-je.... — Oui, reprit-elle, et c'est mon fils qui me l'a sauvée.

Plus elle me parlait, et moins je comprenais son discours. Je m'assis auprès d'elle, et je la conjurai par tout ce que j'imaginais de plus capable de l'attendrir, de m'expliquer cette énigme. J'eus de la peine à l'y résoudre : ses propos étaient sans suite, mais tous véhéments, mêlés de reproches et d'amitié. Elle céda enfin à mon empressement. Je vais parler, me dit-elle; mais comment avoir le courage de vous envisager ensuite? Je vous ferai autant d'horreur que je m'en ferai à moi-même. N'importe; il me faut peut-être encore une secousse pour déterminer mon sort. Elle se leva, et alla fermer la porte aux verroux; elle regardait autour d'elle, comme si elle eût craint des témoins : elle se remit à sa place, et s'enfonça le plus qu'elle put à l'ombre du rideau de la fenêtre; et après avoir rêvé un moment, je vis qu'elle faisait un effort prodigieux pour parler.

Elle me fit vraiment de la peine; elle me dit qu'elle avait enfin vaincu ses scrupules; qu'elle avait cédé à l'amour de Francueil; qu'elle voulait m'en faire un mystère, et que je l'aurais en effet ignoré, si je n'avais aujourd'hui forcé sa solitude.

Je ne voyais rien dans tout cela qui pût la porter au désespoir. Elle me regarda fixement; puis baissant la vue : il est malade, me dit-elle. Comment, lui dis-je ? Elle se taisait, sa respiration était précipitée; elle se tordait les mains. Vous ne pouvez deviner, continua-t-elle d'un ton sinistre, l'horreur de ma situation; et me secouant les bras fortement : oui, il est malade... Alors seulement je compris quel devait être son désespoir. Je l'embrassai, je la consolai du mieux qu'il me fut possible; et je parvins à lui faire entendre qu'ignorant elle-même son état, elle n'avait aucun reproche à se faire. Je lui demandai comment elle avait été instruite de celui de Francueil, et depuis quand elle l'était ? Par une lettre, me dit-elle. Je l'ai relue vingt fois, avant de croire à mon malheur; mais enfin, lorsque je n'en ai plus douté, le désespoir s'est emparé de moi au point que... Oserai-je bien vous dire jusqu'à quel point ma tête s'était égarée ! Dites, lui répondis-je, en la serrant dans mes bras, dites tout à votre amie. Eh bien ! reprit-elle, ne pouvant plus me souffrir, réfléchissant que j'étais liée pour la vie à un homme que je méprisais, et qui me tourmentait par ce que j'avais de plus cher, qui m'avait fait commettre sans le vouloir une action infâme, je me suis résolue à me débarrasser d'une vie qui m'était à charge. Je m'étais enfermée, et j'étais déjà montée sur la fenêtre où vous m'avez trouvée assise, avec la ferme résolution de m'y jeter, lorsque mon fils s'est sauvé, en pleurant, de sa chambre dans la mienne. Il est venu se jeter dans mes genoux ; sa présence m'a émue et m'a rappelé ce que je lui devais. Vous savez le reste, puisque vous avez forcé mon silence et ma retraite ; vous ne m'abandonnerez plus : songez qu'il faut me sauver de moi même ; mais Francueil ! Francueil ! que deviendra-t-il ? il doit me haïr....

Je ne saurais, mon cher chevalier, vous faire le détail des différents sentiments qui l'occupèrent le reste de la soirée : je la passai avec elle. Ce matin j'ai écrit un mot à Francueil. Son état n'est point aussi fâcheux qu'Emilie l'imagine : il pourra venir la voir demain ou après-demain. Elle voulait retourner à la campagne, mais je l'en ai dissuadée ; il faut traiter ceci plus sérieusement que cela ne l'a été. Cependant sa situation est bien plus délicate qu'il y a trois mois : car je ne serais pas fort étonnée que M. d'Epinay ne poussât la mauvaise foi aussi loin qu'elle peut aller. C'est pourquoi j'avais conseillé à la petite femme de tout déclarer d'avance à ses parents. Elle doit avoir le cœur net sur les procédés : elle n'a rien gagné à en avoir d'honnêtes et de délicats ; mais Emilie, qui croit à peine le mal lorsqu'elle le voit sous ses yeux, est bien éloignée de le prévoir ou de le supposer possible. Elle a voulu écrire à son mari : ce qu'il y a de singulier, c'est qu'elle n'a pas encore eu de ses nouvelles depuis son départ. Il a écrit à son père pour avoir de l'argent, et s'est contenté de faire faire des compliments à sa femme. Elle est dans un désespoir inconcevable. Tout cela est entrelardé d'une sorte de haine pour son mari, et néanmoins de remords d'avoir cédé à son amant ; de manière qu'elle ne sait ni ce qu'elle dit, ni ce qu'elle fait. Je coucherai ici cette nuit ; il faut bien aller jusqu'au bout. Ne venez pas me chercher demain ; je ne serais pas chez moi, et vous ne devez pas être censé savoir ce que je fais ici. Bonjour. Si j'ai le temps demain matin, je vous instruirai de notre marche.

Le lendemain.

Pardon mille fois, mon cher chevalier, j'ai oublié de vous envoyer ma lettre ; et je viens de la trouver dans mon sac à ouvrage : vous la recevrez à votre réveil.

L'état de madame d'Épinay a été jugé des plus graves ; il n'y a plus eu moyen de rien cacher aux grands parents dans cette extrémité. Elle a écrit à son mari une lettre plus aigre et plus sèche qu'à elle n'appartient. Je commence à croire que si sa passion dure, on en pourra faire quelque chose. Elle a écrit aussi à son beau-père ; elle le charge d'apprendre à sa mère la cause de son séjour à Paris. Sa lettre est toute pleine de son trouble ; si elle avait affaire à des gens plus fins, je ne la lui laisserais pas envoyer. Je ne doute pas qu'ils n'arrivent tous incessamment.

La maladie de M. de Francueil est une époque fâcheuse : je meurs de peur qu'on n'ait quelque soupçon. Cependant, nous devons le voir demain matin ; il a mandé qu'il viendrait dîner avec nous. Je crois qu'il est très-essentiel que cette première entrevue se passe avant l'arrivé des parents. Pour n'être point surpris, nous ne ferons partir l'exprès que nous envoyons à M. de Bellegarde que demain matin. Bonjour, mon cher chevalier, recevez mon tendre respect.

DE MADEMOISELLE D'ETTE AU CHEVALIER DE VALORY.

Quel spectacle je viens d'avoir ! Ah ! bon Dieu ! quelle tête et quelle âme ! Que cette petite femme est intéressante ! Quelle élévation ! Quelle honnêteté ! Francueil est venu dîner ; elle s'est retirée lorsqu'elle a entendu sa voiture. Je lui avais conseillé d'éviter les regards des domestiques au premier moment de l'entrevue ; elle a suivi mon conseil. Lorsqu'ils ont été retirés, j'ai mené M. de Francueil dans le cabinet de madame d'Épinay : elle s'est levée pour aller à lui, et s'est précipitée à ses pieds, en se cachant le visage de ses mains. Malheureuse que je suis s'est-elle écriée, tuez-moi, tuez-moi, monsieur, je ne veux plus vivre, puisque je n'ose plus vous regarder. Francueil l'a relevée en la serrant tendrement dans ses bras : mais elle a été tout à coup si frappée de sa pâleur et de son changement, qu'elle en est restée immobile ; la douleur, le désespoir se sont peints dans ses yeux en le fixant ; elle les a détournés de lui, et est retombée dans son fauteuil en fondant en larmes et me montrant M. de Francueil.

Il s'est jeté à son tour à ses genoux ; elle ne disait mot ; mais je n'ai de ma vie vu un silence, ni des gestes si expressifs. On voyait qu'elle était combattue par la douceur de le revoir, et par le désespoir de le revoir dans l'état où il était, et dont elle seule était cause. Ce dernier sentiment paraissait le plus fort ; elle ne pouvait ni le regarder, ni s'approcher de lui ; elle l'évitait ; elle se cachait le visage : on eût dit qu'elle se faisait horreur à elle-même. Francueil, par les propos les plus doux et les plus honnêtes, tâchait en vain de la calmer ; elle répondait laconiquement ; mais presque tous ses mots avaient le caractère de la douleur la plus profonde, et en même temps de la plus grande élévation d'âme. Je voudrais vous rendre tout ce qui s'est dit de part et d'autre ; mais la conversation était trop décousue pour que j'aie pu la retenir.

Nous avons tâché de la distraire de sa douleur ; elle y rapporte tout. Par exemple, je dis que ne valant pas mieux qu'une autre, et que m'étant rendue maîtresse de moi-même à dix-sept ans, je n'avais, Dieu merci, à rougir de rien de tout ce que la jeunesse et la légèreté avaient pu me faire faire. J'en aurais dit autant jusqu'à vingt-trois ans, reprit-elle; mais j'en ai eu vingt-quatre, il y a un mois; j'ai vécu cinq semaines de trop. Francueil lui fit des reproches de ce propos qui pouvait être équivoque. Vous vous trompez, mon ami, lui dit madame d'Épinay, il y a trois mois que je vous aime. Mais qu'aurait fait de pis celle qui vous aurait haï?

Vous imaginez bien que nous n'avons rien négligé pour la calmer: sa douleur est sombre et profonde. Vous voilà au courant. Je n'ai pas le temps, mon cher chevalier, de vous faire de longs détails; je suis pressée de rejoindre Emilie qui m'a priée de ne la pas laisser longtemps seule; elle dit que son âme est fatiguée.

Nous attendons M. de Bellegarde et madame d'Esclavelles. Ils ont mandé qu'ils allaient arriver. Emilie a cependant été un peu plus tranquille. Après dîner, nous sommes convenus que nous glisserions adroitement, dans la conversation, que nous avions vu M. de Francueil tous les jours: nous dirons aussi qu'il a eu un mal de gorge en arrivant d'Épinay, qui l'a tenu un jour de lit, et qu'il part le soir pour une autre campagne. En effet il s'absentera, et mandera, de je ne sais où, qu'il a la fièvre tierce, afin que s'il revient dans quelques jours, on ne soit pas étonné de son changement, qui est excessif. Vous pourrez venir me voir demain matin; je serai en état de vous dire ma marche.

A huit heures du soir.

Comme j'étais encore à vous écrire, les grands parents sont arrivés; ils n'ont, ma foi, manqué Francueil que de dix minutes. Je ne sais ce qu'ils auraient pu penser en le voyant... Il m'a semblé un moment que tout ce que madame d'Épinay avait d'énergie dans l'âme l'avait abandonnée à l'aspect de ses parents. Je l'ai trouvée en entrant dans les bras de sa mère, qui a retrouvé toute l'activité que sa fille avait perdue. Elle est dans une douleur extrême et dans une colère effroyable contre son gendre. Elle voulait lui écrire : je crois que sa lettre aurait été d'un beau style. M. de Bellegarde tenait la main de sa belle-fille, la consolait, ainsi que sa mère, et jurait qu'il était heureux pour son fils qu'il eût ignoré son indigne conduite, dans le premier moment de l'accident. Il espère, dit-il, que cette leçon le corrigera pour sa vie. Emilie, qui jusqu'à présent n'a cherché qu'à excuser son mari, a combattu tant qu'elle a pu cette idée de M. de Bellegarde. Je m'en flattais comme vous, mon père, lui a-t-elle dit ; mais quelle espérance pourra vous rester, lorsque vous apprendrez telle chose ? Et sans reprendre haleine, elle a fait l'histoire des procédés, des torts et des principes de M. d'Épinay. Mais ce qui m'a fait voir sa mauvaise tête, au milieu de cette belle confession, c'est qu'elle a enchâssé dans tout cela l'histoire de ses propres étourderies ; et, en vérité, peu s'en est fallu qu'elle n'ait aussi parlé de Francueil.

J'en mourais de peur, lorsque je l'ai vue ainsi en train de tout dire. Au reste, l'indignation contre le d'Épinay était si forte, qu'il n'a guère été possible d'appuyer sur les fautes de sa femme, qui auraient paru très-graves dans tout autre temps ; j'en suis certaine. On la plaint, on la caresse ; mais malgré l'heureuse prévention où l'on est pour elle, jamais elle n'a eu le courage de prononcer le nom de Francueil ; il a fallu que je disse tout ce dont nous étions convenues.

Madame de Beaufort a appris, je ne sais comment, que madame d'Épinay était à Paris ; elle lui a fait dire, ce soir, qu'elle la viendrait voir demain. Nous n'avons rien fait savoir à madame de M***. Il est certain qu'il n'est pas possible de recevoir des visites dans l'état où est Emilie : et quoi répondre à des amis qui ont le droit de questionner ?... De plus, son désespoir la trahirait. Vous pouvez venir me voir un moment, dans ma chambre, demain matin. Bonjour, bonsoir, mon cher chevalier; à demain.

Madame d'Epinay resta à Paris pendant trois semaines. Mademoiselle d'Ette s'établit auprès d'elle ; M. de Bellegarde et madame d'Esclavelles retournèrent à la campagne avec le petit d'Epinay, et venaient de temps en temps voir ma pupille. Comme elle m'avait fait dire qu'elle était malade, je lui rendais visite presque tous les jours. Les personnes que je rencontrais le plus souvent chez elle étaient madame de Beaufort, madame de M*** et M. Gauffecourt. Personne ne soupçonna la véritable cause de la maladie de madame d'Epinay. Au bout de huit à dix jours, M. de Francueil revint aussi la voir.

Je fis quelques reproches à ma pupille sur l'oubli qu'elle avait fait de moi ; elle s'en défendit assez mal, quoique avec le ton de l'intérêt et de l'amitié. Je ne fus pas longtemps à m'apercevoir de ses intelligences avec M. de Francueil ; mais j'avoue que je n'en fus pas fâché, connaissant à celui-ci la réputation d'un homme sensé.

Au bout d'un mois, ils retournèrent à Epinay. Ma pupille, au milieu de son bonheur, avait des moments de mélancolie profonde, dont M. de Francueil lui-même avait peine à la tirer. Il avait trouvé le secret de plaire infiniment à M. de Bellegarde et à madame d'Esclavelles. Il chercha les moyens de donner quelque dissipation à Émilie. En exagérant à M. de Bellegarde le besoin qu'elle en avait, il l'engagea à rassembler un peu plus de monde chez lui. M. de Bellegarde y consentit ; et comme autrefois il avait eu beaucoup de goût pour le spectacle, il fit construire un joli théâtre dans son château. Emilie, qui au fond se trouvait heureuse et ne désirait rien, eut quelque répugnance à se prêter à ces sortes d'amusements ; mais ses succès l'encouragèrent si bien, que ce qu'elle n'avait d'abord fait que par complaisance, devint chez elle un goût dominant et même une passion. Les reproches que je lui avais faits sur son silence lui donnèrent l'envie de me faire le détail de ses amusements, ne voulant rien me dire de l'intérieur de son âme.

Reprise du Journal.

Je ne me doutais pas que j'eusse le talent de bien jouer la comédie ; on le prétend pourtant ; mais je crois que mes grands parents, qui ont un peu perdu de vue les bons modèles en ce genre, et qui au fond ont conservé le goût des plaisirs qu'ils se refusent, jouissent des mauvaises copies qu'ils ont à leurs ordres, faute de mieux. M. de Francueil, qui possède tous les agréments qu'on peut désirer dans la société, a par excellence celui d'être un bon acteur. C'est lui qui a mis notre troupe en train ; il est notre directeur. Madame de M***, madame d'Houdetot, M. de Jully et moi, voilà toute notre troupe, quant à présent ; mais nous attendons une recrue.

Nous avons débuté par *l'Engagement téméraire*, comédie nouvelle, de M. Rousseau, ami de Francueil qui nous l'a présenté. L'auteur a joué un rôle dans sa pièce. Quoique ce ne soit qu'une comédie de société, elle a eu un grand succès. Je doute cependant qu'elle pût réussir au théâtre ; mais c'est l'ouvrage d'un homme de beaucoup d'esprit, et peut-être d'un homme singulier. Je ne sais pas trop cependant si c'est ce que j'ai vu de l'auteur ou de la pièce qui me fait juger ainsi. Il est complimenteur sans être poli, ou au moins sans en avoir l'air. Il paraît ignorer les usages du monde ; mais il est aisé de voir qu'il a infiniment d'esprit. Il a le teint brun, et des yeux pleins de feu animent sa physionomie. Lorsqu'il a parlé et qu'on le regarde, il paraît joli ; mais lorsqu'on se le rappelle, c'est toujours en laid. On dit qu'il est d'une mauvaise santé, et qu'il a des souffrances qu'il cache avec soin, par je ne sais quel principe de vanité : c'est apparemment ce qui lui donne, de temps en temps, l'air farouche. M. de Bellegarde, avec qui il a causé longtemps, ce matin, en est enchanté, et l'a engagé à nous venir voir souvent. J'en suis bien aise ; je me promets de profiter beaucoup de sa conversation. Mais, pour revenir à nos fêtes, réellement elles ont été très-agréables. Notre auditoire était nombreux en paysans et en domestiques. Le président de M*** ne veut plus que sa femme soit des nôtres. Le fait est qu'elle jouait un rôle un peu gai, qu'elle s'était approprié à la lecture de la pièce, et qu'elle l'a rendu très-lestement ; peut-être trop.

Suite du Journal.

Francueil part demain... Je n'ai plus la force d'écrire. Je suis désolée... Il vient de venir, une minute, dans mon appartement ; car nous n'osons presque pas quitter ensemble le salon où l'on est rassemblé. Il m'a apporté une boîte à bonbons, où il a fait peindre l'instant où il est à mes genoux dans la pièce que nous avons jouée. Quoique ce ne soient pas des portraits, les attitudes sont si vraies, les deux personnages ont l'air si passionnés !... Oh ! ce ne peut être que nous !

Mais pourquoi donc ne me donnerait-il pas son portrait ?

DE MADAME D'ÉPINAY A MONSIEUR DE FRANCUEIL.

Tu crois être absent, peut-être ? Ah ! cher ami, tu te trompes, tu ne m'as pas quittée. Je t'ai vu partout ; je t'ai senti près de moi. Ta main a pressé la mienne ; mon cœur a palpité... Pourquoi cette illusion ne peut-elle pas durer jusqu'à ton retour ?... que fais-tu actuellement ? où es-tu ? tu penses à moi, n'est-ce pas? j'ai vu ton cœur serré, en me quittant ; à peine tu retenais tes larmes. As-tu lu dans mes yeux ma douleur ? puis-je penser au temps que durera ton absence ? que veux-tu donc que je devienne?... Il me semble que tout le monde m'examine. Je redoute surtout ma mère ; comment dérober ma douleur à ses regards ? A chaque instant les pleurs me suffoquent, et il faut me contraindre, il faut même supporter toutes les froides plaisanteries dont on m'accable au sujet de ton départ. Je viens m'en dédommager auprès de toi. Hier, pendant toute la promenade, j'ai tenu ton présent entre mes mains ; présent précieux et cher à mon cœur! En vérité, il y a dans cette boîte je ne sais quoi qui parle à l'âme. Combien je me trouverais heureuse d'avoir ton véritable portrait ! Oh ! je l'aurai.

A peine ai-je pu causer aujourd'hui avec mademoiselle d'Elte : c'est cependant la seule personne à qui je puisse me permettre de parler de toi. M. Rousseau nous a promis de venir demain. Vous n'imaginez pas combien j'ai trouvé de douceur à causer avec lui. Il a votre estime et votre amitié ; sa présence m'aidera à supporter mon ennui ; il paraît se plaire avec moi ; je me promets bien de lui faire répéter souvent tout ce qu'il m'a dit de vous. Ah! cher Francueil, donne-moi de tes nouvelles ; je voudrais... tu vas me croire folle ; je voudrais avoir le plan de ta chambre, de la maison que tu habites, de tous les endroits où tu peux te trouver sans moi. Tu vois, par ce seul souhait, que je ne veux pas être un seul moment sans penser à toi.

Suite du journal.

Nous avons fait aujourd'hui une promenade délicieuse, à laquelle il ne manquait que la présence de mon tendre ami, pour remplir mon âme de la plus douce satisfaction. C'est, par-dessus tout, une conversation que j'ai eue avec M. Rousseau à cette promenade, qui m'a enchantée. J'ai encore l'âme attendrie de la manière simple, et originale en même temps, dont il raconte ses malheurs. Il est de retour à Paris depuis trois ans, et c'est la nécessité d'essuyer une injustice, et la perspective d'y être pendu, dit-il, qui l'y a ramené (1).

DE MADAME D'ÉPINAY A MONSIEUR DE FRANCUEIL.

Mon ami, nous sommes perdus ! Je suis désolée ; que devenir ? Une exécrable créature, une créature infernale a tout mandé à M. d'Epinay ; il sait tout. Je viens de recevoir une lettre de lui. Cela est affreux... ; mais il ne peut y avoir que mademoiselle d'Ette qui sache... Ne la soupçonnez pas cependant, ce n'est sûrement pas elle ; je ne me pardonnerais pas d'en avoir l'idée, et je vais tout à l'heure, en toute confiance, lui porter ma lettre. Peut-être a-t-elle commis quelque indiscrétion... Non, cela ne se peut pas non plus ; elle m'aime trop. Je reconnaîtrais plutôt à cette infamie la plus sotte et la plus impertinente des parentes. Mais comment aurait-elle su ?...

M. d'Epinay me raille sur les ressources de ma solitude ; il me fait des reproches sur mon silence... Lui des reproches ! Cela lui va bien. Il en sait, dit-il, la cause. Il voit avec peine que son retour fera mon malheur et le sien. Il me conseille de bien ménager mes dupes ; elles ne le seront pas toujours.

(1) Comme il s'agit ici de l'affaire de Rousseau avec M. de Montaigu, ambassadeur de France à Venise, auprès duquel il fut accusé d'avoir vendu le chiffre de l'ambassade, et que, malgré les efforts de madame d'Epinay pour conserver l'originalité du récit de Rousseau, le fait est rapporté avec toutes ses circonstances dans le VIIe livre des Confessions, il vaut mieux y renvoyer le lecteur, ainsi qu'à la lettre de M. Dutheil insérée dans la correspondance de J.-J. Rousseau, année 1744.

Il dit encore que si je n'y prends garde, *les veilles cachées* dérangeront ma santé, et qu'il espère bien qu'alors je ne m'en prendrai plus à lui. *Les veilles cachées?* Qui peut avoir dit cela, par exemple?... Il est vrai que mademoiselle d'Ette ne met pas toujours la même importance que moi... Ces doutes me fatiguent et m'importunent; je vais la trouver et m'expliquer avec elle... O Dieu! si j'allais n'être pas satisfaite de ses réponses? Je le serai; j'en suis sûre.

Le soir.

Mon ami, mon amour suffit à peine pour me soutenir; mademoiselle d'Ette a pensé me perdre... Quelle femme!... Que vais-je devenir?... Il faudra donc... Je n'ai pas le courage de poursuivre; elle vous mandera tout. Je ne sais encore où j'en suis. Que je redoute de me trouver seule avec ma mère!..... J'ignore ce qui résultera de tout ceci; mais je sais que je t'adore, que je t'adorerai toujours. Je ne veux voir que cela dans l'avenir.

Suite de la même lettre par mademoiselle d'Ette.

Tranquillisez-vous, notre bon ami; il fallait jouer à quitte ou double, et j'étais presque sûre du succès. Je me trouvais déjà dans le salon lorsque madame d'Epinay, d'un air troublé et d'une voix éteinte, vint me prier de passer un moment avec elle dans mon appartement. Bon Dieu! lui dis-je, qu'est-il donc arrivé? Une chose effroyable, me répondit-elle; je suis perdue; mais avant tout, dites-moi, n'avez-vous aucune indiscrétion à vous reprocher sur ce qui me concerne? — Moi? fi donc! mais de quoi est-il question? Mon mari sait tout : voilà une lettre, des détails..... Je viens de la recevoir.

Lorsque j'eus lu la lettre de M. d'Epinay à sa femme, je ne

mis pas un instant en doute que les avis qu'il avait reçus ne vinssent de notre bonne parente. Eh bien! dis-je à madame d'Epinay, que comptez-vous faire? Je n'en sais rien, me dit-elle, je suis au désespoir. Je ne saurais relever avec hauteur des accusations qu'au fond je mérite, et que je suis bien sûre de mériter encore. J'ai tort; je suis coupable, et je n'ai pas le front de me faire croire innocente : je me justifierais mal, hélas! Je suis perdue sans ressource; je crois que tout cela finira peut-être par le couvent, et c'est ce qui pourra m'arriver de plus heureux... J'eus beau lui représenter qu'il n'y avait nulle preuve contre elle; qu'elle n'avait qu'à faire bonne contenance; crier plus haut que son mari; ne lui pas répondre, ou lui répondre quatre mots bien secs qui le fissent souvenir qu'il n'avait nullement le droit de l'injurier : jamais je ne pus lui donner du courage, elle ne me répondit que par ses larmes. Je serai malheureuse, disait-elle, mais je ne serai point fausse. Le dîner sonna, et nous fûmes obligées de descendre sans avoir rien déterminé. Elle ne mangea point. Tout le monde s'aperçut de l'altération répandue sur son visage. M. de Bellegarde fut le seul qui n'en vit rien, parce qu'il ne voit jamais rien. Malgré cela, je pris mon parti sur le champ, et au sortir du dîner, j'emmenai notre papa dans son cabinet. « Votre intention, lui dis-je, monsieur, n'est pas que la plus malheureuse de toutes les femmes soit encore traitée de la manière la plus outrageante ; et cependant M. d'Epinay, sans aucun souvenir de sa conduite passée, sans aucun remords de celle qu'il tient depuis son départ, sans respect enfin pour la douleur profonde qu'occasionne à sa femme la situation où il la laisse, lui écrit cette lettre que voici. Tenez, monsieur, lisez, et voyez si, à moins que de faire mourir cette pauvre femme de désespoir, vous devez souffrir qu'un homme aussi peu digne d'un cœur comme le sien, je vous en demande pardon, puisse la traiter ainsi. » Il lut la lettre et parut fort irrité ; mais comme je craignais quelque explication particulière où le cœur honnête et franc d'Emilie n'aurait pas manqué de la trahir : « Voyez-vous cette phrase, lui dis-je, *ménagez vos dupes*. Cela tombe sur vos bontés pour elle. Madame d'Epinay, Monsieur, ignore la démarche que je fais auprès de vous. Le respect qu'elle vous porte lui interdit jusqu'au plus léger murmure. Vous sentez bien qu'elle se manquerait à elle-même, si elle répondait à cette lettre, et si elle entreprenait seulement de se justifier; c'est votre affaire auprès de M. votre fils. L'intérêt que je prends à madame d'Epinay me force à vous dire que vous le devez. Madame d'Esclavelles est tout aussi blessée que sa fille : toutes deux souffrent en silence. C'est, je vous l'avoue, une dure récompense du sacrifice qu'elle vous a fait de sa liberté. » Je le vis un peu choqué de ma hardiesse; mais deux mots d'une petite flatterie douce calmèrent mon homme et le mirent tout à fait de notre côté. « A un autre que M. de Bellegarde, lui dis-je, je craindrais de déplaire par tant de vérité ; mais son cœur bon, son âme bienfaisante et élevée ne verra que le zèle d'une amie vraie, qui lui montre ce que personne ici n'a le courage de lui faire voir. Vous me jugez bien, Mademoiselle, me dit-il tout tremblant; rentrez dans le salon, je vous prie, et vous allez voir. »

Je rentrai en effet, et je me plaçai auprès d'Emilie, qui était bien loin de soupçonner ce que je venais de faire. Elle travaillait, le nez baissé sur son ouvrage. Prenez garde à votre contenance, lui dis-je tout bas, M. de Bellegarde va rentrer ; je viens de lui lire la lettre de votre mari. O ciel ! s'écria-t-elle, quelle trahison ! quelle méchanceté ! et comment soutenir?... M. de Bellegarde entra, et nous n'eûmes pas le temps d'en dire davantage. Lorsqu'il se fut placé auprès de nous, il dit à Emilie : « J'avais cru que le respect que me doit M. d'Epinay, sans parler de l'estime et de l'amitié que j'ai pour vous, ma fille, auraient suffi pour vous mettre à l'abri des calomnies et des horreurs que renferme la lettre qu'il vous a écrite. C'est moi qui veux y répondre ; et nous verrons après s'il ose persister dans ses injurieux soupçons à votre égard : peut-être aussi en connaîtrons nous les auteurs. » Emilie se prosterna aux pieds de son père ; je lui pris la main que je serrai pour lui donner du courage ; mais elle était si émue, qu'à peine elle put proférer ces mots : Monsieur, je suis pénétrée de votre bonté ; je ferai toute ma vie mes efforts pour en être digne. — Vous n'avez qu'à continuer, ma fille, comme vous avez fait jusqu'à présent. — O mon père ! s'écria-t-elle en se cachant le visage ; puis elle me regarda en soupirant. Je l'emmenai dans le jardin ; et je vous avoue que je ne pus m'empêcher de rire de son étonnement, de son effroi, et de la colère du bonhomme Bellegarde. Ah ! me dit elle, qu'avez-vous fait ? Voilà, lui dis-je, comme on se tire d'affaire avec un cœur chaud et une tête froide. Vous me faites trembler, me dit-elle encore ; songez-vous qu'après une telle bonté de M. de Bellegarde, il faut, pour que j'en sois digne, pour que je puisse me supporter moi-même, il faut renoncer... je n'en aurai jamais le courage. Qu'avez-vous fait ! qu'avez-vous fait ! —Ce que vous auriez dû faire vous-même. Il ne faut renoncer à rien qu'à votre faiblesse et à une peur déplacée, puisque vous voyez bien qu'il ne tient qu'à vous de mener tous ces gens-là. Laissez-moi me reconnaître, me dit-elle, et écrire à Francueil. Je l'ai ramenée dans sa chambre, et je suis revenue dans le salon, pour voir un peu ce qui s'était passé pendant mon absence : je n'y ai trouvé que le chevalier. Après avoir causé un moment avec lui, j'allai retrouver Emilie. Elle n'avait encore écrit que quatre lignes, et elle était dans une rêverie profonde. Je ne sais où j'en suis, me dit-elle ; écrivez pour moi, mandez-lui tout, je n'en ai pas la force : et j'ai pris la plume. Maintenant, pour peu que vous m'aidiez, notre cher ami, je ne désespère pas de ramener Emilie à prendre une contenance décidée, et telle qu'il lui convient de l'avoir. Mandez-moi si votre voyage sera aussi long que vous l'avez craint d'abord. Je ne serais pas fort étonnée que M. d'Epinay n'abrégeât le sien. Bonjour, Monsieur ; nous attendons de vos nouvelles avec impatience. Vous pouvez continuer à m'adresser vos lettres, elles ne courent aucun risque.

Suite du Journal d'Emilie.

Le 2 janvier.

Je suis au bout de ma patience, et je n'y tiens plus. Je ne sais que devenir depuis le retour de mon mari ; il continue à mener une vie toujours dissipée ; il ne me donne rien, pas même pour mon entretien le plus nécessaire, et, ce qui m'étonne, c'est que, malgré son désordre, il paraisse jaloux de moi. Il l'est jusqu'à m'épier. Il me fait des scènes à me faire perdre la tête, toutes les fois qu'il sait que M. de Francueil vient ici, et il est le premier à l'aller prier d'y venir, lorsque je suis deux jours sans le voir. Il s'emporte contre moi avec une hardiesse qui me confond ; j'ai l'âme si remplie de terreur, que je ne trouve rien à lui répondre, ou je lui réponds maladroitement, et puis je pleure : voilà toute ma ressource. Est-il possible qu'il n'y ait pas un coin de terre où puisse se réfugier une pauvre malheureuse créature, à qui on ne laisse pas un quart-d'heure de tranquillité? Dès qu'on ouvre ma porte, et si j'entends le moindre bruit, je m'attends à une scène ou à quelques violences... Je ne résisterai pas, je le sens bien, à tant de peines et de souffrances ; rien ne peut me distraire du noir affreux que j'ai dans l'âme... Je suis résolue de profiter des nouveaux écarts de M. d'Epinay, pour m'assurer une situation plus douce, et me mettre pour toujours à l'abri des tourments qu'il est au-dessus de mes forces de supporter.

Croiriez-vous qu'hier il a été arrêté avec mademoiselle Rose, qui était déguisée en homme, et qui a été reconnue par un exempt? Il a mieux aimé se laisser conduire avec elle chez le commissaire que de l'abandonner. Mon beau-père, instruit de cette nouvelle extravagance, et voulant éviter un plus grand éclat, est allé sur le champ à la police, où il l'a trouvé. Malgré tout ce que cette aventure a d'humiliant pour M. d'Epinay, il paraît plus en colère qu'affligé; je ne doute pas que d'ici à deux jours cela ne soit connu de tout Paris. Enfin, mon cher tuteur, je crois que la circonstance est d'autant plus favorable pour demander ma séparation, que M. de Bellegarde abandonne son fils, et qu'il a défendu qu'on lui parlât davantage ni de lui, ni de ses aventures.

Je conseillai à madame d'Epinay de chercher a obtenir seulement une séparation de biens; elle suivit mon conseil; peu de temps après, je reçus une lettre d'elle, où elle me marquait que le succès avait passé ses espérances; que son mari consentait à leur séparation, et que son beau-père lui-même en sentait la nécessité. Et elle ajoutait : « Je jouirai actuellement de quatorze mille livres, y compris mon bien; l'acte sera passé sous-seing privé; et M. de Bellegarde se réserve à en faire un en forme par la suite, pour m'assurer quinze mille livres de rente dont je jouirai depuis le moment de sa mort jusqu'au jour de la mienne ».

DEUXIÈME PARTIE

Suite du Journal de Madame d'Epinay.

Mes indispositions réitérées, et mes affaires, ne m'ont pas permis de m'occuper depuis longtemps de mon journal. Il faut que je le reprenne ; et je commencerai, mon tuteur, par vous dire que M. Bellegarde a enfin consenti au mariage de M. de Jully, malgré l'éloignement qu'il avait d'abord montré pour prendre une bru dans la famille des Lebrun. Mais sa tendresse, ou, si vous aimez mieux, sa faiblesse pour ses enfants est si grande, qu'il n'a pu se refuser au bonheur de l'un d'eux. N'attendez pas de moi que je vous fasse aucun détail de ce mariage. Les deux époux sont heureux : c'est tout dire. Ils jouissent d'une félicité que je désire qui soit durable ; mais j'ai été aussi heureuse, une fois ; et j'ai bientôt cessé de l'être.

Mon mari me laisse un peu plus tranquille depuis notre arrangement, et je mène actuellement une vie absolument conforme à mon goût. Rien ne manquerait à mon bonheur, si je jouissais d'une santé moins misérable. Francueil vient, tous les deux jours, passer la soirée avec moi ; et on le trouve très-bon. J'ai beaucoup éloigné de visites importunes. Madame de M***, mes belles-sœurs, M. de Francueil, M. Rousseau, M. Gauffecourt, le chevalier de Valory et mademoiselle d'Ette ; voilà ce qui fait le fond de ma société.

Suite du Journal.

J'ai passé quelques jours chez madame de Jully ; j'y ai vu mademoiselle Quinault, avec qui j'ai fait connaissance. Elle est venue me chercher hier ; je n'étais pas chez moi ; mais j'ai été aujourd'hui la voir. Elle a infiniment d'esprit, cependant je ne sais si tous ceux qui vont chez elle ne se croient pas trop obligés d'en avoir. Son âge ne rend plus aujourd'hui ses mœurs équivoques ; elles n'ont pas toujours été bonnes, dit-on ; et, au milieu d'un certain maintien apprêté et pédant, il lui échappe des plaisanteries quelquefois un peu fortes. Il faut bien que les qualités de son cœur soient supérieures à celles de son esprit, pour avoir fait généralement oublier son premier état. Francueil ne l'appelle que la Ninon du siècle. J'ai trouvé chez elle M. Duclos, qui m'a demandé la permission de venir me voir : cette demande d'un homme d'un aussi grand mérite que l'auteur des *Confessions du comte de****, tout en flattant mon amour-propre, m'a embarrassée, car je crains sa franchise, qui dégénère, dit-on, quelquefois en brusquerie : d'ailleurs, je ne voudrais pas que mes parents sussent que je vois mademoiselle Quinault ; ma mère, qui est dévote, m'en ferait un crime ; et M. Duclos ne connaît pas les mystères.

Je suis encore à Paris pour cinq ou six jours, après quoi je retourne à la campagne. Je reverrai mes enfants, que j'ai impatience de rejoindre. Si je n'étais tourmentée par l'éloignement où je suis d'eux, j'avoue que rien ne serait pour moi si agréable que le temps que je passe seule ici. Je donne toutes mes soirées à Francueil, et mes matinées à madame de Jully ou à d'autres amies que ma mauvaise santé m'avait fait négliger depuis quelque temps.

Trois jours de distance.

J'ai eu hier la visite de mademoiselle Quinault. Elle m'a persécutée pour aller dîner chez elle, et je n'ai pu la refuser. Nous n'étions que cinq : M. le prince de***, le marquis de Saint-Lambert, M. Duclos et moi. Le marquis a infiniment d'esprit et autant de goût que de délicatesse et de force dans les idées : il fait des vers, et en fait avec connaissance de cause, car il est vraiment poëte. Il est aisé de juger, par la liberté et la confiance qui règnent dans cette société, combien ils s'estiment entre eux et comptent les uns sur les autres. Une heure de conversation dans cette maison ouvre plus les idées, et donne plus de satisfaction que la lecture de presque tous les livres que j'ai lus jusqu'à présent.

Reprise du Journal.

Le 1er septembre.

M. Duclos s'est fait présenter à mon beau-père, comme nous en étions convenus ; il en a été très-bien reçu. Je craignais qu'il ne lui échappât, dans la conversation, quelque chose qui découvrît ma nouvelle liaison avec mademoiselle Quinault ; mais, malgré sa vivacité, il est plus discret que je ne l'avais pensé. M. de Bellegarde l'a engagé à rester plusieurs jours ici et à nous voir jouer la comédie : il a accepté. Ces dames ont d'abord fait difficulté de jouer devant lui ; cela m'a fort embarrassée ; mais mademoiselle d'Ette, avec son adresse ordinaire, a tout raccommodé. En vérité je lui dois bien de la reconnaissance ; elle n'est occupée que de moi. Elle m'avertit sans cesse de ce qui peut me nuire ; elle en est plus affectée que moi même : il y a bien peu d'amis comme elle.

Francueil est très-content de M. Duclos, et de l'intérêt qu'il me marque. Pour moi, jusqu'à présent je l'estime fort; je le vois avec plaisir, et cependant je ne le trouve pas très-aimable. Il m'amuse quelquefois; je l'écoute volontiers; mais il me cause de l'embarras, et je ne sais jamais quoi lui dire. Je ne me trouve pas toujours de son avis ; je n'hésite jamais à y déférer et je me rends justice. D'ailleurs Francueil et M. Rousseau en font grand cas ; de plus, il a l'air de se plaire avec moi, et je jouis de sa satisfaction. Quel inconvénient y a-t-il à cela? C'est de l'amour-propre tout pur, j'en conviens; je n'y saurais que faire. Je pense et je sens tout ce que je viens de dire. Je suis beaucoup plus à mon aise avec M. Gauffecourt par exemple. Il m'a dit souvent que j'avais plus d'esprit qu'on ne croyait et que je ne le croyais moi-même. Il ne me manque, dit-il, que de la culture et l'habitude de causer avec des gens qui me forcent à penser. Si cela est, personne n'est plus propre que M. Duclos à suppléer à ce qui me manque. Voici une conversation que j'ai eue avec lui, la veille de la comédie.

Nous étions à nous promener. Après un bon quart-d'heure de silence (car nos conversations commencent toujours par des silences, je voudrais savoir pourquoi) : Eh bien ! me dit Duclos en riant, ces dames avaient peur de moi ; elles ne voulaient pas jouer. — Non pas peur, monsieur, mais en général nous étions toutes convenues de ne jouer devant aucun étranger. — Oh ! soit ; mais moi... Ne leur avez-vous pas dit ?... Et au contraire elles doivent s'attendre à plus d'indulgence de la part d'un homme qui s'y connaît.

Je fus choquée de cette phrase, par exemple, mais je n'osai le faire voir, de peur de l'humilier, et je répondis contre mon sentiment : cela est vrai.

8.

Tout est raccommodé, continua-t-il; vous jouerez demain. Mais, pourquoi ne m'avoir point dit l'embarras que cela vous causait? — C'est que j'ignorais si ces dames entendraient raison, et je craignais de vous mettre dans le cas de nous quitter par politesse. — Moi, non, je ne serais pas parti ; et d'ailleurs... Elles auraient joué, j'en étais sûr... Vous le voyez bien... Ah! vous ne me connaissez pas. Il faut toujours me parler naturellement. Vous saurez cela, si vous me permettez de vous faire ma cour... Pas tout cet été, car il faudra que je fasse un petit voyage avec la duchesse de..., et puis quinze jours pendant le Fontainebleau : voilà tout. Après quoi je suis à vos ordres ici, si vous y êtes encore. Envoyez-moi un papier qui m'avertisse d'une occasion, je mettrai mon bonnet de nuit avec un livre dans ma poche, et je viens passer deux ou trois jours avec vous. — Ah! Monsieur, vous me ferez le plus grand plaisir.... — Vrai? moi, je vous parle naturellement; je me plais fort ici; vous êtes bonne femme... Je dis, vous avez de l'esprit... plus même qu'on n'en trouve communément dans une femme du monde... Ecoutez; quand je dis bonne femme, j'entends brave femme, femme d'esprit qui remplit ses devoirs. Demandez à mademoiselle Quinault... Ce qui me plaît en vous, c'est votre respect, votre amour pour vos parents.

Je ne trouvais point de réponses à tout ce qu'il me disait. A la familiarité près, son éloge me plaisait. Voyant que je gardais le silence, il continua.

Hem! me suis-je trompé? Ne les aimez-vous pas? — Oui, assurément, de toute mon âme, Monsieur... — Voyez, Madame, je prends avec vous le ton que la franchise et l'amitié m'ont dicté. Voyez, s'il vous déplaît, par hasard; vous n'avez qu'à dire... — Non assurément, Monsieur, je suis trop flattée.

Ah ça! imitez-moi donc, continua-t-il. Tenez, avec moi

vous pouvez tout dire. Venez, allez-vous en ; faites ceci, faites cela... Oui, tout franchement : je suis l'homme du monde le plus aisé à vivre. Tout le monde vous le dira, et... Je vous dirai même une chose ; j'ai été dans l'intimité de vingt maisons dans Paris : j'ose dire l'intimité la plus entière, ce qui s'appelle... enfin, jusqu'à être dans la confidence du mari et de la femme en même temps. Je me suis brouillé avec plusieurs ; personne ne s'est repenti, je crois, de m'avoir donné sa confiance ; et si... L'on m'a dit des choses qui, si je voulais... Mais sur cela je ne me suis jamais laissé entamer ni dans la vivacité, ni dans la colère... Voici ce qui prouve bien l'honnêteté de mon caractère ; sachant combien je suis violent, et que par Dieu ! il ne fait pas bon, en général, s'attacher un petit chat comme moi aux jambes, ils ont eu l'impudence de ne me ménager en aucune façon.

On nous interrompit ; mais voilà à peu près tout ce qu'il m'a dit de plus remarquable.

Le lendemain nous jouâmes la comédie. Si j'en crois les éloges, il n'y eut jamais de talent plus décidé que le mien. J'en croirais assez Duclos, car il est vrai, et n'est pas prévenu comme Francueil qui était fou et ivre de plaisir. Duclos prétend qu'il ne me manque que l'habitude pour être la première actrice qu'il ait vue. Tous mes parents pleuraient de joie.

         Le lendemain, à Paris.

Nous avons quitté la Chevrette, ce matin, Duclos, Francueil et moi. J'ai prétexté une affaire pour M. d'Epinay ; on a eu de la peine à me laisser aller ; je crois, en vérité, qu'ils sont tous amoureux de moi. J'ai dîné tête à tête avec Francueil, et comme il ne peut pas souper chez moi, j'ai engagé Duclos à venir me tenir compagnie : il a accepté ma proposition. Il doit se rendre ici vers les huit heures.

Suite du Journal.

Au lieu de venir à huit heures, comme nous en étions convenus, il vint à sept et me trouva avec Francueil qui ne faisait que d'entrer, et qui s'était proposé de rester jusqu'au moment de son arrivée.

Je fus un peu fâchée de l'heure qu'il me faisait perdre; et à présent que je suis seule et que je réfléchis sur notre conversation, je trouve qu'il aurait mieux valu qu'il ne fût pas venu du tout. J'avais préparé la plus belle conversation, et je n'en ai pas pu retrouver un seul mot. Je m'étais dit : « Le meilleur moyen d'avoir Duclos pour ami, est de lui donner de l'estime pour moi, et de l'intéresser à mon sort ; je n'ai qu'à me montrer à lui telle que je suis, ne lui rien cacher de ce qui m'est arrivé, excepté mon amour pour Francueil et le sien pour moi (ce qui n'est pas nécessaire à lui dire); je le mettrai sur les apparences du bonheur ; je lui dirai combien elles sont fausses et trompeuses. Cela lui donnera de la curiosité ; il me fera des questions, et je n'aurai qu'à répondre. » Rien de tout ce beau plan ne put avoir lieu ; mais je suis bien sûr que vous ne devineriez pas le sujet qui a été substitué à celui-là.

En arrivant, il me prévint qu'il ne souperait pas. Je n'avais pas faim ; je me fis apporter une compote, du pain, du vin et de l'eau ; lui des échaudés et de la bière : tout cela, dès huit heures, parce qu'il lui plut ainsi. On plaça ce frugal repas sur ma table, et nous nous assîmes chacun de notre côté, les bras appuyés sur la table.

D'abord, il fut question de la comédie, de mes talents qu'il exaltait sans cesse. A la fin, je lui dis :

« Tout cela n'est bon que lorsqu'on en peut jouir sans retour désagréable. Il faut avoir la tête bien libre... — Nous avons joué la comédie aussi dans une société, répondit-il.

J'étais très-bon; je faisais les valets. Il y avait une petite soubrette qui était par Dieu! charmante... Voilà pourquoi je jouais les valets. — Pourquoi n'avons-nous pas su cela plus tôt, lui dis-je? Vous auriez joué avec nous.

Il continua sans avoir l'air de m'écouter : J'en étais amoureux, moi, de la soubrette qui était charmante, et.... (en souriant et me regardant fixement), nous jouions bien notre rôle tous les deux.(Un moment de silence, et puis continuant de rire.) Il m'est arrivé de singulières aventures dans ma vie...: mais je dis uniques... à ne pas croire...

Je ne disais mot à tout cela; je souriais, j'avais l'air étonnée; je pourrais dire que je jouais l'attention. Cependant j'en avais une : c'était de guetter le mot qui m'amènerait à ce que je voulais traiter.

Je fais un roman bien singulier actuellement, dit-il, où l'on verra des choses... toutes nouvelles et vraies. Oui, par Dieu! vous le verrez. Je vous en lirai quelque chose. — Ah! je vous en prie. — Oui, sûrement; je vous le promets; mais c'est qu'il faudrait que vous sussiez.. Ah! ça ne fait rien... Il y en a une entre autres où j'ai eu une conduite bien honnête, continua-t-il en secouant la tête. Je suis bien sûr qu'à ma place il n'y a pas deux hommes qui eussent agi comme moi, ni qui puissent même, de sang-froid, répondre d'en faire autant.

J'avoue qui si quelque chose pouvait me rendre Duclos suspect, ce serait l'attention qu'il a de vanter son honnêteté; mais comme il semble mettre de la chaleur et de l'enthousiasme à tout, cela est moins étonnant. C'est pourquoi je lui répondis : vous devez être bien vengé en pensant comme vous faites. Une conduite honnête couvre bien plus de confusion ceux qui ont de certains torts... C'est une expérience que j'ai eu le malheur ou le bonheur de faire. — Pauvre femme! dit-il, en prenant un air d'intérêt... Si jeune!...

Dites-moi un peu, madame votre mère me paraît une femme respectable? — Ah! monsieur, c'est la plus digne mère, la plus... — Oui, cela me paraît ainsi. Vous gêne-t elle beaucoup? — Moi? Point du tout. En quoi pourrait-elle me gêner? Mais, je dis, est-elle exigeante, curieuse? Elle est fort dévote, ce me semble. — Oui, extrêmement. — Et comment diable vous laisse-t-elle jouer la comédie? — Mais elle n'en est pas trop contente ; c'est M. de Bellegarde qui le veut, et c'est par complaisance, et comme une peine attachée à son état, qu'elle y consent. — Fort bien. Elle l'offrirait à Dieu, en cas de besoin. — Précisément, et en vérité moi aussi assez souvent. — Comment? pourquoi cela? — Ah! mon Dieu, pourquoi? — Comment! vous ne jouez pas comme quelqu'un qui ne s'en fait pas un plaisir... Si c'est par dévotion, je conçois que vous en fassiez scrupule... car, par Dieu! on ne vous voit pas jouer impunément (*en riant comiquement*).

> Par de pareils objets les âmes sont troublées,
> Et cela fait venir de coupable pensées.

— Non ; ce n'est ni par dévotion, ni par pruderie ; mais il faut être gaie, avoir l'âme à son aise... — Ah! c'est une autre affaire, si vous avez du chagrin, je vous plains de toute mon âme ; vous ne le méritez pas. Et qu'est-ce qui vous en donne?

Je ne répondis point. Puis fronçant le sourcil pour marque de compassion : Madame, dit-il, je m'intéresse très-vivement à vous ; cela me donne droit à votre confiance. Vous pouvez tout dire. Et me regardant fixement : Pauvre femme! continua-t-il... où est votre mari? — Il est en tournée, Monsieur, depuis quatre mois. — J'en ai entendu parler ; il est jeune. Je veux faire connaissance avec lui. Je me doute bien qu'il est la cause de vos chagrins; mais que diable?... — Il est vrai, Monsieur, qu'il m'en a donné beaucoup. — J'ai envie de boire un coup, dit-il en prenant la bouteille de bière : en voulez-vous? — Je vous rends mille grâces, lui dis-je; je mangerai tout à l'heure de la compote. — Et moi ce croûton. Je bois encore un coup, et voilà qui est fait... Vous êtes délicate, d'une santé faible. — Oui, très-faible, surtout depuis deux ans. — Toutes les jeunes femmes sont mourantes; hé que ne buvez-vous du vin? Je le leur dis à toutes, moi : cela vous fortifierait... M. d'Epinay est d'une bonne santé, lui? — Oui. — Dites-moi un peu, Madame, qu'est-ce que c'est que mademoiselle d'Ette? — C'est une fille de condition qui est sans fortune; une fille estimable; très-estimable, et mon amie la plus tendre. — Vrai? Et qu'est-ce qu'elle fait ici? Comment la connaissez-vous? Elle était amie de ma mère... J'entends. Je vois le reste d'ici. Il ne faut pas tant me dire. C'est une fille galante, ou je suis bien trompé... — Elle? Je vous assure que non. — Hem! hem!... je m'y connais. Elle est souple, adroite, n'est-ce pas? Elle a de la finesse et beaucoup; mais... — Oui, oui; je savais bien... Laissons cela Ah ça!... vous avez eu beaucoup d'enfants? cela vous a tuée. — Non, Monsieur; je n'en ai eu que deux. — J'ai vu, comme cela, une pauvre petite femme, de qui j'étais l'ami, qui a eu plus de chagrins.. Vous n'habitez plus avec votre mari, lorsqu'il est à Paris?

Cette question m'étonna, me déplut même; mais je n'osai le lui marquer, parce que je vis qu'elle était faite par intérêt et par franchise. Je n'hésitai pas à lui répondre franchement que non. Ensuite il se mit à rêver; but un ou deux coups en disant :

Je ne vous serai peut-être pas inutile. Un de ces jours, en nous promenant, il faudra que vous me disiez tout ce que vous avez dans l'âme... Vous promenez-vous beaucoup? — Oui, j'aime fort à marcher. — Eh bien! nous irons à la

Meute. J'y ai un appartement à la Meute; il est fort joli. C'est mademoiselle Quinault et madame de R*** qui me l'ont meublé; mais j'ai un projet, je verrai... Voilà presque toutes mes connaissances dans ce quartier-ci, et si je vous fais souvent ma cour... — Ah! Monsieur, lui dis je, vous me ferez tant plaisir... Je vous aurai tant d'obligations... — Même si je prends auprès de vos parents, continua-t-il, si vous croyez que ma présence... quelquefois un mot de ma part puissent... Vous voyez bien qu'il faut que je sois à portée de vous. Je veux me faire donner un appartement aux Tuileries; mais je ne veux pas rendre celui de la Meute. Cela me sera fort aisé par madame de P*** avec qui je suis très bien, et, en attendant, l'abbé de C***, qui est mon ami, me prêtera le sien. Je n'ai qu'à lui en dire un mot, ou le lui faire demander par la princesse de G***. Je suis dans leur confidence; ils ne me refuseront rien... Et j'y suis de l'aveu de tous les deux. C'est une chose singulière. Je ne vous en parlerais pas, si cela n'était connu de tout le monde. Au surplus, ils ne m'en ont pas demandé le secret. La princesse traite cela fort lestement, en grande dame, ce qui s'appelle. Elle a de la hauteur et du courage; elle s'est conduite à merveille avec l'abbé; je dis tout au mieux. Elle lui a tout dit et à moi aussi, avec une franchise qui me l'a fait respecter... Et cela dès la première fois que nous l'avons vue... Car dans ces choses-là, moi je vous dirai que je ne fais point un crime à une femme d'avoir un amant; au contraire : mais je veux qu'elle ait le courage d'avouer hautement la préférence de cœur qu'elle lui donne. Pour ses faveurs, qu'elle les cache; cela me plaît assez même... Mais je crois que lorsque la tendresse est bien vive, il est fort difficile de pouvoir la cacher; cela serait plus prudent; mais.. — Buvons encore un coup à présent. (*Silence.*) Vous n'aimez plus votre mari à ce que je puis juger. — Hélas! Monsieur, il m'y a forcée. (*Autre silence.*) J'ai été bien malheureuse avant que d'arriver au point d'indifférence où je suis avec lui.

Venant à moi, et me tendant la main d'un air très-touché : Pauvre petite femme, dit-il, en me baisant la main, vous avez l'âme tendre. Comment votre mari ne sent-il pas ce que vous valez... Vous n'aimez rien; aimez-vous quelqu'un à présent? — Monsieur... J'ai des amis qui me consolent... qui me dédommagent et que j'aime tendrement...

Il m'interrompit et me baisa encore la main. Il alla se rasseoir; versa un verre de bière, fit un tour à la fenêtre, et revint en disant : Je ne sais ce que je ne donnerais pas pour que vous fussiez heureuse; et après avoir bu, il ajouta : je vous aime bien... Moi je fis un signe de remerciement; puis il vint tout à coup à moi les bras étendus et disant : Tenez, Madame, je suis amoureux de vous, Je sens que je vous aimerai comme un fou. Je suis honnête homme; mais je ne veux pas être trompé. Parlez-moi vrai, vous ne vous repentirez pas de votre confiance: Vous n'avez qu'à dire un mot. — Monsieur, je suis très-flattée de votre façon de penser. Conservez-moi votre amitié; je vous la demande avec instance; mais je serais bien fâchée que vous eussiez un autre sentiment pour moi. — Et pourquoi cela? Me trouvez-vous désagréable? Ecoutez, vous pourriez faire pis. Ma foi, je vous regarde déjà comme mon enfant... Me prenant les mains, pourquoi ne m'aimeriez-vous pas? — Mais il n'est pas possible que je n'aie beaucoup d'amitié pour vous, ne fût-ce que par reconnaissance...

Cette déclaration brusque m'avait fort étonnée, elle m'avait même paru ridicule; mais il avait l'air si franc et si bon, que je me suis su mauvais gré de l'envie de rire qu'elle m'avait donnée dans le premier moment.

Je ne saurais vous exprimer, lui dis-je encore, combien je suis sensible à la tendresse que vous me marquez. En vérité j'en suis pénétrée : vous êtes plein de bontés à mon égard ; mais, monsieur, l'amitié et la reconnaissance vous suffisent-elles ? Je n'ai rien à accorder au-delà.

Madame, encore une question, me dit-il, en me serrant les mains, et je ne vous en parle plus ; mais je veux une réponse, précise, claire, et vraie surtout. Souvenez-vous en. Avez-vous un amant ?

J'hésitai beaucoup à répondre. Monsieur, dis-je, pourquoi cette question !... Non... J'ai des amis comme je vous l'ai dit. J'en ai un, entre autres, qui m'aime tendrement ; voilà tout. — Vous me trompez. Tenez, je ne veux pas forcer votre secret ; vous avez de la confiance en moi, je vous avertis qu'une demi-confidence ne me convient point. Dites-moi, je ne veux pas m'expliquer, voilà qui est fini ; ou parlez-moi net.

Il est certain que j'aurais voulu lui cacher mon amour pour Francueil ; mais en même temps je me reprochais de ne pas répondre à l'amitié qu'il me marquait, et de ne pas lui dire ce que je ne doutais pas qu'il apprendrait incessamment, pour peu qu'il continuât à vivre dans notre société. Il me parut que je devais avoir au moins vis-à-vis de lui le mérite de la confiance et de la bonne foi, de sorte qu'après avoir un peu rêvé, je lui dis : Il est vrai, Monsieur, que j'aime et que j'aime passionnément. Tandis que je parlais, je n'osais le regarder ; j'avais les yeux baissés, et il me serrait fortement les mains. Voilà, lui dis-je, le premier aveu que j'en fais ; je ne vous cache pas qu'il me coûte ; et d'ailleurs j'ignore si celui que j'aime l'approuvera. — Et qui est-ce ? Je parie que c'est M. de Francueil. — Il est vrai. — Je m'en suis douté. Madame, voilà qui est fait ; je ne vous parlerai de ma vie de mon amour. Je veux aussi votre parole d'honneur que vous n'en direz mot ; mais je dis que vous n'en ouvrirez la bouche ni à M. de Francueil, ni à personne. — Vous y pouvez compter, Monsieur, si vous ne m'en parlez plus. — Mais songez-y au moins ; je ne vous le pardonnerais pas ; ces choses-là sont sacrées. — Monsieur, je serais au désespoir de vous faire la moindre peine.

On donne de ces paroles là de très-bonne foi ; mais mon Dieu ! qu'on est pressé d'y manquer. La première chose que j'ai faite a été de tout conter à Francueil... Duclos me fit des questions sur mon sort. Je ne lui ai rien caché de tout ce qui m'était arrivé. Il m'a marqué prendre la plus grande part à mes peines. Il a des projets, dit-il, pour me servir auprès de mes parents, surtout auprès de son mari, et dans le monde où il prétend que j'ai besoin d'être prônée. Je n'en suis pas étonnée, car je suppose aisément que mon mari ne m'y a pas plus ménagée que dans sa famille.

Francueil est arrivé à minuit, un quart-d'heure après que Duclos fut sorti : j'aurais été fâchée qu'il l'eût vu revenir si tard. Nous avons causé jusqu'à une heure et demie. Je lui ai rendu compte de tout ce qui s'était passé, à l'exception de l'aveu que j'avais fait de notre amour, parce qu'il m'a prévenue en me disant avec vivacité : Vous ne lui avez pas dit, au moins, la manière dont nous sommes ensemble ? Le ton et l'air dont il m'a dit cela m'ont fermé la bouche ; mais il me semble cependant que je n'ai pu faire autrement que d'avouer notre amour à Duclos ; il est si franc, si honnête, et m'aime tant ! Ne lui aurais-je pas manqué essentiellement en lui niant ce dont il est impossible qu'il ne s'aperçoive pas ? Cependant je suis mal à mon aise. J'ai fait une chose qui déplaît à Francueil, et elle est sans remède. Il faut donc que je la lui dise. J'attendrai que je sois à la campagne, afin d'être plus à portée de lui faire promptement oublier cette faute, ou de l'en consoler.

Suite du Journal.

Nos fêtes sont enfin terminées, et nous allons rentrer dans la tranquillité dont je commence à avoir besoin. Je suis lasse de ce brouhaha, et plus j'y pense, plus je préfère la solitude.

M. de Bellegarde a reçu une lettre de mon mari, dans laquelle je vois, par quelques mots équivoques et jetés adroitement, qu'il accuse toujours ma mère et moi d'être les auteurs de son éloignement; c'est cependant une opinion fâcheuse. M. de Bellegarde l'a senti et m'a dit, de lui-même, qu'il voyait bien qu'il fallait penser à mettre à exécution les projets qu'il a formés, tant pour mes enfants que pour moi. Je lui ai répondu que notre sort était entre ses mains, et qu'il avait pu remarquer que j'avais cessé d'en être inquiète, et de m'en occuper depuis qu'il m'avait donné sa parole d'y pourvoir.

De la Chevrette.

Duclos est venu aujourd'hui. Nous avons eu un moment de dispute assez vive, sur ce que je n'écris point à mon mari : en vérité je ne sais pas trop si cela le regarde; mais Francueil est arrivé fort heureusement pour me tirer d'embarras. J'ai prétexté une affaire, afin de les laisser causer, et lorsque j'ai été retirée, ils sont descendus ensemble pour se promener.

Francueil va demain à Paris; il y restera huit jours, après lesquels il fera le voyage de Chenonceaux avec son père. Malgré le chagrin que me cause cette absence, qui ne doit être que de trois semaines, et qui vont me paraître trois siècles, je n'ai pas le courage de m'en plaindre. M. Gauffecourt vient dîner ici, et l'emmène lui et Rousseau ce soir. Nous resterons seuls, cette huitaine, mademoiselle d'Ette, et le chevalier qui est enfin venu nous trouver.

DE MADEMOISELLE D'ETTE A MONSIEUR DE FRANCUEIL.

Je vous dépêche un exprès, mon bon ami, pour vous instruire, de mon côté, de ce qui se passe ici. M. de Bellegarde est tombé malade ; nous espérons bien que cela n'aura pas de suite. Mais comme il n'est pas défendu de prévoir les choses qui peuvent arriver, et que rien, comme vous savez, n'est encore décidé sur le sort d'Emilie et de ses enfants, je crois que c'est le moment de prendre un parti.

J'ignore si vous êtes informé des indignités dont la dernière lettre de M. d'Epinay à son père est remplie ; un mot surtout me fait trembler. Il prétend que c'est sa femme qui, pour être libre, est cause de l'espèce d'exil où il dit qu'on le tient depuis plus de trois mois. Mon avis est qu'Emilie, à quelque prix que ce soit, se conduise de manière qu'aucun de nous ne puisse être suspect, et qu'elle étourdisse la famille par un coup d'éclat. Il faut que, d'elle-même, elle renonce à vous voir, et qu'elle le dise hautement.

Vous jugez bien que cela n'aura jamais lieu ; que le bon homme, s'il en revient, sera le premier à s'y opposer. Si, au contraire, il n'en revient pas, eh bien, les affaires, une fois arrangées, on va son train, et l'on ne se souvient pas d'avoir jamais pensé seulement à prendre un tel arrangement ; et tous les bons moments ne seront pas finis pour vous. Mais jamais Emilie n'aura le courage de faire une pareille déclaration, si vous ne l'exigez.

Bonjour, ami trop cher.... Oui, je vous aime tous deux plus que moi-même.

Billet de Madame d'Épinay à M. de Francueil.

Se sont-ils donc donné le mot, mon tendre ami, pour me

mettre au désespoir ? Mademoiselle d'Ette prétend que je dois m'engager à ne plus vous voir, ne fût-ce que pour le temps de fixer mon sort. Quoi ! renoncer à te voir ! Et dans quel moment encore veut-on exiger de moi ce sacrifice ? lorsque je vais peut-être malheureusement avoir plus que jamais besoin de consolations. Francueil ! ô mon cher Francueil ? non, jamais je n'y consentirai.

DE MADEMOISELLE D'ETTE A MONSIEUR DE FRANCUEIL.

M. de Bellegarde est au plus mal, mon bon ami ; chacun prétend ici être le maître ; c'est un train inconcevable ; ils se conduisent comme s'ils étaient sûrs qu'il mourra. Madame d'Esclavelles a bien de la peine à les contenir. Le comte d'Houdetot, qui s'était établi dans un cabaret, voyant le beau-père mourant, s'est, sans façon, installé dans la maison avec un valet de chambre qui ressemble plus à un procureur normand, qu'au valet de chambre d'un talon rouge. Madame d'Esclavelles n'a osé prendre sur elle, ni d'autoriser son établissement, ni de s'y opposer ; elle s'est contentée de dire à la comtesse d'empêcher son mari d'entrer chez son père, tant pour éviter la révolution que pourrait lui faire sa présence, que pour tout ce qu'il pourrait en résulter de fâcheux à l'égard de leur intérêt. Elle a paru touchée de cet avertissement ; mais le comte y a vu au contraire des projets de l'éloigner, et de le tenir à l'écart de tout ce qui se ferait.

Par toutes sortes de raisons, mon bon ami, je vous voudrais ici. Je crois qu'Emilie a pris le bon parti de s'adresser au notaire, et j'espère que son sort s'arrangera au gré de nos désirs. Cette promesse de ne vous plus voir ne signifie rien, et se rompra le lendemain des signatures. Je voulais vous dire encore que le comte d'Houdetot fait des questions à perte de vue, qui toutes tendent à annoncer des procès, si les dispositions du bon homme ne lui conviennent pas. Comme jusqu'ici, notre bon ami, vous êtes censé tout ignorer, il me semble qu'à votre retour rien ne peut vous empêcher de nous venir voir.

Si madame d'Epinay parut consentir à ne plus voir M. de Francueil, ce ne fut que par intérêt pour ses enfants qu'elle se prêta à cette feinte, et qu'elle proféra ce blasphème, comme elle me l'a dit elle-même.

Elle promit donc de ne plus recevoir chez elle M. de Francueil, au moins pendant l'absence de son mari; mais il fut convenu que Mademoiselle d'Ette se chargerait de leur correspondance; peut-être était-ce là où cette demoiselle en voulait venir. Mais, quoi qu'il en soit, M. de Francueil ayant conçu des inquiétudes sur son esprit d'intrigues et ses vues intéressées, prit le parti de garder, à tout événement, copie des lettres qu'il lui écrivait. Quoiqu'elles soient en petit nombre, elles justifieront la conduite qu'on lui verra tenir.

Suite du Journal.

Dix jours de distance.

M. d'Epinay vient d'arriver; comme il avait été plus longtemps dans cette tournée que dans les précédentes, son fils a eu de la peine à le reconnaître; pour s'en venger, il lui a trouvé l'air d'un polisson mal élevé. Il caressa sa fille qui lui tendait les bras en riant, comme elle fait à tout le monde, et il en fut touché jusqu'aux larmes. Il demanda ensuite si l'on ne renvoyait pas bientôt son fils au collége : la semaine prochaine, ai-je répondu; nous allons même songer à lui donner un gouverneur. Il en a grand besoin, dit M. d'Epinay; et passant tout de suite à une autre chose : Jouez-vous toujours la comédie, dit-il ? Nous l'avons jouée quelquefois depuis votre départ. — Qui étaient les acteurs ? Toute notre société, répondis-je. Comme cela ne satisfaisait pas sa curiosité, il fut obligé d'y revenir plus gauchement. Je laissai répondre madame de Jully, qui nomma, par hasard, Francueil le dernier. Comment se porte-t-il, reprit M. d'Epinay ? Très-bien. — Y a-t-il longtemps que vous ne l'avez vu ? Huit jours, répondis-je. Et là finit cette conversation, pendant laquelle mademoiselle d'Ette prétend que j'avais l'air insolent à s'y méprendre, et que si je voulais toujours en user ainsi, M. d'Epinay n'oserait souffler devant moi. Je ne me suis point aperçue de ce ton, et je crois que si je m'en fusse doutée, je l'aurais peut-être réprimé ; d'où je conclus que je ne le conserverai pas.

A Paris.

Comme j'allais sortir ce matin, madame Darty, que je n'avais pas vue depuis un siècle, est venue me dire adieu ; elle retourne, pour six mois, à la campagne d'où elle arrive. Croyez-vous, m'a-t-elle dit, que vous avez beaucoup gagné à la solitude où vos parents vous ont tenue, et au vœu authentique que vous avez fait de ne plus me voir. On vous donne une botte d'amants, ma chère ; d'abord Francueil, Duclos, Gauffecourt..... et je ne fais que d'arriver. Cela me fit rire d'abord, mais je compris que j'étais redevable de ces propos à mon mari.

M. de Francueil revint enfin à Paris. Madame d'Épinay crut remarquer, dans la première visite qu'il lui fit, une froideur qui ne lui était pas ordinaire. Cependant réfléchissant que ce pouvait être l'effet de la contrainte qu'ils s'étaient imposée ; et que, d'ailleurs, M. de Francueil, qui voulait son bonheur avant tout, n'avait dû se permettre, dans cette entrevue, où ils avaient la crainte d'être surpris, rien qui pût faire revivre les anciens soupçons de leur liaison, elle se rassura un peu ; et ils convinrent de se voir ailleurs. Madame d'Épinay aurait désiré que ce fût chez mademoiselle d'Ette ; mais M. de Francueil crut, qu'à tout hasard, il valait mieux choisir une autre maison. Ils passèrent ainsi plusieurs mois, se voyant assez rarement, mais s'écrivant régulièrement, jusqu'à l'instant où la mort de M. de Bellegarde apporta à tous les sentiments de madame d'Epinay la plus affligeante diversion.

Quelque préparée que dût être ma pupille à cet événement, elle qui avait été, ainsi que sa mère, la compagne la plus assidue de M. de Bellegarde pendant sa longue maladie, elle en fut frappée comme du coup le plus imprévu.

Suite du Journal.

Plusieurs jours de distance.

La mort de M. de Bellegarde a été cachée pendant quelques heures, afin d'éviter le premier scellé de la chambre des comptes. Les créanciers de M. d'Epinay, tant hommes que femmes, étaient déjà venus s'informer, à la porte, si M. de Bellegarde vivait encore, et si l'on croyait qu'il pût aller loin. Deux d'entre eux laissèrent une assignation.

Le lendemain eut lieu le convoi. M. de Jully et le comte d'Houdetot menaient le deuil ; et le corps fut transporté à Epinay. Après quoi nous assistâmes à l'ouverture du testament. Pendant qu'on en faisait lecture, mon mari se pressait les yeux de son mouchoir, et il ne pleurait pas ; il tressaillait pour faire croire qu'il sanglotait. Tous les legs de M. de Bel-

9.

legarde sont sagement et simplement motivés; il laisse trente mille livres à ma mère. Indépendamment de l'égal partage qu'il fait à tous ses enfants, il substitue aux nôtres toute la portion de M. d'Epinay. En outre de la rente qu'il m'a faite lors de ma séparation, il me lègue cinq cents livres par année, par chaque enfant né et à naître, pour tenir lieu de la contribution que je serais obligée de payer pour ma part de leur dépense, comme étant séparée de biens de mon mari; et il entend que ladite somme soit employée, comme bon me semblera, à l'entretien et à l'éducation desdits enfants.

Mais comme je ne veux point qu'on puisse me soupçonner ni d'intérêt, ni de chercher à humilier mon mari, puisque madame de Jully m'a dit que cet article du testament paraissait généralement injurieux pour lui; et que mille francs, dix mille francs même, ne me dédommageraient pas du mépris que mériterait une pareille conduite, j'ai renoncé à ce legs.

Je ne saurais me faire à l'habitude que prend Francueil de s'enivrer. Dernièrement encore, chez madame de Jully... Serait-ce la nécessité de se distraire du chagrin de vivre sans moi? mais pourquoi prendre un genre de dissipation qui mène aussi sûrement à l'indifférence et à l'oubli? Ai-je cherché moi à me distraire? Je me console de mes peines par leur cause même, en attendant qu'elles finissent. Cela n'est pas dans mon caractère; il en faut convenir; en général les hommes ne sauraient souffrir la contradiction longtemps..... Ah! pourquoi donc se mêler d'aimer?.... J'ai pensé payer bien chèrement un moment de son ivresse. Hier nous soupâmes chez madame de Jully; j'avais écrit un billet à Francueil que j'espérais y trouver. Je le lui donnai adroitement lorsqu'il me présenta la main pour nous mettre à table, et je lui dis précipitamment: serrez-le bien, il est important. Soyez tranquille, me dit-il, je vous remercie....

Quand nous verrons-nous donc ?... Que vous êtes aimable !... C'est un peu votre faute, lui dis-je, mon ami, si je ne vous ai pas vu..... Je vous jure que non, reprit-il. Je secouai la la tête. Qu'auriez-vous à craindre, me dit-il encore, comment ne pas vous adorer? Nous nous serrâmes la main, et il alla se placer loin de moi. Le souper fut gai ; M. d'Épinay fit beaucoup d'amitiés à Francueil; mais il l'excita à boire, et chercha, lorsqu'il le vit un peu pris, à lui faire dire des choses dont il pût tirer avantage contre moi : j'en eus toute la crainte pendant le souper. Heureusement qu'il ne lui échappa rien ; mais l'assurance qu'il nous donnait de temps en temps de son sang-froid, aurait seule suffi pour montrer clairement qu'il pouvait avoir à dire. Cette scène ridicule pour lui, et excessivement embarrassante pour moi, m'occupait assez tristement : mais jugez ce que je devins après souper, lorsqu'étant tous rassemblés dans le salon, les femmes assises, et les hommes debout, assez éloignés de nous, il s'éleva une dispute; on fit une gageure; Francueil tira sa bourse, et laissa tomber mon billet aux pieds de mon mari. Celui-ci ne fit pas semblant de s'en apercevoir, et chercha à le ranger derrière lui avec le bout du pied. Je le vis, et voulus l'aller ramasser; les forces me manquèrent; je dis à madame de Jully, tout bas : Vite, vite, emparez-vous de ce billet, il est à Francueil, et ne le rendez à personne, pas même à lui. Elle ne fit qu'un saut, prit le billet à l'instant où M. d'Épinay allait mettre le pied dessus, et revint comme si elle avait fait une niche, en faisant signe à mon mari de ne rien dire. Il s'approcha d'elle, et dit : Je garderai le secret, mais c'est à condition que je serai de moitié. C'est selon, dit-elle; je m'en régalerai d'abord, et, s'il était par hasard important, ou qu'il compromît quelqu'un, je le lui rendrai, et personne n'en verra rien; mais, autant que j'en puis juger, c'est quelque griffonnage de procureur. J'étais si troublée, qu'il n'était pas difficile de juger de l'intérêt que je prenais à cette étourderie. Lorsque mon mari fut éloigné, elle me demanda ce qu'elle ferait de ce billet. Gardez-le, lui dis-je, jusqu'à ce que nous soyons tous partis, ensuite vous le ferez lire à M. de Francueil, en lui disant comment il l'a perdu, et vous le brûlerez. Je vous jure, me dit-elle, qu'il n'y a nulle sûreté ce soir avec lui, car il est ivre et ne sait ce qu'il fait. Mais comment donc ferai-je, lui dis-je? car je voudrais bien qu'il sût ce qu'il contient. Si je pouvais, me répondit-elle en souriant, m'en charger sans indiscrétion? J'hésitai un moment; enfin je me déterminai à lui faire dire par elle qu'il vînt le lendemain à quatre heures, parce que M. d'Épinay devait aller à Versailles : et je repris le billet que je serrai dans mon corset. Le reste de la soirée on fit de la musique, dont je n'entendis pas un mot; j'étais si troublée de ce qui avait pensé m'arriver, que j'en étais stupide : je n'en ai pas dormi de la nuit.

J'attends Francueil; mon mari est parti à trois heures; il en est plus de quatre : Francueil n'est plus exact.

Une chose m'étonne, et je n'y entends rien. Jelyotte, fameux chanteur de l'Opéra, s'est installé chez madame de Jully pendant l'hiver dernier. Il a un ton, une aisance à laquelle je ne me fais point. Je sais qu'il y a nombre de bonnes maisons où il est reçu; mais cela m'est toujours nouveau, et quand il perd vingt louis au brelan, je ne puis m'empêcher d'être étonnée qu'on les prenne. Il est réellement d'une société très-agréable; il cause bien; il a de grands airs, sans être fat; il a seulement un ton au dessus de son état. Je suis même persuadée qu'il parviendrait à le faire oublier, s'il n'était pas forcé de l'afficher trois fois par semaine.

Mademoiselle d'Ette est venue me voir aujourd'hui. Elle était d'une humeur charmante. Elle compte bien, m'a-t-elle dit, venir à Epinay pendant l'absence du chevalier. Je n'ai pas trop répondu là-dessus, parce que je ne me soucie pas infiniment de l'avoir à demeure. Qui sait si elle ne serait pas l'espion de mon mari? Sa conduite est si bizarre! J'ai tant de sujet de la suspecter!... Cette opinion me gêne. J'aime mieux ne la pas voir, et n'avoir point à y penser.

Je suis si rebutée de la conduite du Duclos, de son ton, de ses manières, que si je ne craignais qu'il n'abusât de la confiance que j'ai eue en lui, je ne voudrais, de ma vie, en entendre parler. Cette considération me retient, et me fait supporter des choses dont je rougis au fond de l'âme, et auxquelles je ne tiendrais pourtant pas si elles duraient.

Ces jours passés il vint dès quatre heures chez moi : j'étais sortie; et comme je l'attendais, j'avais dit, en sortant, que je ne tarderais pas à rentrer. On le fit monter, de même que M. Gauffecourt et M. de Jully. J'arrivai; à peine me regarda-t-il. Je lui témoignai quelque regret de ne m'être pas trouvée la veille chez moi. Il ne me répondit point, et resta fort longtemps sans prendre aucune part à la conversation. Il se levait, se rasseyait, regardait sa montre, et avait l'air de dire à la compagnie, allez-vous en. Cela m'inquiéta et me mit tout-à-fait mal à mon aise. A la fin, ce maintien me parut si ridicule, que je ne pus pas y tenir. Qu'avez-vous, lui dis-je, monsieur? Désirez-vous quelque chose? Il me regarda d'un air silencieux, il me répondit avec un sourire froid et affecté : Non, madame, je n'ai rien. Je continuai à causer sans paraître faire attention à lui. Il en devint un peu inquiet, et outra si bien la même conduite, que, ne sachant comment, sans faire une scène, lui marquer combien je la trouvais ridicule, je lui dis en riant : Mais en vérité, Duclos, je crois que vous avez des puces dans le sang, vous ne sauriez vous tenir en place. Si cela vous déplaît, reprit-il brusquement, vous n'avez qu'à dire. — Ah! mon Dieu, monsieur, promenez-vous tant qu'il vous plaira, pourvu que vous m'assuriez que vous n'avez pas la fièvre, car j'en avais peur pour vous. Il prit un ton grave et respectueux pour me répondre : Je vous rends graces, madame, de l'intérêt vif que vous y prenez... M. d'Épinay fit dire qu'il ne reviendrait pas souper ; et tout le monde sortit. En se retirant, M. Gauffecourt me dit à l'oreille : Traitez-moi ce faquin-là comme il le mérite ; vous ne sauriez croire le tort qu'il vous fait. Laissez-moi faire, lui répondis-je.

Je restai seule avec Duclos. Votre conduite de ce soir, lui dis-je, monsieur, est d'un ridicule, et elle ma choquée à un point... Qu'avez-vous, s'il vous plaît? — Par Dieu, madame, me prenez-vous pour un sot dont on se joue?... Si vous croyez que je suis votre valet, je vous ferai voir que non. — Monsieur, songez, je vous prie. — J'ai pensé me moquer de tout cela... et puis j'ai dit... Cependant il faut voir..... il faut la ménager. — Me ménager ! En vérité, je vous rends grâces, et je vous en dispense ; tout ce que j'attends de vous, ce sont des marques d'estime et des égards, sinon... — Mais, mordieu ! quand j'ai vu votre petit air aisé... et des plaisanteries... Ah ! par Dieu, cela ne vous réussira pas avec moi. — Ah çà, êtes-vous fou?..... Je vous ai laissé dire ; mais, en vérité, je tombe de mon haut. Qu'est-ce que c'est que cette ridicule sortie que vous me faites, tandis que c'est moi qui ai vraiment à me plaindre de vous ! Et quel ton !.. Quelle conduite indécente et affectée que celle que vous avez tenue ici ce soir?... Je vous avertis que je ne puis, sans me manquer, la souffrir davantage, et que je ne la souffrirai pas. — Vous ne voyez pas que c'est votre air sec, je vous en demande pardon ; mais je suis franc, moi... C'est la remarque qu'il vous a plu d'en faire, qui l'a rendue ridicule. — Non, monsieur, mais c'est le ménagement que j'ai eu pour vos caprices, et que je n'aurai plus, qui fait mon tort, et semble vous autoriser à prendre ce ton, à témoigner de l'humeur... et tout cela, sur quoi fondé, je vous prie ?.... Sur quoi, madame ? Et où étiez-vous donc, je vous prie, hier au soir ? — Comment ! ou j'étais ? Et qu'est-ce que cela vous fait, je vous prie, pour me le demander ainsi ? — Ah ! je n'ai rien à dire. Je me suis cru votre ami ; je me suis trompé apparemment. Mais si je ne suis que votre connaissance, votre procédé est bien plus impardonnable. Vous me dites que vous êtes tous les soirs chez vous, que je n'ai qu'à venir quand je voudrai : je m'arrange là-dessus, je viens... et je ne trouve personne... Que diable !... Je vais chez madame de Jully, vous n'y êtes pas. Je m'informe où vous êtes, je questionne tous les valets, personne n'en sait rien. — Je ne prévoyais pas sortir : j'ai été engagée chez la tante de madame de Jully sans pouvoir refuser, et de plus, je ne vous attendais pas. Je vous en ai témoigné cependant du regret, en entrant. — Mais au moins fallait-il m'écrire un mot, ce matin ; mais point. — Monsieur, je n'entends rien à toutes ces misères-là. Je suis sortie, ou je ne suis pas sortie, je n'ai de compte à rendre à personne. J'aurais pourtant envoyé chez vous, ce matin, si vous ne m'eussiez prévenue en me mandant que vous viendriez aujourd'hui. Mais avec l'exigence que vous y mettez, de ma vie je ne vous ferai rien dire. Arrangez-vous pour ne jamais compter sur moi, cela est plus simple. Quand j'y serai, vous me trouverez et je vous recevrai bien, à condition, toutefois, que vous aurez un maintien décent. — Par Dieu ! croiriez-vous m'apprendre à vivre ? — Non, je prétends ne vous rien apprendre que ce qui me convient, et que vous n'avez pas encore deviné.

Nous soupâmes ; je fus assez silencieuse ; il bavarda beaucoup. Eh bien ! me dit-il, peut-on compter ou non vous trouver ici, les soirs ? — Je crois que j'y serai souvent, mais je ne m'engage à rien. Quand je m'y trouverai, vous serez le bien venu ; voilà tout ce que je puis vous dire. — Mais, que diable, cela ne m'arrange pas... Tenez, je veux vous confier un secret, mais n'en allez pas parler. — Je n'aime pas les secrets, non qu'ils me coûtent à garder, mais si je n'y puis rien, cela est au moins inutile. — Par Dieu ! si, vous y pouvez ; sans cela... Mais vous me prenez donc ?... — En ce cas, parlez, monsieur, et soyez sûr de ma discrétion. — C'est que mademoiselle Quinault médite une retraite, sa fortune ne lui permet pas de rester à Paris. C'est une perte pour ses amis, et nommément pour moi. Il faut que je m'arrange différemment ; c'est le diable, tout le monde ne me convient pas, il faut que je me plaise pour me fixer quelque part. Si vous eussiez voulu vous arranger pour donner toute votre journée à vos sociétés, et rentrer tous les soirs de bonne heure, vous auriez été sûre de n'être jamais seule ; je viendrais vous tenir compagnie, et cela nous arrangerait tous ; au moins cela serait fort convenable à votre santé, à votre situation. Votre mari serait sûr de trouver un bon souper et de la gaieté, pensez-y ; sans compter que Francueil aurait ses soirées pour courir à son aise.

Je voulus m'amuser jusqu'au bout du despotisme inouï de cet homme. Je disais, en moi-même : que n'est-ce Francueil qui me fait cette proposition ? Cela est très-séduisant, lui dis-je, il n'y a que l'impossibilité de ce plan qui me déplaise. — Comment ? — C'est qu'il ne conviendrait ni à mon mari, ni à ma société, ni à M. de Francueil, ni par conséquent à moi. A cela près, il est charmant. Dans huit ou dix ans nous verrons. — Ah ! s'il convenait à Francueil, le reste irait tout seul ; mais voilà où je vous attends. Je vous jure qu'il lui conviendra plus que vous ne croyez. — Je n'en crois rien. — Oh ! par Dieu, vous me prenez donc pour une buse. Que diable ! je vois tout aussi bien, et mieux qu'un autre peut-être. Parce que vous ne m'avez rien dit, vous croyez que je n'ai rien vu. Vous n'êtes pas heureuse, pauvre femme, et c'est votre faute. Pourquoi vous attacher, mordieu, à la patte d'un hanneton. On vous a dupée; la d'Ette est une coquine, je vous l'ai toujours dit, vous n'avez pas voulu me croire; je suis sûr que vous avez su à quoi vous en tenir : j'en suis sûr. Vous avez beau secouer la tête, et faire semblant de rire, vous n'avez qu'un parti à prendre. Laissez aller Francueil, restez amis et rien de plus; mais restez amis, parce qu'il ne faut pas se brouiller; et n'ayez plus d'amants; j'entends plus d'amants affichés. Alors il y a un moyen bien sûr pour vous venger très-honnêtement de la d'Ette, et la faire servir à vos intérêts, sans qu'elle puisse jamais vous nuire. Cela vaut, je crois, la peine d'y penser. — Comment, cela est sublime ! Et quel est-il ? — Quel il est ? Il faut qu'elle devienne maîtresse de votre mari; que nous en ayons les preuves. J'en ai déjà de la trahison qu'elle vous a faite. — Vous en avez? — Eh! mais sans doute : ne semble-t-il pas que vous n'en ayez pas, vous? — Non, je vous assure que je n'en crois rien même. — Cela est égal, tant mieux ou tant pis pour vous; mais je disais qu'alors vous la confondrez tête à tête, ou plutôt en ma présence, et nous la menacerons de rendre les preuves publiques, si elle ne conduit pas votre mari à tout ce qui nous conviendra. Vous n'avez qu'à me laisser le soin de cette affaire; je vous promets de la mener à bien. — Je vous rends grâces de votre zèle, monsieur, mais il est compliqué à tel point, qu'il m'effraie plus qu'il ne me console. Croyez-moi, restons chacun comme nous sommes, c'est tout ce qui peut nous arriver de mieux; et quant à moi, c'est ma ferme résolution. — Ma foi, tant pis pour vous. Il faut pourtant que je vous dise encore qu'il est plus que temps de vous défaire de Francueil comme amant, si vous voulez parvenir à la considération dont vous avez besoin pour votre famille et pour vous. — Et qui vous dit que nous n'en sommes pas là ? — En ce cas, pourquoi refuser l'arrangement que je vous propose? — C'est qu'il ne me convient pas par mille autres raisons.

J'avoue que je fus un moment troublée par l'idée des preuves qu'il prétendait avoir contre Francueil et mademoiselle d'Ette. Mais je suis persuadée, en y réfléchissant, qu'il n'en a aucune. S'il en avait eu, il n'aurait pas manqué de les donner. Il ne voulait que me faire parler; et en me conseillant de n'avoir point d'amant affiché, il perd dans mon esprit le mérite de ce conseil, que je crois intéressé. Peut-être s'imagine-t-il qu'il pourrait prendre la place de Francueil, si j'étais assez simple pour l'écouter. Je l'ai congédié de bonne heure et même un peu lestement.

J'ai dîné aujourd'hui chez ma mère avec Francueil, et je ne lui ai rien caché de ce que m'a dit Duclos, afin qu'il s'observât davantage avec lui; il lui fait trop d'avances et trop d'amitiés pour un homme dont nous avons reconnu le danger : il en est convenu.

Suite du Journal.

Me voici à Epinay depuis deux jours. J'ai été fort étonnée, à mon arrivée, d'y trouver tout ce que le luxe le plus recherché, et j'ose dire le plus indécent, peut imaginer d'inutile, et cependant d'agréable. Gauffecourt qui est avec moi, en a été très-choqué : nous nous occupons des moyens de faire sentir à M. d'Epinay l'étendue de ses extravagances; j'en prévois les suites les plus funestes, dont la moindre doit être sa ruine.

Duclos est venu dîner aujourd'hui ici; il m'a trouvée triste, et m'en a demandé le sujet. Tout ce faste me déplaît, lui ai-je dit, et m'annonce un avenir si fâcheux, que je ne puis me résoudre à en jouir. Qu'appelez vous en jouir, m'a-t-il répondu brusquement? mais il faudrait que vous fussiez folle à mettre aux petites maisons, pour être heureuse de toutes ces fadaises! Vous devez empêcher cela de tout votre pouvoir, sans quoi votre maison, avant qu'il soit peu, ne sera remplie que de plates espèces, qui en chasseront la bonne compagnie, et qui, par dessus le marché, n'y viendront que pour se moquer de vous.

Le mardi.

Je ne connaissais guère madame de Jully, lorsque je redoutais qu'elle lût dans mon cœur, et blâmât ma passion pour Francueil. Je viens de me promener avec elle; je suis encore tout étourdie de ce qu'elle m'a dit... Je ne sais si je dois l'estimer ou non; je n'ose prononcer. Voici la longue conversation que nous avons eue pendant notre promenade. Nous marchions en silence. Eh bien! me dit-elle, tout d'un coup, avec cet air indolent qui lui est naturel, vous voilà bien contente, ma sœur, vous causez avec Francueil tant qu'il vous plaît, à présent que vous ne me craignez plus. — Cela est vrai, ma sœur. — Vous n'avez jamais si bien fait que de me dire votre affaire; mais au moins ne vous gênez pas, car il ne suffit pas de causer avec son amant; parlez-m'en tant que vous voudrez. — Si j'avais à vous confier mon bonheur, j'en userais librement; mais je crains de vous ennuyer, et d'abuser de votre amitié. — Abuser de l'amitié! Vous ne la connaissez donc guère; est-ce qu'on en abuse? Voilà ce qui fait qu'elle console de l'amour, et qu'il faut toujours chercher une femme à aimer, lorsqu'on a un amant. Ces messieurs n'en veulent pas de l'amitié, ils en trouvent les devoirs trop difficiles à remplir. Pour l'amour, cela est différent : aussi quand ils y ont satisfait bien régulièrement, ils croient que tout est dit. Il faut bien vouloir ce qu'ils veulent... Mais, vous n'écoutez pas..... Je crois que vous pleurez?
— Il est vrai, ma sœur; je suis étonnée, affligée, et je ne sais

précisément pourquoi. — Mais encore qu'est-ce qui vous chagrine à présent? — Je n'en sais rien; des soupçons vagues, des inquiétudes qui, dans de certains moments, me paraissent fondées, mais qui se détruisent le moment d'après ; des faits qui se contredisent... — Vous sauriez, ma sœur..... — Sauriez-vous quelque chose?... Ah! ne me le dites pas... Vous m'avez appelée, l'autre jour, pauvre sotte ; sûrement que vous aviez vos raisons. — Ah! l'on ne peut vous rien dire ; vous faites tout d'un coup des crimes de billevesées. Il faut prendre Francueil comme il est... — Si je l'aimais moins, à la bonne heure !... Mais... sûrement vous connaissez la raison de cette conduite .. Tenez, je le crois amoureux de madame de Versel... Vous ne répondez point... L'est-il? Que pensez-vous?... — Je ne crois pas; mais si cela était, voyons. — Si cela était !... Ah! je vois bien que je suis perdue... Vous riez ; comment pouvez vous rire?... — Fort bien; en vérité, ma sœur, vous êtes folle. Je vous assure que je n'en sais pas un mot; je n'en rirais pas, si je le savais ; cette certitude, que vous donnez à un mot jeté en l'air, est la seule chose qui m'a fait rire, je vous le jure. Mais vous vous tuerez avec cet amour là. Aimez Francueil, je le veux bien; mais traitez-le comme il vous traite, et que sait-on si l'on ne le ferait pas revenir tout à fait par un autre moyen? Que ne prenez-vous un autre amant pour vous consoler, et l'éclairer sur ses légèretés! — Fi donc, ma sœur. Pouvez-vous?... — Et pourquoi pas? Aimez vous mieux crever? — Au moins mourrais-je fidèle. Il verra tout ce qu'il a perdu. — Oui, mais auparavant vous deviendrez laide, maussade. — Je deviendrai tout ce que je pourrai... Ma sœur, il n'est pas possible que je ne vous importune ; laissons cela. Notre façon de penser est trop opposée; votre ton est singulier. Je ne vous ai jamais vue si... Nous ne pouvons nous entendre. — Avec quel ton sec vous me dites cela. Je ne vous en aime, ni ne vous en estime pas moins pour avoir des opinions différentes des miennes ; et si cela vous fait changer sur mon compte, tant pis pour vous. Quant à l'importunité ; à charge de revanche, mon enfant. J'aime aussi, moi : il faut que j'aie la liberté d'en parler avec vous, et de faire dire, par votre moyen, tout ce qu'il me plaira à mon amant ; de le voir chez vous... — Votre amant? — Eh bien! vous voilà pétrifiée... Parce que vous avez épousé l'aîné, vous croyez avoir toute seule des privilèges dans la famille. — Ma sœur, en vérité, je ne puis m'empêcher... — De rire, car vous en avez envie ; et c'est ce que nous avons de mieux à faire. Laissez là votre pruderie, nous sommes seules, nous avons confiance l'une dans l'autre, sera-ce pour nous contraindre? — Je croyais que vous aimiez votre mari. Il vous aime tant! Je ne croyais pas que vous eussiez à vous plaindre de lui. Voilà d'où vient mon étonnement. — Cela mérite explication. Je n'ai point à me plaindre de Jully. J'ai beaucoup d'estime et d'amitié pour lui, mais je n'ai jamais eu que cela. — J'ai cru que vous l'aviez épousé par amour, et que vous l'aimiez passionnément. — Il l'a bien voulu croire, mais il n'en a jamais rien été. Voici le vrai. De B** était éperdument amoureux de moi, et voulait m'épouser ; j'y aurais consenti, car je l'aimais assez, mais j'ai découvert en lui une humeur si violente, une jalousie, une injustice..., car la jalousie chez les hommes n'est autre chose qu'injustice et que tyrannie, ne vous y trompez pas ; enfin ce caractère m'a alarmée. M de Jully s'est présenté ; je l'ai préféré : voilà tout. — Mais tous ces partis qu'il m'a dit vingt fois que vous aviez refusés, pour lui... — Il a raison, j'en ai refusé plusieurs, mais ils ne le valaient pas. Plus je connais M. de Jully, et plus je m'applaudis de mon choix. Il est bon enfant, doux, complaisant, faible, sans nerf, mais sans vice ; en un mot, il est tout propre à jouer son rôle décemment, et je lui en sais gré : c'est un grand mérite au moins que celui-là. Au reste, il a cru être amoureux de moi, mais je vous promets qu'il s'est trompé. — Que dites-vous donc, ma sœur? il vous adore comme le premier jour. — Le dit-il? eh bien! il se trompe encore. Il y a une fille de la comédie à qui il fait des présents toute la journée. Il l'aurait, s'il n'avait pas affiché de la passion pour moi; mais dans le fond c'est l'homme du monde que je vois le moins, et celui qui fait le moins ma volonté. — Ma sœur, ma sœur, vous êtes injuste. Pouvez-vous nier que votre mari ne soit uniquement occupé de vous plaire? — Quoi! parce qu'il me donne continuellement des bijoux dont je ne fais nul cas; des robes qu'il choisit presque toujours contraires à mon goût; qu'il me loue des loges aux spectacles le jour que je veux rester chez moi... eh! mais ne voyez-vous pas que ce sont ses fantaisies qu'il caresse, et non les miennes? Mais priez-le de faire céder un de ses caprices ou de ses goûts au mien, vous verrez cette perle des maris devenir, tout en douceur, le sultan le plus despote : rien ne serait si aisé que d'en faire un homme insupportable; il ne faudrait pour cela qu'y mettre du sentiment et de la condescendance.

Mais nous voilà bien loin de ce que je voulais vous confier... J'aime, je vous l'ai dit; savez-vous qui? — Non, en vérité; serait-ce Maurepaire? — Non, c'est Jelyotte. — Jelyotte! Vous n'y pensez pas, ma sœur, un acteur de l'Opéra! un homme sur qui tout le monde a les yeux, et qui ne peut décemment passer pour votre ami!... — Doucement, s'il vous plaît; je vous ai dit que je l'aimais, et vous me répondez comme si je vous demandais si je ferais bien de l'aimer. — Cela est vrai; mais vous m'avez dit en même temps que vous exigiez que je vous rendisse service, et je vous déclare que je ne veux pas être la confidente de M. Jelyotte, ni servir ses amours. — Vous décidez tout cela un peu légèrement, ma très-chère sœur, et je n'aimerais pas à vous entendre deux fois tenir le même langage. Il ne s'agit pas ici du nom de mon amant ; c'est moi qu'il s'agit d'obliger : le voulez-vous ou non ? — Quant à vous, ma sœur, je n'aurai jamais rien à vous refuser ; mais il faut... — Fort bien. A présent, dites-moi, Jelyotte n'est-il pas un homme estimable ? tout le monde ne le trouve-t-il pas au-dessus de son état ? Cela est vrai, et cette phrase là même vous condamne : le monde ne vous pardonnera pas... — Eh ! mon enfant, le monde est un sot, et celui qui l'écoute aux dépens de son bonheur l'est encore plus. Bref, Jelyotte arrive ici ce soir ; il faut que vous le logiez dans la chambre bleue à côté de la mienne. Je me plaindrai, pendant le dîner, du bruit que fait mon mari en sortant le matin pour la chasse : alors vous m'offrirez de lui donner le petit appartement qui est derrière le mien ; je l'accepterai, et tout ira bien. — Ah ! lui dis-je, si vous n'exigez que cela de moi, à la bonne heure. — Eh ! qu'avez-vous donc cru, s'il vous plaît ? Vous pouviez vous en rapporter à moi, ma sœur, pour être sûre que je ne vous compromettrais pas. Si un tiers eût été témoin de notre conversation, il aurait trouvé... Ah ! je n'ose vous dire, en vérité, qui de nous deux s'est le plus compromis. N'en parlons plus.

On vint nous interrompre. Madame de Jully se plaignit, comme elle m'en avait prévenu, du bruit des chasseurs. Je lui dis tout bas : Vous nous jouez tous, ma sœur, car je crois que vous avez aussi donné le mot à votre mari pour répondre aussi juste à tout ce que vous désirez. Je suis sûre, me dit-elle, que c'est lui rendre un service.

En effet il fut le premier à demander un autre appartement ; car, en vérité, dit-il à madame de Jully, si je vous éveille le matin, vous me le rendez bien la nuit, quand vous vous retirez. Je me chargeai de les mettre d'accord, en arrangeant leur appartement comme j'avais promis à ma sœur.

Le soir Jelyotte arriva; le bonheur éclatait dans leurs yeux. Ce tableau si séduisant me rappela des temps plus heureux pour moi et me fit verser des larmes. Francueil s'en aperçut : il était déjà dans la confidence de Jelyotte qui est son ami depuis longtemps, comme vous le savez. Il s'approcha de moi et me dit tout bas, en me regardant fort tendrement : Seront-ils les seuls heureux ? Non, lui dis-je, si vous m'aimez. Il me serra la main et fut toute la soirée plus empressé, plus amoureux que je ne l'avais vu depuis longtemps. Il me donna la main après le souper pour rentrer dans le salon. Vous me perdez, lui dis-je ; et s'il faut payer cette soirée par autant de larmes que j'en ai déjà versé, laissez-moi plutôt dans cette tiédeur à laquelle j'ai tant de peine à me faire... Il me regarda tendrement et ne dit mot ; l'instant d'après, il disparut et fut près d'une heure à se promener seul dans le jardin. On ignorait ce qu'il était devenu. On proposa d'aller un moment prendre l'air ; nous le trouvâmes au coin d'une allée qui marchait avec action, à ce que nous pûmes juger dans l'obscurité, par le bruit qu'il fit en nous approchant. Il m'offrit le bras, ou plutôt il s'empara du mien avec une vivacité qui me parut tout aussi singulière que le reste de sa conduite. Je jouis de ce transport sans chercher à en pénétrer la cause, comme j'avais cherché celle de son absence. Nous restâmes jusqu'à près de deux heures dans le jardin... Ah ! que Francueil n'est-il toujours de même ! Aujourd'hui il va à Paris, il m'a promis de n'y passer que vingt-quatre heures, et de revenir ; mais je n'y compte pas.

Suite du Journal.

Duclos est venu dîner ici aujourd'hui. Il ne lui a pas fallu un long examen pour pénétrer les sentiments de Jelyotte. Il échappe de temps en temps à madame de Jully des coupsd'œil qui démentent son extérieur indolent. En voyant le progrès que Jelyotte a fait dans son cœur, et la manière dont elle m'a parlé, comparée avec sa façon d'être habituelle, je ne puis m'empêcher de croire qu'elle désire plus vitement que vivement. Duclos, avec son aménité ordinaire, est venu me dire : Que faites-vous de Jelyotte à demeure chez vous? Défaites-vous de cela : le rebut d'une duchesse ne peut donner que du ridicule; je crois qu'il en veut à votre sœur. J'ai plaisanté de cette idée, comme si je la croyais absurde; mais il m'a confirmé ce qu'elle m'avait dit, que M. de Jully n'est plus amoureux d'elle et qu'il tâche d'accrocher *incognito* une actrice de la comédie. L'après-dînée Duclos ne put pas y tenir; il fallut qu'il en parlât encore. Voici ce qui va arriver, me dit-il, Jelyotte est tout installé ici; il va se mettre sur le ton de votre mari; il viendra familièrement chez vous, et vous passerez pour sa maîtresse ou pour sa complaisante; car votre sœur ne manquera pas de l'exiger de vous avec sa douceur despotique... Vous ne dites mot... C'est peut-être déjà fait? Hem! parlez donc. J'admire, lui dis-je en riant, le chemin que fait votre tête; tout ce que vous dites là est... Quoi, reprit-il? tout ce que je vous dis là est vrai. Tous les sots complaisants qui vous entourent ne vous le diront pas. Ce n'est point un homme, encore une fois, dont on puisse faire son ami.

J'en étais tout aussi convaincue que lui, mais je me suis contentée de le remercier de son zèle et de son avis, en l'assurant que ma réputation n'aurait jamais rien à redouter de M. Jelyotte.... Francueil est arrivé.... Eh bien! voilà de ces bonheurs qui me tuent. Il nous a amené M. Rousseau qui est de retour. Il m'a paru un peu effarouché de trouver tant de monde. Aussi s'en va-t-il demain. Je l'ai beaucoup pressé de revenir quand nous serions seuls; il a répondu obligeamment à cette invitation.

Le lendemain.

Que veut dire ceci? Madame de Versel mande à madame de Jully qu'elle s'ennuie de ne la pas voir, et que, si elle osait, elle viendrait me demander à dîner pour passer quelques heures avec elle, et raisonner du projet de leur voyage. Devinez-vous ce que c'est, mon tuteur, que ce voyage? c'est d'aller passer quinze jours dans la terre de la comtesse d'Houdetot qu'elle ne connaît pas, avec M. et madame de Jully, Francueil, M. de Maurepaire et M. de Versel. Si Francueil tenait le moins du monde à moi, penserait-il à s'en éloigner? ne chercherait-il pas le temps où j'irais voir la comtesse d'Houdetot pour y venir alors?.... Mais comment madame de Jully se prête-t-elle à cela, et peut-elle consentir à se séparer de Jelyotte sans nécessité?... Je n'ai pu me dispenser de prier madame de Versel à dîner.... Ah! combien j'ai de répugnance à la voir chez moi!... Francueil ne m'a rien dit de ce voyage; mais, moi, je lui en ai parlé, peut-être trop vivement, car enfin je n'ai aucune preuve, et de quel droit allais-je soupçonner cette femme?

Ah! que je suis à plaindre! Celui qui est heureux et bien établi dans le bonheur ne forme aucun soupçon; mais celui qui est mécontent et inquiet a perdu la paix, et il ne peut apparemment la laisser aux autres. J'ai dit tout ce que je ne devais pas dire, et je fais sans cesse le contraire de ce que mon intérêt même exige. J'ai raison; je suis à plaindre, et je finis par avoir tort et par être blâmée... Avec quelle dureté il m'a reçue et écoutée!... lui qui a l'âme si tendre, qui prend tant de plaisir à faire du bien!

Elle va donc venir demain, cette petite femme! et il faut se préparer à la bien recevoir, à lui faire mille amitiés, comme si j'étais enchantée de la voir.

Suite du Journal.

Elle est arrivée... Ah! il est certain qu'elle est bien jolie. Je me suis assez bien tirée de son abord. Francueil avait été très-aimable le matin; il avait passé près de deux heures dans ma chambre. Le cœur me battait cependant à l'arrivée de madame de Versel. Jusqu'à présent il n'a pas trop pris garde à elle, et il a été assez occupé de ma sœur et de moi. On a parlé du voyage, mais d'une manière si en l'air, qu'en effet j'espère qu'il ne se fera pas. Madame de Versel paraît cependant l'avoir fort à cœur; mais Francueil n'a relevé ce qu'on en a dit que pour faire naître encore plus de difficultés. En vérité, je me reproche mes soupçons; je crois qu'il ne les méritait pas. J'étais injuste... Ah! combien je le voudrais!...

Huit jours de distance.

O jour brillant que la nuit et la peine n'obscurcissent jamais, et que la souveraine vérité, la paix et le calme éclairent sans cesse! jour rempli d'assurance, toujours exempt de changement; jour de la mort enfin, n'arriverez-vous jamais? Oh! plût à Dieu que cet heureux jour eût déjà paru, et que tout ce qui suit le temps fût fini pour moi... Quoi! celui qui me trahit est celui à qui j'ai tout sacrifié, mon devoir, mon repos, le respect de moi-même?... J'ai bravé pour lui l'opinion du public; je me suis exposée à la censure; j'ai étouffé les cris de ma conscience. On m'a vue entraînée par la passion qui m'absorbait tout entière; on a osé m'attaquer, me tourmenter; et j'ai perdu le droit de me défendre. J'ai tout souffert, parce qu'il me dédommageait de tout...

Ils sont partis; ils sont sans cesse l'un vis-à-vis de l'autre... De quinze jours ils ne se quitteront ni jour, ni nuit...

Tout ce qui m'entoure est flétri... Je le cherche... Je ne le trouve point, et c'est ma moindre peine... Je ne puis fixer mes regards sur aucun lieu qui ne me rappelle avec quelle passion j'ai été aimée; le jour de son départ, ma douleur lui était importune; il ne pouvait contenir sa joie... Puis-je me rappeler ces moments, et n'en pas mourir de douleur?... Je n'en veux rien oublier. Puisse l'excès de ma peine ou me tuer ou me guérir! Les deux maris sont partis dans une berline avec les deux femmes de chambre, à sept heures du soir; et madame de Jully, madame de Versel, M. de Francueil et M. de Maurepaire dans une autre à trois heures du matin. Cet arrangement se fait ainsi, dit-on, pour ne pas manquer de chevaux de poste. Il y a trente-cinq lieues. L'habitation de la comtesse d'Houdetot est sur le bord de la mer, et voilà le but ostensible de ce voyage.

Le surlendemain.

Il est venu me trouver hier dans ma chambre. Je fondais en larmes lorsqu'il entra. Je voulus lui cacher ma douleur, ainsi que mon Journal que j'écrivais. Il me demanda le sujet de mes pleurs; j'eus beau garder le silence, il se fâcha; je cédai, et lui donnai en tremblant ce que je venais d'écrire. Il pâlit en lisant, se jeta à mes genoux: Je serais un monstre, me dit-il, de préférer une petite minaudière, une enfant, une jolie poupée à la plus adorable de toutes les femmes... De toutes ces épithètes, lui dis-je, madame de Versel n'en mérite aucune, et en voilà trop pour que je vous croie aussi indifférent pour elle. Je vous jure, dit-il, ma tendre amie, que madame de Versel ne me sera jamais de rien... Mais la bague? C'est une plaisanterie; il la reprendra, dès que j'y attache une idée, dût-il, pour la ravoir, faire agir M. de Versel... Mais pourquoi être sans cesse auprès d'elle?... C'est qu'il s'ennuie, et qu'elle est drôle; elle a des naïvetés plaisantes... Enfin je suis un peu plus tranquille. Nous avons causé pendant près de deux heures aussi doucement que l'état de mon âme le peut permettre. Je lui ai confié les tendres persécutions de mon mari. Il pense que M. d'Épinay veut m'amener à rompre cette séparation de biens qui le gêne, et me rend en quelque sorte indépendante de lui.

Après cette conversation, nous rentrâmes avec Gauffecourt dans le salon, et peu de temps après toute la compagnie vint nous y rejoindre... Cette petite madame de Versel est quelquefois gauche et presque laide ; dans d'autres moments, elle est remplie de finesse, de grâce, et sa figure a le plus grand éclat. Francueil, depuis notre conversation, paraît un peu plus occupé de moi ; cependant je lui trouve un air contraint. Il ne parle pas à madame de Versel ; ou, s'il lui dit un mot, il est prononcé à l'oreille ou il est à double entente. Je ne sais si je suis prévenue, mais rien dans cette conduite ne me paraît naturel.

Suite du Journal.

Il est donc vrai que je n'ai plus rien à aimer dans le monde ; amants, amis, tout m'abandonne. Je n'entends pas même parler de madame de Jully : elle me sait cependant dans la peine. Ma mère, ma bonne mère, est la seule de qui je reçoive des consolations.

Ah ! que je suis faible !... J'adore Francueil ; je suis plus que jamais combattue... Que je suis heureuse de n'avoir rien avoué à ma mère !... Il m'a envoyé, par un exprès, une lettre fort douce, par laquelle il me demande mes ordres..

Il voulait s'établir à Épinay ; il y serait déjà avec M. Rousseau et Gauffecourt ; mais ayant appris que M. et madame de Jully y venaient dîner aujourd'hui avec Duclos, ils ont remis leur arrivée à demain.

Suite.

Ce que j'ai eu à souffrir les premiers jours que Francueil et M. Rousseau ont passés ici est difficile à rendre. A la fin Francueil parut un peu plus à son aise avec moi ; mais nous ne nous vîmes pas seuls un instant, et je ne remarquai pas qu'il cherchât à me parler en particulier. M. Rousseau me paraît lui être fort attaché ; et je suis persuadé que déjà il sait tout ce qui nous regarde. Ils faisaient toutes les après-dînées de longues promenades, et on ne les voyait qu'au moment du souper. Quelque convenable que fût à la disposition de mon âme cette conduite de Francueil, je n'ai pu encore m'habituer à l'idée de le voir ainsi me fuir.

Il est inconcevable que M. d'Épinay, sans respect pour moi, pour sa famille, pour lui-même enfin, ait acheté dans le village une petite maison où il a fait mille dépenses folles, et installé, sous des noms supposés, deux filles de la comédie, qu'il a eu la hardiesse de présenter au curé comme des femmes très-honnêtes.

Duclos vient de m'écrire pour m'annoncer de la part de mademoiselle Quinault qu'elle est décidée à quitter Paris. Elle part à la fin de la semaine pour aller à Saint-Germain ; elle y a acheté une maison avec deux arpents de terre ; elle prétend s'y retirer, y vivre à moindres frais et y être heureuse ; je le souhaite. Mais il me semble qu'une personne accoutumée à la vie qu'elle a menée se trouvera bien isolée à Saint-Germain. Duclos répond à cela : « Pourquoi ? Il y a des figues excellentes, je les aime beaucoup : j'irai souvent. » Et moi, je parierais qu'elle ne quitte Paris que pour fuir l'empire qu'il a pris sur elle, et auquel elle n'a pas le courage de se soustraire. Quoi qu'il en soit, elle donne après-demain lundi un dîner d'adieu auquel je suis priée, et où j'irai sûrement.

Suite du Journal.

J'ai passé la soirée d'avant-hier chez madame de la Poplinière, dont j'avais fait la connaissance chez le père de Francueil. Nous étions peu de monde, Francueil, Rousseau, un étranger ami de celui-ci, nommé Grimm, et dont je lui avais souvent ouï parler, enfin Desmahis, jeune homme de lettres, auteur d'une petite comédie qui a le plus grand succès (1). Il loge chez madame de la Poplinière ; sa famille vit, suivant ce qu'on m'a dit, dans la même province où sont les terres de madame de la Poplinière : voilà toute l'assemblée. La conversation n'a pas été très-vive. Quelques discussions sur la musique française et la musique italienne ont été le sujet le plus intéressant. J'ai pourtant écouté avec plaisir ce monsieur Grimm. Rousseau et Francueil me l'ont présenté comme un homme qui désirait me connaître : il n'a pas l'élocution facile ; malgré cela, sa manière de dire ne manque ni d'agrément, ni d'intérêt. Rousseau m'en avait parlé avec un enthousiasme qui me l'a fait examiner avec une curiosité que je n'apporte guère ordinairement dans la société. Je l'ai engagé à venir voir Rousseau et Francueil, lorsqu'ils seront à Épinay ; il m'a répondu honnêtement, mais je doute qu'il profite de mon invitation ; car on dit qu'il n'aime pas la campagne.

Il faut cependant que M. et madame de la Poplinière aient des qualités très-essentielles et très-aimables, car je vois que tous leurs amis sont d'ancienne date ; et Rousseau, qui n'aime presque personne, et qui les a connus, il y a trois ans, dans un voyage qu'il fit à la terre du père de Francueil (2), avec M. Grimm, en a conservé, ainsi que ce der-

(1) *L'Impertinent.*
(2) Chenonceaux.

nier, le souvenir le plus flatteur. Ils ne sont que pour l'hiver à Paris; j'en suis fâchée.

Suite du Journal.

Épinay.

Nous sommes arrivés ce matin, Francueil, Rousseau et moi. J'ai eu le plus grand plaisir à revoir ma mère et mes enfants. Toute petite qu'est ma fille, elle me paraît avoir un caractère décidé; mais je crois qu'elle ne manquera pas de sensibilité. Mon fils, au contraire, sera faible et facile; et, si j'en crois M. Linant, son précepteur, il a déjà tous les défauts possibles. Je pense, moi, que son pédant l'ennuie. Francueil m'a promis de lui donner exactement des leçons de musique et de dessin, pendant les trois semaines de campagne que nous allons passer.

J'ai appris que Jelyotte se plaint amèrement de la coquetterie de madame de Jully : elle le rend malheureux; et il en est, dit-on, plus amoureux que jamais. Je croirais assez qu'elle ne s'en soucie plus, car elle m'a prodigieusement négligée.

———

M. Grimm est venu me voir avec Rousseau, je l'ai prié à dîner pour le lendemain. J'ai été très-contente de lui; il est doux, poli; je le crois timide, car il me paraît avoir trop d'esprit pour que l'embarras qu'on remarque en lui ait une autre cause. Il aime passionnément la musique; nous en avons fait avec lui, Rousseau et Francueil, toute l'après-dînée. Je lui ai montré quelques morceaux de ma composition qui m'ont paru lui faire plaisir. Si quelque chose m'a déplu en lui, ce sont les louanges exagérées qu'il a données à mes talents, et que je sens à merveille que je ne mérite pas. Il est sans fortune ; son goût pour les sciences, les arts et la littérature le lia intimement avec le comte de Schomberg dont il accompagna les enfants à Paris. Il avait alors vingt-neuf ans : il en a trente-quatre à présent. La tendre amitié qu'il a pour le comte de Friese et pour le comte de Schomberg l'a déterminé à se fixer en France, où il se livre absolument à l'étude des lettres. Il loge chez le comte de Friese qui vient, comme vous savez, d'être fait maréchal de camp. M. Grimm compte sur son travail pour se faire un sort à l'avenir. Il est, dit-on, sans ambition.

Rousseau et lui me paraissent avoir la plus grande vénération pour monsieur Diderot. Ils en parlent avec une admiration qui m'a donné envie de le connaître. Je l'ai ouï citer quelquefois comme un homme de génie ; on le met souvent à côté de Voltaire. Ces messieurs prétendent qu'il est infiniment plus profond : mais c'est surtout de son caractère qu'ils sont enthousiastes. M. Grimm dit que c'est l'homme moral le plus parfait qu'il connaisse. Je crois qu'ils ne m'en ont tant fait d'éloge que pour me donner encore plus de regret de ne pouvoir le voir, car ils prétendent que c'est un ours bien autrement difficile à prendre que Rousseau. Ils me prêteront ses ouvrages, et je pourrai au moins juger de son esprit.

Suite du Journal.

Trois jours de distance.

J'ai vu avant-hier madame de Jully qui soupait chez elle avec ses sœurs, Jelyotte et le chevalier de V***. Après le souper, elle me dit de laisser partir tout le monde, parce qu'elle avait à me parler ; et lorsque nous fûmes seules, elle débuta ainsi.

Je t'ai négligée depuis quelque temps, ma sœur, je t'en demanderais pardon si je n'avais un service à exiger de toi ; mais ce n'est pas là le temps que je prends pour excuser mes torts avec les gens que j'estime. — En ce cas, ma sœur, laissez-moi donc me plaindre avant de vous avoir obligée, car vous voyez bien que je ne le pourrai plus. Votre oubli m'a paru très-dur. — Tu as raison, je te l'ai dit, j'ai tort; n'en parlons plus, et écoute moi. — Que voulez-vous de moi? — Que tu me débarrasses de Jelyotte. — Comment? — Je ne l'aime plus. — Je vous avais bien prédit que cette liaison ne pouvait pas durer. — Oh! tes prédictions n'avaient pas le sens commun, car c'est sa faute et non la mienne! — Cela ne se peut pas, et sûrement... — Non en vérité, je n'ai point de tort; est-ce ma faute s'il ne me fait pas jouir de moi! — Comment? — Sans doute! il est si accoutumé à me trouver aimable et jolie, qu'il ne prend plus seulement la peine de me le dire : vous conviendrez, j'espère, que ce n'est pas la peine d'avoir un amant. — Je devrais être faite à votre ton, ma sœur, mais il m'est pourtant toujours nouveau. Quelque plaisir qu'on ait à s'entendre louer par quelqu'un qu'on aime, il suffit que toutes ses actions nous prouvent qu'il nous préfère.... — Vous n'y entendez rien, ma sœur, on ne peut s'empêcher de répéter sans cesse ce qui nous occupe tout entier. Dès l'instant qu'on n'est plus persécuté par ce besoin, on est tiède, et la tiédeur ne me convient pas. — Si c'est là votre seul motif pour ne plus aimer Jelyotte, vous êtes injuste; il vous aime à la folie, j'en suis sûre... — Non, non, tu te trompes, il n'en est rien, et pour t'éviter de pousser plus loin son apologie, je t'avertis que tout est dit, car j'en aime un autre. Tu vas me dire que mon goût pour Jelyotte n'a été qu'un caprice. Eh bien! je l'ai cru sincère, je me suis trompée, voilà tout. Il est certain que l'amour que je ressens actuellement a un caractère bien différent de celui que j'avais pour Jelyotte. Tous les hommes me paraissent fades, maussades; il n'en est plus qu'un pour moi dans le monde, cela est sûr. Pour la coquetterie, tu sais que je l'abhorre. Je suis résolue de m'attacher sérieusement à celui que j'aime.

Je me mis à rire. Oui, très-sérieusement, reprit-elle ; vous ne dites mot. — Si votre choix est bon... — Ah ! je suis sûre que tu ne le blâmeras pas : c'est le chevalier de V***. — Eh bien ! vous vous trompez, car je ne puis l'approuver. — Et pourquoi, s'il vous plaît ? Auriez-vous jeté les yeux sur lui ? — Moi ! non, en vérité ; Francueil ne m'aime plus ; mais je n'en aimerai jamais d'autre que lui. — Eh bien ! ma chère Astrée, dites-moi donc pourquoi vous ne voulez pas que j'aime le chevalier ? — Je le trouve trop grave pour que vous puissiez vous promettre un attachement solide de sa part : il vaut mieux que vous, au moins ; et vous n'ignorez pas que la petite marquise de*** l'aime, et qu'il lui fait sa cour très-assidûment ; elle est votre amie. — C'est une enfant qui ne sait pas elle-même si elle aime ou non. D'ailleurs... je puis bien ignorer cela, elle ne m'en a rien dit ; et puis... il faut convenir qu'il y a des choses qui ne connaissent ni parents, ni amis. Quant au chevalier, il est plus grave que moi, mais je suis plus aimable que lui ; la meilleure raison et à laquelle il n'y a pas de réplique, c'est que nous nous aimons, et que tout est arrangé entre nous. Il vous a recherchée ce soir par mon ordre, à cause de Jelyotte qui commence à être inquiet de ses assiduités. Je ne veux pas l'affliger, je l'estime ; et il faut que vous m'aidiez à lui faire entendre raison. Lorsque vous l'aurez préparé, je lui parlerai net, car je ne veux pas le tromper. — Ah ! ma sœur, je ne me charge pas de cette commission ; je suis sûre qu'il en mourra de chagrin. — Oh ! que non ; croyez que les hommes ne comptent pas plus qu'ils ne doivent sur une jolie femme. La preuve en est la jalousie et la défiance qui percent toujours à travers leurs propos galants, et qu'il n'y en a pas un qui résiste à nos agaceries : la loi doit être égale ; ayons au moins la candeur de plus qu'eux. Je m'intéresse à Jelyotte ; je serais fâchée s'il était malheureux, sans quoi j'irais moi-même lui faire ma confession ; mais il pleurera, et je suis comme la petite de Versel, je ne puis pas souffrir qu'on pleure, cela me met à la gêne, et je serais peut-être assez faible pour me laisser attendrir; ce serait manquer au chevalier, je ne me le pardonnerais pas. — J'admire votre scrupule. — A propos, ma sœur, si vous êtes demain chez vous, j'irai vous voir avec le chevalier. — Non, ma sœur, s'il vous plaît ; je vous prie très-décidément qu'il n'en soit rien : je ne veux pas absolument être mêlée dans cette nouvelle intrigue. — Vous êtes dure, ma sœur! intrigue est un vilain mot, entendez vous? Chargez-vous donc, au moins, d'envoyer chercher Jelyotte ; parlez-lui de ma réputation, de la réforme que je veux apporter dans ma conduite; parlez-lui de ma santé, de mon mari, de tout ce qu'il vous plaira, pourvu que vous le mettiez au point de s'entendre dire de ma bouche que je ne veux plus vivre avec lui; vous voyez qu'il est honnête que ce soit moi qui prononce ces derniers mots; mais je n'y veux pas de réplique. Dans trois mois il ne pensera plus à moi, et alors il trouvera tout simple que j'aie fait un nouveau choix.

Après que je lui eus promis de voir Jelyotte, elle me congédia pour écrire au chevalier, qu'à peine, disait-elle, elle avait osé regarder. Hier matin j'ai vu Jelyotte, et par tout ce qu'il me dit, je compris que madame de Jully ne s'était pas conduite avec lui de manière à le détacher d'elle : j'ai fait ce que j'ai pu pour le préparer à son malheur; mais il n'a voulu rien entendre. J'ai rendu compte dès le soir à madame de Jully du mauvais succès de mon préambule. Au reste, le chevalier et elle ne se contraignent point assez pour laisser seulement douter qu'ils soient aussi ivres et aussi heureux qu'il soit possible de l'être. Je suis résolue de me retirer insensiblement de cette société qui me déplaît, et qui ne peut me procurer que des désagréments.

TROISIÈME PARTIE

Pendant environ trois ans que dura une absence que je fus obligé de faire, madame d'Epinay avait interrompu son journal; elle ne m'écrivait plus que des lettres d'amitié, que je conserve, mais qui sont inutiles à l'histoire de sa vie. Cependant, l'ayant persécutée, à mon retour, pour me faire au moins un récit abrégé de ce qui lui était arrivé pendant ces trois ans, elle céda à mes instances, et m'envoya le narré suivant, que je joins aux autres parties de son journal.

Fragments écrits par Madame d'Epinay.

Le désir que vous avez d'avoir par écrit l'espace de ces trois ans, est une marque d'intérêt bien chère à mon cœur; mais, qu'est-ce que vous y verrez? toujours la même chose : une suite de malheurs assez uniformes, des inconséquences, des injustices, un dégoût de la vie, et néanmoins un désir d'être heureuse, qu'on traîne, je crois, toute sa vie après soi, sans être jamais satisfait.

Le premier événement que j'ai à me rappeler me fait encore verser des larmes... c'est la mort de ma pauvre cousine.

Je fus très-long-temps, comme vous savez, à me remettre

du mal que ce chagrin, venu à la suite de tant d'autres, avait fait à ma santé : je sortis peu tout l'hiver. Ma mère, qui se portait assez bien, venait me voir souvent ; elle et mes enfants n'ont pas peu contribué à me dédommager de mes peines. J'avais un dîner et deux soupers par semaine. Ma mauvaise santé me servit de prétexte pour expulser toutes les connaissances que je ne voulais pas conserver. Les Maurepaire, les Jelyotte, et même la petite de Versel, ne se furent pas cassé le nez trois fois à ma porte, qu'ils se le tinrent pour dit. Le fond de ma société, et ceux qui se rassemblaient le plus souvent chez moi, étaient madame de la Poplinière et son mari, M. Desmahis, Gauffecourt, Rousseau et Duclos, madame de Jully, le chevalier de V***, le chevalier de Valory, et très-rarement mademoiselle d'Ette. Francueil semblait partager son temps entre mon mari et moi.

Madame de Jully me fut aussi d'une grande ressource ; elle avait totalement changé sa façon d'être, mais elle avait conservé tout le piquant de son esprit. Malgré cela, comme elle n'avait jamais ni lu, ni réfléchi, qu'elle n'avait de principes que ceux que son honnête naturel lui avait faits, elle était encore légère et inconsidérée dans beaucoup d'occasions où l'on ne permet pas à une femme de l'être. Nous ne voyions presque pas M. de Jully ; il menait la vie du monde la plus dissipée, et semblait même être tout-à-fait détaché de sa femme. Il a donné depuis avec fureur dans le goût des tableaux, des sculptures et des antiques, comme il donnait alors dans les diamants et les bijoux. Je le soupçonne d'être un peu dérangé dans ses affaires. On prétend qu'il a mangé une partie de la dot de sa femme. Quant à moi, la vie que je menais déplut prodigieusement à Duclos ; il me fit ses remontrances ordinaires sur ce que je n'étais pas digne d'avoir des amis, puisque je donnais tout à la société bruyante, et rien à l'amitié ; mais, comme il sentait de reste que ma façon de vivre était très-loin d'être répréhensible, il se retourna assez adroitement pour me forcer à me confier à lui, sans que je me doutasse alors qu'il eût la moindre part aux nouveaux chagrins qui vinrent m'accabler. Je ne l'ai soupçonné que depuis fort peu de temps ; et même ne devant la connaissance que j'ai acquise sur cela qu'à M. d'Epinay, cette autorité ne me paraît pas assez sûre pour fixer mon jugement à cet égard. Voici ce qui arriva.

Mon mari vivait à son ordinaire, et prenait très-peu de part à ce qui se passait chez lui : il n'y venait même que lorsqu'il y avait de la musique; ce qui arrivait une fois la semaine. A la fin de l'hiver, Duclos me dit un jour : Votre mari fait tous les jours de nouvelles folies avec ces deux créatures ; il se ruine, et l'on se moque de lui. Je veux lui parler ; mais il ne s'agit pas ici de faire le plat prédicateur et de prêcher vaguement ; il faut savoir ce qu'on dit, avoir vu par ses yeux, ce qui s'appelle vu. Je vous préviens que j'irai une fois chez elles. Chez elles, lui dis-je ; chez qui voulez-vous dire ? Eh ! par Dieu, reprit-il, chez ces créatures ! mais une fois seulement, car je sais trop ce que je vous dois, pour aller me divertir aux dépens de votre mari. On y joue la semaine prochaine un opéra dont il paie les violons ; je lui demanderai un billet, et puis laissez-moi faire. Le trouvez-vous bon, me dit-il ? Oui certainement, lui dis-je, vous êtes bien le maître. Il me fit beaucoup valoir l'honnêteté et la délicatesse de ce procédé ; mais les siens me sont si indifférents, qu'à peine je l'en remerciai. Il en fut piqué, et me le dit. Trois semaines après, un soir où il n'y avait chez moi que Rousseau et lui ; eh bien ! me dit-il, j'ai vu ce spectacle, vous ne m'en avez seulement pas parlé. C'est, lui dis-je, que j'aime mieux oublier, que me rappeler les malheurs où je ne puis rien. Belle maxime pour la paresse, répondit-il ! eh bien ! madame, c'est le comble de la folie et de la platitude ; en bonne police, il faudrait, mordieu! interdire toute cette assemblée. Il ne faut qu'une demi-douzaine de soirées comme celles-là pour mener toute votre famille à l'hôpital. Mais je leur ai parlé; j'y suis retourné exprès, et, ma foi, j'espère que ce ne sera pas en vain. Voilà qui est fini, je n'y remettrai pas les pieds... Au reste, j'ai été tout aussi scandalisé des spectateurs que des acteurs. Comment, mordieu !... La ville et la cour y étaient, tout était plein, et j'y ai vu des gens qui ne devraient pas y être. — Et qui donc, lui dis-je? Ah ! par Dieu ! reprit-il, vous allez voir que je vous les nommerai... Cela irait bien... en général, presque tous vos amis y étaient. — Ils avaient peut-être, lui dis-je, le même but que vous en y allant. — Ah ! vous n'êtes pas plus choquée que cela d'un manque d'égards? ma foi, ils ont raison, voilà qui est bien, je n'ai plus rien à dire.

Tout en disant qu'il n'avait rien à dire, il ne déparla pas, et fit ce qu'il put pour m'engager à lui faire des questions; je m'obstinai à n'en pas faire. A quelques semaines de là, comme il se trouvait chez moi avec M. de Francueil, ils tinrent entre eux quelques propos à mi-voix, que j'entendis, mais auxquels je ne compris rien ; Francueil demanda à Duclos s'il y avait longtemps qu'il ne les avait vues. J'ignorais de qui ils parlaient ; mais à la réponse équivoque de Duclos, je compris qu'il y avait quelque mystère. Je mourais d'impatience que l'un des deux s'en allât pour questionner l'autre. J'aurais préféré que Francueil restât, mais je ne pus pas le retenir, et je soupai seule avec Duclos. J'eus de la peine à me résoudre à lui faire des questions, mais mon inquiétude l'emporta sur mon embarras. De qui parliez-vous donc avec M. de Francueil, lui dis-je? — Par Dieu ! cela est bien fin, je parlais de ces deux filles, des petites Roses. — Comment est-ce qu'il va chez elles? — Lui? il n'en bouge. Mais d'où venez-vous donc? Il n'y a que vous dans Paris qui l'ignoriez.

— Cela ne se peut pas, lui dis-je, je ne saurais jamais croire qu'il ait si peu d'égards pour moi : lui, passer sa vie chez la maîtresse de mon mari, chez l'auteur de tous ses désordres, être son confident, son complaisant ; c'est une calomnie odieuse !... — Mais qu'appelez-vous donc ? Pas un mot de tout cela ; il y va pour son compte, il a la cadette ; c'est une affaire arrangée... J'ai cru que vous le saviez, que c'était même de votre consentement. — Qui ?... Qu'est-ce que vous dites donc, Duclos ? Vous perdez le sens. — Oh ! par Dieu !... Mais, madame, le faites-vous exprès ? Quoi sérieusement vous ne savez pas ?... Francueil et votre mari ont les deux sœurs ; cela est public, vous dis-je, cela l'était, dès le temps où j'allai voir leur spectacle.

Je fus frappée comme d'un coup de foudre de cette abominable confidence. Elle ne me parut que trop vraisemblable. Je me rappelais une multitude de circonstances dont cette découverte me donnait l'explication, mais en même temps il m'en revenait à la mémoire une foule d'autres que je ne pouvais pas accorder, à moins de regarder Francueil comme un monstre, et il m'était impossible de m'y résoudre. Je tombai dans le dernier désespoir, je chassai Duclos de chez moi : il mit sur le compte du délire où j'étais tout ce que je lui dis d'injurieux et d'injuste, il me répondit avec une douceur, et une pitié si contraire à son caractère, qu'elle aurait dû m'être suspecte... Mais j'en avais tant de besoin, et je réfléchissais si peu ! Il me parut si touché du coup qu'il m'avait porté, que je lui fis des excuses de mon injustice, en le priant toujours de me laisser seule. J'écrivis cette nuit vingt lettres à Francueil, dont je n'envoyai aucune. Je ne savais quel parti prendre ni à quoi me déterminer. Je devais le lendemain dîner chez ma mère ; Francueil devait y être. Je voulais le voir avant ; mais je n'étais pas sûre d'être libre chez moi, et dans cette incertitude je n'osais risquer de le mander.

Cependant je pensai perdre la tête avant d'avoir pris une détermination; la fièvre me saisit vers les cinq heures du matin, je me sentis fort mal, il me semblait que ma tête s'embarrassait; j'appelai ma femme de chambre, et sans réfléchir à ce que la démarche que j'allais faire avait d'indécent, je lui ordonnai d'envoyer chercher M. de Francueil à l'instant même. Elle me fit quelques représentations, et s'étant aperçue que j'avais une fièvre violente, elle m'obéit et envoya chercher en même temps le médecin et ma mère. Ils vinrent tous, à ce qu'on me dit ensuite; mais lorsqu'ils arrivèrent, j'avais déjà un transport violent qui me dura trente heures. Je fus saignée trois fois du pied, et lorsque je revins de cet état, je n'eus aucune idée nette de ce qui me l'avait occasionné. Il me semblait bien que j'avais de violents reproches à faire à Francueil; mais, indépendamment de ce que je n'étais pas sûre d'avoir rêvé tout ce qui me passait confusément par la tête, je n'avais pas la force de m'en éclaircir, et les soins qu'il me marquait m'en ôtaient le courage. Il voulut me demander la cause d'un accident si subit; on dit que je lui répondis par les seuls mots : « Mais je ne sais pas... Voyez vous-même, il me semble que vous avez tort... grand tort, mais... je ne le sais plus, heureusement je l'ai oublié... »

On crut que cette réponse était une suite de mon délire, mais comme je la fis tout haut, Francueil ne réitéra pas ses questions. Je fus deux jours dans cette espèce de stupidité, au bout desquels on me dit que Duclos avait envoyé quatre fois le jour savoir de mes nouvelles. Il demandait et attendait mes ordres pour me voir. Son nom me rendit tout à coup la mémoire; je m'écriai : Ah! pas encore, je ne suis point en état de l'entendre. Cette réponse fit rire, parce qu'on n'en comprit pas le sens; je me cachai dans mes couvertures et je fondis en larmes. Comme ma mère, mademoiselle Durand (1) et madame de Jully ne me quittaient point, je n'eus pas une seule occasion de parler à Francueil, d'autant qu'il ne la cherchait pas. Si cette contrainte me fut insupportable d'abord, elle me donna le temps au moins de faire des réflexions, dont le résultat fut qu'après avoir tant de fois éprouvé la légèreté et l'inconstance de Francueil, je ne pouvais jamais me promettre de le fixer; qu'un reste de pitié et peut-être de tendresse mal entendue pourrait lui ôter le courage de me parler sincèrement, et qu'en ce cas une explication ne servirait qu'à me maintenir dans une erreur fatale à mon bonheur, à augmenter sa gêne, à me faire haïr et à lui donner des torts encore plus réels, qui le rendraient malhonnête à mes yeux. Après mille combats plus cruels que je ne puis vous le dire, je formai donc la résolution de garder le silence sur son infidélité, mais de lui remontrer fortement le peu de décence qu'il y avait à lui de se lier avec mesdemoiselles Roses; et pour me forcer à me taire sur le reste, je projetai de lui parler en présence de mes amis. Je m'étais bien arrangée là dessus, et c'était bien certainement le meilleur parti qu'il y eût à prendre; mais une réflexion que je me crus suggérée par mon amour propre, et qui n'était qu'un sophisme de la passion et de la jalousie, en arrêta l'exécution au moment où j'allais parler. Je me dis : cependant si ce que m'a appris Duclos est vrai, si tout le monde est instruit de ce plat et indécent arrangement, j'aurai l'air d'être la seule à l'ignorer; je passerai pour dupe, et il semblera que j'ai besoin du secours de mes amis pour obtenir un sacrifice que je serais dans le cas d'exiger de tout homme qui prétend à mon estime : si par hasard il prenait mal mes représentations, quelle humiliation! une rupture éclatante

---

(1) Mademoiselle Durand était la gouvernante de la fille de madame d'Épinay.

serait alors indispensable : je veux me taire et attendre le premier moment de liberté pour m'expliquer sans me compromettre. Je m'en tins à cette résolution, et je fis en sorte de hâter l'occasion où je pourrais voir Francueil seul.

Enfin ce moment arriva ; nous eûmes une explication très-vive, et je mis peut-être autant d'aigreur que de force dans les reproches que je lui fis. J'en mis d'autant plus que je m'étais bien promis de ne lui parler que de l'indécence de cette liaison, sans avoir l'air de soupçonner que son cœur y fût pour rien. Il se défendit si mal, avec tant d'emportement, et si peu de raisons honnêtes ; il me parut si déterminé à continuer la même vie ; je vis tant de fausseté dans sa conduite, que j'oubliai toutes mes résolutions, et je lui fis les reproches les plus amers sur son infidélité, et ne le jugeant plus digne de ma tendresse, ni de mon estime, après avoir exhalé ma colère, je me sentis tout à coup si parfaitement détachée de lui, au moins je le crus, que je lui dis avec le plus grand sangfroid : Tout est fini entre nous, monsieur ; la conduite que vous tiendrez à l'avenir décidera si vous pouvez revenir au nombre de mes amis, ou si vous resterez à mes yeux couvert du mépris que celle que vous tenez depuis six mois vous attire. Il sortit furieux, comme vous pouvez bien le croire.

Ma santé n'était pas assez remise pour soutenir impunément une pareille scène ; j'en fus deux ou trois jours très-malade. Gauffecourt que l'on avait sans doute instruit, et qui apprit dans la maison que Francueil y était venu, se douta de la véritable cause de mes maux ; il m'en parla, et je lui contai tout. Comme il trouva dans mon cœur plus d'affliction que de dédain, il me dit que je ferais bien de garder la résolution ferme ou non que j'avais prise de m'en tenir à l'amitié ; mais qu'il fallait la conserver à Francueil et le revoir comme ami, si sa conduite était à l'avenir telle qu'on avait lieu de l'attendre d'un homme qui était aussi foncièrement honnête. Il me promit de le voir; il le vit en effet. J'ignore ce qui s'est passé entre eux; ils ne me l'ont jamais dit : mais trois jours après Francueil m'écrivit qu'il renonçait à fréquenter une maison qui était aussi suspecte à moi et à mes amis. Il revint et je le reçus.

Ne me demandez pas s'il m'a tenu exactement parole; je le suppose, mais je ne m'en suis point informée. Depuis ce temps nous sommes restés sur le ton de la confiance et de l'amitié. Comme il vient assez régulièrement chez moi, je ne lui soupçonne pas d'autres liaisons intimes. Au reste, il pourrait en avoir sans que j'eusse le droit ni même le désir de m'en plaindre; autant qu'on peut répondre de son cœur, je le crois. Je revis Duclos avant mon explication avec Francueil. Il voulut me faire des excuses de tout le mal que son indiscrétion m'avait causé; mais je lui imposai silence, et je le priai de se dispenser, à l'avenir, de me donner de semblables avis, vrais ou faux.

Quelque temps après, M. d'Épinay me dit un soir, en présence de madame de Jully : On ne sait ce que devient Francueil, on ne le voit plus chez Rose; c'était Duclos qui l'y avait établi : ne pourriez-vous pas me dire qui l'en a éloigné? L'honnêteté, monsieur, lui répondit madame de Jully, et ce qu'il nous doit à tous. Cette réponse lui ferma la bouche; mais cinq minutes après il reprit : Il n'y a rien à dire à cela, mesdames, il faut que cela soit; vous en êtes si bons juges! et il sortit en éclatant de rire.

J'allai d'assez bonne heure à la campagne, et j'y fis mon établissement ordinaire avec ma mère et mes enfants. M. Grimm revint d'Allemagne et je le vis de temps en temps. J'ai continué de le voir depuis, et j'en suis toujours plus contente; mais il est lié dans deux sociétés auxquelles il est absolument livré, et qui lui laissent peu de temps pour cultiver d'autres connaissances. Il est ami intime de Diderot et de Rousseau. Trois fois la semaine il dîne chez le baron d'Holbach, son compatriote et son ami. Desmahis est aussi admis dans cette société; mais il y va peu, parce que ordinairement la réunion n'est composée que de personnes d'un âge mûr : il vient assez souvent me voir. Il est jeune et plein de talent; sa conversation est amusante; mais je lui crois peu de solidité dans l'esprit. Il pourrait se faire un sort par ses ouvrages, s'il voulait travailler; malheureusement il ne peut rien faire de suite. Il est indécis, inquiet, peut-être même défiant.

J'avais quelquefois des nouvelles de madame d'Houdetot que son mari laissait dans sa terre en Normandie, malgré toutes les instances de la famille pour la faire revenir; enfin elle est de retour depuis deux mois et mène une vie assez retirée. J'irais souvent lui tenir compagnie sans son mari que je ne puis souffrir; je la vois cependant, mais c'est chez ma mère ou chez moi, et presque point chez elle. Cela convient beaucoup mieux au comte d'Houdetot qui est vilain, au point d'être au supplice quand il faut donner à manger. Elle est toujours telle que vous l'avez connue, tout aussi vive, aussi enfant, aussi gaie, aussi distraite, bonne, très-bonne, se livrant avec ardeur à tout ce qui lui passe par la tête, et cependant avec plus de constance qu'on n'a lieu d'en attendre de son caractère. Elle acquiert tous les jours de nouveaux goûts, et n'en perd aucun. Elle s'est liée, par exemple, avec Saint-Lambert, et elle ne voit et n'entend que par lui. Il vient aussi chez moi depuis quelque temps, et sa société m'est très-agréable.

Le chevalier de V*** fut envoyé en mission auprès d'une

cour étrangère. A cette nouvelle, madame de Jully fut saisie de la plus profonde douleur. Malgré le changement que j'avais remarqué depuis deux ou trois ans dans sa manière de vivre, je doutai d'abord que sa constance pût se soutenir pendant la longue absence du chevalier. Mais la vie retirée qu'elle mène depuis son départ me fait croire que sa conversion est aussi solide que sincère. Elle passe sa vie chez sa mère, chez la mienne et chez moi. Je m'aperçois que son esprit n'a rien perdu de son originalité, et même elle est selon moi plus aimable et plus séduisante que jamais. Elle est très-plaisante, par exemple, sur le compte de son mari. « Monsieur de Jully serait bien étonné, me disait-elle un jour, si on venait lui apprendre qu'il ne se soucie pas de moi. Ce serait un cruel tour à lui jouer et à moi aussi, car il serait homme à se déranger tout à fait si on lui faisait perdre cette manie ; oui cette manie, car ce n'est point une illusion : c'est une manie, une chimère, tout ce qu'il vous plaira, excepté une illusion. »

Voilà, mon tuteur, à peu près tout ce qui s'est passé pendant votre éloignement de Paris. Ce temps n'a été marqué par aucune de ces violentes secousses dont vous avez vu précédemment mon âme ébranlée ; mes enfants, ma mère et quelques amis ont été ma société la plus habituelle et la plus délicieuse. J'ai fait de l'étude ma plus douce occupation ; outre un petit traité de morale que j'ai commencé pour mes enfants, je me suis exercée dans plusieurs autres genres où l'on prétend que je réussis également. Je vous envoie un de mes essais ; c'est le portrait de M. Grimm : vous avez vu assez souvent chez moi l'original, pour être en état de juger de la ressemblance de la copie (1).

(1) Dès 1759, madame d'Épinay avait imprimé elle-même, dans ses *Moments heureux*, à Genève, où nous la verrons aller à la fin de ces

PORTRAIT DE M. GRIMM.

Sa figure est agréable par un mélange de naïveté et de finesse ; sa physionomie est intéressante, sa contenance négligée et nonchalante, ses gestes, son maintien et sa démarche annoncent la bonté, la modestie, la paresse et l'embarras.

Son âme est tendre, ferme, généreuse et élevée ; elle a précisément la dose de fierté qui fait qu'on se respecte sans humilier personne. En morale et en philosophie, il a des principes sévères qu'il ne se permet pas de modifier et d'adoucir suivant les circonstances, mais dont il se relâche presque toujours lorsqu'il s'agit de juger les autres.

Il a l'esprit juste, pénétrant et profond ; il pense et s'exprime fortement, mais sans correction. En parlant mal, personne ne se fait mieux écouter ; il me semble qu'en matière de goût, nul n'a le tact plus délicat, plus fin, ni plus sûr. Il a un tour de plaisanterie qui lui est propre, et qui ne sied qu'à lui.

Son caractère est un mélange de vérité, de douceur, de sauvagerie, de sensibilité, de réserve, de mélancolie et de gaieté. Il aime la solitude ; et il est aisé de voir que le goût pour la société ne lui est point naturel : c'est un goût acquis par l'éducation et par l'habitude. Le commerce de ses amis ajoute à son bonheur sans y être essentiel. A l'aspect de ce

---

Mémoires, ce portrait avec le préambule suivant qui ne se trouve point dans son manuscrit.

« Peindre son meilleur ami est le travail le plus délicieux et le moins
» aisé ; mais lorsque la satisfaction l'emporte sur la difficulté, les obsta-
» cles disparaissent, et le courage répond du succès. C'est une réflexion
» qu'on devrait faire dans toutes les actions de sa vie, et d'après laquelle
» j'entreprends le portrait de monsieur G. »

qui ne lui est pas familier, son premier mouvement est de fuir ; ce n'est que la réflexion, la politesse, et une sorte de niaiserie dans le caractère, qui le retiennent. Comme il craint de manquer d'égards, il reste souvent avec des gens qui l'ennuient, ou qu'il n'aime point ; alors, un silence profond et un air distrait ne tardent pas à s'emparer de lui.

Ce je ne sais quoi de solitaire et de renfermé, joint à beaucoup de paresse, rend quelquefois en public son opinion équivoque ; il ne prononce jamais contre son sentiment, mais il le laisse douteux. Il hait la dispute et la discussion ; il prétend qu'elles ne sont inventées que pour le salut des sots.

Il faut connaître particulièrement M. Grimm pour sentir ce qu'il vaut. Il n'y a que ses amis qui soient en droit de l'apprécier, parce qu'il n'est lui qu'avec eux. Son air alors n'est plus le même ; la plaisanterie, la gaieté, la franchise, annoncent son contentement, et succèdent à la contrainte et à la sauvagerie.

On prétend même que ces démonstrations sont les seules qu'il faille attendre de son amitié dans le courant de la vie ; son âme naturellement renfermée et brisée, dit-on, par les chagrins qu'il a éprouvés, l'empêche d'être aussi communicatif avec ses amis, qu'un caractère tel que le sien semblerait le promettre. Il les écoute, et leur répond avec le plus grand intérêt, tant qu'ils ne lui parlent pas de lui : c'est le seul point sur lequel il soit en reste avec eux. C'est peut-être le seul homme à qui il soit donné d'inspirer de la confiance sans en témoigner ; mais il prouve à ses amis, par sa sécurité et par sa sensibilité à leur égard, que la défiance ni l'indifférence n'entrent pour rien dans la réserve qu'ils lui reprochent.

On dit encore qu'incapable de feindre avec eux, il a l'art de leur présenter les plus dures vérités avec autant de douceur et de ménagement que de force. Personne n'est plus éclairé sur les intérêts des autres, ni ne les conseille mieux ; il sait indiquer les meilleurs moyens, mais il ne sait point exécuter lui-même ; personne aussi n'a plus de finesse pour pénétrer les projets des autres, ni moins d'adresse pour réussir dans les siens. Ce qu'il y a dans son caractère de solitaire et de sauvage, ne s'accorde point avec l'aisance, la souplesse et la dextérité qu'il faut dans la conduite des affaires, et que donne le grand usage du monde.

D'après cette esquisse, on peut conclure que M. Grimm n'est pas également aimable pour tout le monde. Qu'est-ce donc qu'un homme aimable ? En attendant qu'on me le définisse, je désire d'en rencontrer souvent d'aussi maussades que M. Grimm.

———

Le sort n'avait pas encore épuisé tous ses coups sur madame d'Épinay ; il lui en réservait un, sous lequel j'eus d'autant plus de crainte de la voir succomber, qu'il pouvait avoir pour elle les suites les plus fâcheuses.

Madame de Jully fut atteinte de la petite vérole, de l'espèce la plus maligne ; après avoir été quatre jours entre la vie et la mort, elle mourut le cinquième. Madame d'Epinay ne la quitta pas d'un instant. Voici ce qu'elle m'écrivit le surlendemain de la mort de sa sœur, qui arriva pendant les trois ou quatre jours que je fus indispensablement obligé d'être à Versailles.

DE MADAME D'EPINAY A MONSIEUR DE LISIEUX.

Quoi ! je ne ne puis vous voir seulement une minute ! j'en ai de désir, j'en ai besoin, et vous êtes à Versailles ! Si vous saviez de quelle affreuse commission je suis chargée ! quel spectacle j'ai devant les yeux!..... J'ai fermé ceux de ma pauvre sœur de Jully..... il n'y a que moi qui puisse savoir ce qu'elle valait. Laissez-moi vous parler d'elle, de sa fin, de ses derniers moments ; laissez-moi me nourrir de ma douleur, car rien ne saurait m'en distraire.

La veille de sa mort, dès le matin, les médecins annoncèrent qu'elle était sans ressource. Je fus obligée d'apprendre cette cruelle nouvelle à sa mère et à son mari... Bon Dieu !... je la vois toujours devant mes yeux! je vois sa chambre, son lit..... je ne saurais me persuader qu'elle ne soit plus : cela n'est cependant que trop vrai ! Dès que j'eus prononcé l'arrêt, le désespoir s'empara de tout le monde.

Le lendemain, jour de... jour affreux, que je n'oublierai jamais! la connaissance qu'elle avait perdue depuis plusieurs heures lui revint vers les sept heures du matin. Me trouvant auprès de son lit, je fus assez longtemps sans qu'elle m'aperçût ; à la fin je lui pris la main et la lui serrai. Sommes-nous seules, me demanda-t-elle? Oui, ma sœur, lui dis-je. Alors, tirant de sa poche un petit portrait d'elle : Tiens, dit-elle, c'est pour toi. Les larmes m'étouffaient ; je ne pus proférer un seul mot, je me jetai la tête sur son lit ; j'allais baiser ses mains, elle les retira. Adieu ma bonne amie, ma véritable sœur: ayez soin du chevalier... si je meurs, consolez-le..... il vous consolera aussi... Elle se retourna, et laissa échapper quelques larmes. Convenez, dit-elle encore, que c'est mourir bien jeune ! Je sortis de sa chambre dans un état impossible à rendre, et mille fois plus mourante qu'elle. Les médecins arrivèrent vers les neuf heures du matin ; ils chantèrent victoire : j'avoue qu'elle avait un certain regard fixe qui me faisait douter de ce miracle. Lorsqu'ils furent sortis, je m'approchai de son lit : Eh bien ! lui dis-je, voilà le cinq commencé, et tout va au mieux. Oui, selon eux, dit-elle ; mais je ne me sens pas bien ; j'étouffe, j'ai des frissons, ma tête n'est pas nette... je crois que demain ils seront bien étonnés... Pourquoi, lui dis-je? Elle ne répondit point.. Il lui prit une douleur violente à la tête; elle jeta un cri, en me demandant précipitamment ses poches; je fus un moment à les trouver; elle chercha longtemps sans trop savoir ce qu'elle faisait. A la fin, elle tira une clef, et répéta plusieurs fois : c'est la clef, c'est celle..... elle ne put achever, et ce furent les dernières paroles qu'elle prononça. Le transport revint, et à cinq heures du soir elle n'était plus.

Cette clef, que j'avais prise sans savoir qu'en faire, me revint tout à coup dans l'esprit; je compris qu'il pourrait être important de sauver ce qu'elle pouvait avoir de papiers. Je rentrai dans son appartement, en vérité, sans savoir ce que je faisais, j'allai à son secrétaire où je lui avais vu serrer quelquefois des lettres du chevalier, après les avoir lues : c'était précisément cette clef qu'elle m'avait donnée. Alors, profitant du seul instant qui me fût favorable, je pris tout ce que je trouvai d'écrit, et je le jetai au feu. Après avoir vu brûler tous ces papiers, je remis la clef à M. de Jully. Lorsque celui-ci et sa belle-mère ne purent plus douter de leur malheur, on les emmena hors de la maison. Il est impossible de rendre l'état de stupidité dans lequel ils étaient tous les deux; on les aurait crus tombés en enfance, pas une larme n'échappait de leurs yeux; ils étaient assis l'un vis-à-vis de l'autre, se tenant les mains et se souriant froidement de temps en temps; s'assurant de ne se jamais quitter : et, si quelqu'un de nous voulait les consoler, ils répondaient, en s'embrassant : Nous n'en avons pas besoin. Pourquoi nous consoler, nous resterons toujours ensemble, qu'est-ce qu'il nous faut de plus? Quelqu'un, par malheur, vint à nommer hier madame de Jully; ils se retournèrent aussitôt avec précipitation, regardèrent tous deux autour de la chambre, et retombèrent ensuite dans leur stupidité. La famille de madame de

Jully m'a proposé de me charger de tout ce qu'il y a à faire ; j'avais envie de refuser, par plus d'une raison, cette triste commission ; mais M. de Jully et sa belle-mère m'en ont priée de manière à ne pouvoir les refuser. Pendant que vous serez-là, me dit celle-ci d'un air que je n'oublierai de ma vie, faites disparaître..... vous savez bien..... tout, dit-elle, en montrant chaque pièce de son habillement, puis les siéges et tous les meubles. Je l'assurai que je tâcherais de mériter la confiance dont elle m'honorait.

Ensuite, la mort dans l'âme, je me suis transportée dans la maison de ma pauvre sœur ; j'ai pris avec moi une de ses tantes et le valet de chambre de M. de Jully. J'ai commencé par faire un inventaire de tous les effets, bijoux, meubles, etc. J'ai fait enfermer les meubles dans une chambre à part ; j'ai partagé la garde-robe entre ses deux femmes de chambre, et j'ai chargé une femme connue de vendre les dentelles et les belles robes. J'ai enfermé les diamants et les bijoux dans une cassette, dont j'ai remis la clef à mon frère.

La douleur où il était d'avoir perdu sa femme fut poussée jusqu'au délire, et parut d'autant plus étrange que la dissipation à laquelle il s'était livré jusqu'au dernier moment de sa vie ne l'y avait pas préparé. Sa première sortie fut pour commander un superbe mausolée en marbre, qu'il destina à être placé dans un cabinet au fond de son appartement.(1). Il fit faire une demi-douzaine de portraits, qu'il rangea autour de sa chambre, et il passait son temps à se nourrir ainsi de sa douleur.

(1) Il est difficile de dire, aujourd'hui, si le mausolée de madame de Jully, ouvrage du ciseau de Falconet, que l'on voyait avant la révolution dans l'une des chapelles de l'église Saint-Roch, avait été fait sur le même modèle.

DE MADAME D'ÉPINAY A MONSIEUR DE LISIEUX.

J'ai passé ma soirée hier chez madame Lebrun, comme je l'avais projeté. Nous y étions seuls en famille ; il n'y avait d'étranger que le chevalier de Valory, qui y fut admis et consulté sur le projet du monument. Il sera vraiment très-beau, très-simple, et l'épitaphe très-pathétique. M. d'Epinay y vint passer une heure. M. de Jully le pria de rassembler tous les papiers nécessaires pour fixer et arrêter leurs comptes sur l'affaire qui a excité entre eux tant de discussions, il y a sept ou huit mois. Elles pensèrent se renouveler encore, parce que M. d'Epinay répondit que ces papiers seraient bientôt rassemblés de sa part, mais qu'il fallait avant tout produire l'acte d'association qu'ils avaient passé sous seing-privé ; que cet acte était resté entre les mains de M. de Jully, qui en avait toujours promis une copie et ne l'avait jamais donnée. M. Jully soutint à son frère qu'il lui en avait fourni une. Enfin, ni l'une ni l'autre ne se trouve : cela ne fait-il pas des affaires bien faites? Lorsque monsieur d'Epinay fut parti, M. de Jully me dit : Ma sœur, en affaires d'intérêt et d'honnêteté, je compte plus sur vous que sur mon frère ; faites, je vous prie, l'impossible pour que ces papiers se retrouvent, et que votre mari y mette un peu de soin et d'exactitude, car je vous avoue (ce que je n'ai pas voulu dire devant lui) que je n'ai aucun titre ; je ne comprends pas ce que tout cela est devenu. L'inventaire des papiers est fini d'hier ; on a examiné jusqu'au moindre chiffon ; il n'y a aucune trace ni de notre association, ni aucun titre des sommes que j'ai données ou reçues ; et je suis intimement persuadé que mon frère m'est redevable de cinquante mille écus au moins.

Je lui dis que je me rappelais à merveille que sa femme

s'en était emparée, mais que j'ignorais ce qu'elle en avait fait; que je présumais cependant qu'elle les aurait peut-être remis à quelques gens d'affaires, parce qu'elle m'avait dit, peu de temps après, que mon mari lui devait plus qu'il ne croyait; mais je n'ai point, lui dis-je, entendu parler depuis de cette affaire.

Il m'est assez difficile de les aider dans leur recherche, mon mari ne m'ayant jamais rien dit de ses affaires, et ne me permettant même aucune curiosité à cet égard. C'est ce que je dis à M. de Jully, et il convint que j'avais raison. Ce qui embarrasse mon frère, c'est que cette association n'est pas d'un genre, à ce qu'il prétend, à pouvoir être rendue publique sans inconvénient...

On m'apporte votre lettre, mon cher tuteur; je vous envoie celle-ci, et j'irai vous dire le reste cette après-dînée; à quatre heures je serai chez vous.

DE MADAME D'ÉPINAY A MONSIEUR DE LISIEUX.

Je suis désolée, monsieur; il faut que je me rende aujourd'hui avec toute la famille chez monsieur de Jully. Il a vu ce matin les gens d'affaires avec lesquels sa femme peut avoir eu quelques relations. Les papiers ne se retrouvent point, personne n'en a la moindre connaissance. On a questionné les valets : une maudite femme de chambre, mécontente du lot que je lui ai adjugé sur les hardes de la pauvre madame de Jully, s'est avisée de dire, qu'immédiatement après la mort de sa maîtresse, j'étais entrée seule dans le cabinet, qu'elle ignore ce que j'y ai fait, mais que lorsqu'elle y était retournée, elle avait trouvé la cheminée pleine de papiers brûlés. Le fait est vrai; aurais-je brûlé ces papiers? je l'ignore, je ne sais pas moi-même ce que j'ai fait. Que puis-je dire? Voyez-vous, monsieur, quelle défaveur cela peut me donner? De quel droit aurais-je brûlé des papiers? Irais-je dire à monsieur de Jully qu'il y en avait, ou qu'il devait y en avoir qu'il ne fallait pas qu'il vît? Non certainement je ne le puis pas. Si j'ai exécuté un ordre de sa femme, pourquoi n'ai-je pas pris un témoin? J'en ai bien exigé deux pour faire exécuter les ordres du mari et de la mère? Pourquoi ai-je attendu que madame de Jully eût expiré? Et que n'ai-je dit tout de suite à la mère la commission dont j'étais chargée. En vérité, ne pouvant avouer ce qui en est, je ne vois pas ce que je puis répondre. Gauffecourt dit que madame Lebrun est furieuse, que toutes les tantes, les cousines et les commères dont cette famille est composée, bavardent et font des commentaires à perte de vue; on dit que je dois faire bon de la somme, puisque j'ai brulé les titres; et déjà madame Lebrun proteste qu'elle agira à la rigueur. Monsieur de Jully dit qu'il m'en croira sur ma parole, et qu'il ne peut me croire coupable d'une telle infamie, pas même d'une étourderie qui pût le mettre dans l'embarras.

En me rendant ces indignes imputations, Gauffecourt était tout aussi indigné de la faiblesse de M. de Jully que des bavarderies de ces commères, car mon beau-frère se contente de dire froidement qu'il n'y croit pas; mais il n'a le courage ni de leur imposer, ni de les faire taire. Cependant Gauffecourt ne sait pas ce que j'ai fait, et je ne me suis pas permis de le lui dire. Je veux, s'il est possible, me tirer de là sans compromettre la mémoire de ma sœur. Mais je ne vois pas encore comment j'y réussirai. Bonjour, monsieur, etc.

DE LA MÊME AU MÊME.

Notre affaire est publique, grâce aux clabauderies des dames Lebrun et à l'inconsidération de M. d'Épinay. Il rit comme un fou de ce qui fait mon supplice, et dit, que je l'aie fait ou non, que le tour est excellent.

Lorsque j'arrivai chez M. de Jully, chacun parlait bas, on chuchotait. Madame Lebrun me salua à peine et ne daigna pas m'adresser la parole. Toute la famille était assemblée ; et les gens d'affaires, notaires, commissaires et autres avaient été mandés.

Au bout de quelques moments de tumulte, M. de Jully s'approcha de moi avec M. d'Épinay, le comte d'Houdetot et le notaire. Vous nous voyez fort en peine, ma sœur, me dit-il, ces malheureux papiers ne se trouvent point : ne pouvez-vous nous donner quelques éclaircissements sur ce qu'ils sont devenus ?

J'entendis madame Lebrun murmurer entre ses dents : Oh que si ! si elle le voulait, elle le dirait bien ; et je vis en même temps toutes ces dames se faire des signes. J'étais mal à mon aise ; je vous l'avoue, mais sans paraître faire attention à elles ; je répétai ce que j'avais dit la veille, en assurant que je n'en avais d'ailleurs aucune connaissance. Mais, me dit M. de Jully, qu'est-ce que cette clef que vous m'avez remise immédiatement après le malheur. . Comment en étiez-vous chargée ? n'est-ce pas celle du secrétaire ? — Oui, mon frère, elle m'avait été remise par votre femme, et j'ai exécuté ses volontés. — Quelles étaient-elles ?

A cette question, je fus embarrassée, car la pauvre femme n'avait rien prononcé, et j'avais plutôt interprété qu'exécuté ses ordres. Cependant, après un instant de réflexion qui me rendit encore plus suspecte, je répondis : Son intention était que les papiers que contenait le secrétaire fussent brûlés sur-le-champ ; ils l'ont été. — Savez-vous, me dit-il d'un ton fort troublé, ce que c'était que ces papiers ? — Non, et je n'ai pas dû le savoir. J'ai pris indistinctement tout ce qui s'est présenté.

Alors tout le monde parla à la fois. Madame Lebrun se leva brusquement; Messieurs, dit-elle, je vous prends à témoin que madame avoue qu'elle a brûlé les papiers : Des papiers, madame, lui dis-je, et non les papiers; quant à ceux que vous cherchez, encore une fois si je les ai brûlés, je l'ignore et je n'en ai aucune connaissance. M. de Jully se jeta dans un fauteuil la tête appuyée dans ses deux mains. Quelle apparence, disait une des tantes, qu'elle ait chargé madame de tout brûler et que je n'en aie rien su, moi, moi pour qui ma nièce n'a jamais rien eu de caché. Bon! reprenait la mère, ma fille n'a jamais été dans le cas de rien cacher, c'est le comble de l'indignité de vouloir nous la rendre suspecte ; c'était bien plutôt pour mettre à couvert ceux en qui elle avait bien mal à propos placé sa confiance. Quoi qu'il en soit, sa dot est mangée, il faut qu'on me la rende, qui que ce soit qui la paye. M. d'Epinay, vint me demander à l'oreille si ce que j'avais dit était bien vrai. Je le regardai avec indignation, sans lui répondre. Il s'y méprit et crut que je voulais lui dire qu'il était bien indiscret de me faire cette question.

Madame Lebrun hors d'elle-même se mit en devoir de me faire subir un interrogatoire dans les formes ; je lui répondis d'abord honnêtement et le mieux qu'il me fut possible, mais son ton, ses expressions, les mots à double sens devinrent si choquants, que je pris le parti de me retirer en lui disant que je n'avais rien à lui répondre au delà de ce que j'avais dit.

DE M. DE FRANCUEIL A MADAME D'EPINAY.

Que je suis malheureux, ma tendre amie, que ma situation me condamne à la retraite, et m'ôte la douceur de vous consoler, et d'aller partout vous défendre! Je suis indigné de la faiblesse de Jully. Comment n'impose-t-il pas à ces femmes qui étaient sans cesse en admiration devant lui? Au reste, si madame Lebrun pousse la vilenie jusqu'à vous faire assigner, et qu'il soit assez imbécile pour le souffrir, disposez de moi et de tout ce qui m'appartient comme de votre propre bien.

Je blâme, permettez-moi de vous dire, la solitude où vous vous tenez. Montrez-vous. Les lettres que vous m'écrivez sont pleines de nerf, de courage, et ont le caractère de l'innocence : voilà ce qu'il faut afficher. A votre place j'irais partout, en visite, aux spectacles ; que craignez-vous ? Donnez-moi, je vous prie, de vos nouvelles exactement. Jamais, ma bonne amie, rien de ce qui vous intéresse ne me sera indifférent ; jugez dans cette occasion importante combien je suis occupé de vous.

DE MADAME D'ÉPINAY A M. DE FRANCUEIL.

Bon Dieu! qu'ai-je appris, mon ami? Il ne manquait que cette circonstance à mon malheur ; M. Grimm s'est battu, il a été blessé, et j'en suis la cause ! C'est Duclos qui est arrivé, avant-hier au soir, tout exprès pour m'apprendre cet événement. Je ne m'étonne pas, m'a-t-il dit, si Grimm n'a pas paru ici depuis quelques jours ; il est autrement occupé, le savez-vous? Il rompt des lances pour vous, mais par Dieu! il lui en cuit à présent ; il s'est battu, et il a été blessé. Je ne puis vous dire la révolution que me fit cette nouvelle apprise ainsi subitement ; je vis un honnête homme qui perdait la vie, peut-être, pour avoir pris la défense d'une femme à qui il ne devait rien ; et cette femme, c'est moi. Je fis cent questions à la fois à Duclos, qui n'était en état de me répondre à aucune ; il ne savait que le fait, et ne s'en permettait pas moins mille conjectures et mille réflexions, qui toutes concouraient à me désespérer. Quoi qu'il en soit, disait-il, c'est le service d'un fou qu'il vous a rendu là. C'est un homme que vous ne pouvez plus voir honnêtement ; ne le voyez plus, c'est le seul moyen de vous rendre sa mort ou sa vie utile, sans quoi il vous nuira plus qu'il ne vous aura servi.

Mon mari entra : il connaissait l'affaire, et savait même, de plus que Duclos, le nom de l'adversaire de M. Grimm ; il voulut plaisanter sur la gloire que j'en retirerais, mais je le fis taire sèchement, et je dis ensuite à Duclos et à lui : « Je connais peu M. Grimm, je ne connais point du tout celui contre qui il s'est battu : quoi qu'il en soit, ce duel serait un malheur de plus pour moi, et que je ressentirais vivement, mais qui doit me rendre plus respectable à quiconque a le sens commun. M. Grimm n'est ni un fou, ni un étourdi, et s'il est vrai qu'il ait pris jusque-là ma défense, il y a apparence qu'il me rend plus de justice que ceux qui me raillent ou qui me blâment. Adieu, messieurs, laissez-moi, je veux être seule. »

Vous concevez aisément, mon ami, quelle nuit je passai. Je vis, le lendemain, M. de Lisieux qui était instruit de toutes les circonstances, voici ce qu'il m'apprit.

M. Grimm était à dîner chez le comte de Frièse, chez qui il loge. Il y avait beaucoup de monde, mais point de femmes. Vers le milieu du repas, on conta mon aventure, et elle fut présentée comme un tour de passe-passe d'autant plus adroit que j'avais, disait-on, couvert mon escamotage du voile de l'amitié et de l'honnêteté, et qu'ensuite je m'étais fait donner cent louis par mon mari pour récompense du service que je lui avais rendu. M. Grimm voulut me défendre par la réputation de probité et de désintéressement que je m'étais acquise universellement. J'ai peu l'honneur de connaître madame d'Epinay, disait-il ; elle passe pour avoir une fortune honnête ; elle a de l'esprit ; on dit qu'elle fait beaucoup de bien, qu'elle est noble et généreuse. On ne me persuadera jamais qu'en vingt-quatre heures on change de mœurs et de principes, et qu'on sacrifie tous les avantages dont jouit une personne honnête à un intérêt aussi vil ; et en admettant que cela fût possible, que lui en revient-il, messieurs ? Cent louis, à ce que vous dites, et voilà tout ; car on sait que les intérêts de son mari et les siens n'ont rien de commun. Non, messieurs, non, je n'en crois rien, et je n'en veux rien croire.

Malgré cela, cette inculpation parut plaisante, les mauvais propos vinrent ensuite, et l'on conclut, à deux ou trois voix près, que j'avais très-bien su ce que je faisais, en brûlant les papiers de madame de Jully, et qu'étant d'ailleurs de moitié dans ses intrigues, j'avais eu plus d'une raison pour en agir ainsi. Tout en disputant, ces messieurs buvaient et s'échauffaient d'autant. On conta de même plusieurs histoires sur le compte de mon mari ; on décida sans nous connaître, qu'il n'y avait à tout cela qu'un ménage de gâté. A la fin M. Grimm, impatienté, se leva et dit : Messieurs, je ne me presse point de juger des faits que je ne connais pas. Mais à quoi vous sert donc d'avoir été honnête toute votre vie, si votre probité ne peut vous prémunir contre les soupçons et la médisance. Je sais cinquante exemples de jugements faux et révoltants prononcés avec la même légèreté. Il n'y a pas un de vous, s'il y veut bien faire attention, qui n'en sache autant. Ce qui me confond, c'est qu'en pareil cas, par une bizarrerie inouïe, les honnêtes gens fassent presque toujours cause commune avec les fripons, comme si chacun ne sentait que pour soi les avantages d'une bonne réputation. J'ignore quel parti vous prendriez à mon égard en pareille circonstance ; mais je vous déclare à tous, messieurs, que si demain l'on vous accuse d'un fait qui vous déshonore, je n'en croirai rien. —

Parbleu! je le crois bien, reprit l'un deux, mais des gens perdus! — Qui dit cela, reprit M. Grimm : Messieurs, je le répète, je ne connais particulièrement ni monsieur ni madame d'Epinay : je ne sais s'ils sont coupables ou non, mais, ma foi, cela me donne un souverain mépris pour ceux qui sont pressés de le croire. Le baron d'E***, qui était le seul qui eût parlé affirmativement, se leva et répondit qu'il fallait avoir une furieuse opinion de soi-même pour oser menacer les autres de son mépris. M. Grimm répliqua qu'il fallait avoir bien peu d'honneur pour avoir besoin de déshonorer les autres si vite.

On prétend que le reproche était fondé dans tous les points; aussi le baron d'E*** ne l'endura pas. Ils se tinrent encore quelques propos ; le comte de Frièse voulut d'abord changer la conversation, mais le baron se crut offensé personnellement ; et ces messieurs ne se mêlèrent plus de la querelle. Les deux antagonistes descendirent dans le jardin pour se battre. M. Grimm porta à son adversaire un coup qui lui effleura légèrement les côtes, et il en reçut un en même temps dans le bras. Le baron, qui se crut fortement blessé, dit qu'il était content. Alors M. Grimm jeta son épée, et aida son adversaire à étancher son sang avant de songer à lui-même. Le comte de Frièse ramena le baron chez lui. Heureusement leurs blessures ne sont point dangereuses.

Ma mère et moi nous avons chargé Rousseau, qui voit tous les jours M. Grimm, de lui dire l'intérêt que nous prenons à sa santé. Depuis que mon mari a su qu'il s'était battu pour lui, il ne se possède pas de joie; il en fait partout l'éloge, et à tout propos il le cite : quant à Duclos, il fait ce qu'il peut pour atténuer cette action de M. Grimm, et pour me persuader qu'elle me fait grand tort. Tout le monde, dit-il, conclut de ce combat que Grimm est votre amant : je vous dis que vous êtes folle si vous le revoyez. Et moi je lui réponds que je suis déterminée, au contraire, à le voir beaucoup plus souvent que je ne le voyais.

Voilà où nous en sommes, et à peu près tout ce que vous désirez savoir. Que vous êtes heureux de vivre à la campagne et dans la solitude! Bonjour, mon ami; de vos nouvelles? Vous aurez des miennes exactement, si je ne ne vais pas vous voir.

DE MADAME D'ÉPINAY A M. DE LISIEUX.

Ah! monsieur, quel bonheur! quel bonheur inattendu! M. de Jully sort d'ici. Tout est retrouvé; mais savez-vous comment? d'une manière qui ne laissera aucune ressource contre moi, ni à l'envie ni à la méchanceté. Je vous en ferai les détails, cela serait trop long par écrit, et je n'en ai pas le loisir. Ah! c'est monsieur d'Épinay qui est excellent! Ces papiers retrouvés l'assomment. Il n'est pas bien décidé, dit-il, que ce soient les véritables : il faudra les examiner de près. Quel homme! Je vous avoue que je me réjouis intérieurement de la mine que vont faire mes accusateurs, et ces petites dames qui pensaient qu'on ne pouvait plus me voir en sûreté de conscience. Mais je bavarde inutilement. Venez me voir, monsieur. Adieu, je vous attends.

DE LA MÊME AU MÊME.

Hier en rentrant, je trouvai Rousseau qui me dit que M. Grimm désirait nous voir, ma mère et moi, dans un moment où il n'y aurait pas d'étrangers, parce qu'étant contraint à porter encore quelque temps son bras assujetti, il ne voulait pas se montrer dans cet état. Il va passer un mois à la campagne pour se rétablir, et il veut prendre congé de nous avant son départ. Croiriez-vous que cette entrevue m'embarrasse ? je la désire beaucoup ; j'ai le cœur plein de reconnaissance pour M. Grimm, mais je ne sais pas ce que je dois lui dire ; car enfin je suis cause qu'il s'est battu, mais il ne s'est cependant pas battu pour moi. Un éloge sur l'esprit de justice et de bienfaisance générale qui l'a conduit? c'est bien froid ! ce discours irait mieux dans la bouche d'un autre que dans la mienne. J'appuierai sur la reconnaissance que je ressens, sur la part indirecte... Je répéterai indirecte ; je ne veux pas qu'il me soupçonne d'une sotte vanité : il est très-possible que je n'aie eu nulle part à son intention ; il me connaît si peu !...

Le lendemain.

J'ai enfin vu M. Grimm, mon cher tuteur ; il est venu hier chez ma mère, pendant que j'y étais. Lorsqu'on nous eut annoncé son arrivée, nous allâmes au devant de lui. Après les premières salutations, qui furent très-respectueuses de sa part : Ma fille, me dit ma mère, embrassez votre chevalier. — Je serais très-fier de ce titre, si je le méritais, a-t-il répondu ; c'est la cause générale de la bienfaisance que j'ai défendue. Il est vrai, a-t-il ajouté, en me regardant, qu'elle n'avait jamais été plus outragée et plus injustement.

DE LA MÊME AU MÊME.

Je n'ai que le temps, monsieur, de vous donner occasion de vous moquer de moi ; cependant il faut que je vous dise auparavant que les bâtiments du château sont commencés. Monsieur d'Épinay est dans l'enthousiasme de ses plans, de ses projets ; il ne nous parle que de cela. M. de Francueil est très-assidu depuis que mon mari est ici ; je le soupçonne d'avoir renoué ses liaisons avec mademoiselle Rose.

Monsieur d'Épinay, après avoir passé une heure dans la

salle à manger avec des marchands, tandis que nous étions, ma mère et moi, dans le salon, est rentré une pièce de dentelle d'Angleterre à la main, en me disant : Madame, faites-moi le plaisir d'estimer cela ; et il ajouta pendant que je la regardais : J'ai un présent à faire à une femme à qui j'ai des obligations, et cette dentelle, si elle n'est pas trop chère, remplira assez bien mes vues. Je lui dis qu'elle valait cent francs l'aune à bon marché. Il s'en alla en disant : J'en vais offrir quatre-vingts. Toute la compagnie crut que ce présent m'était destiné, et chacun m'en faisait déjà compliment. Ma mère le crut aussi ; car le voyant si assidu, elle en conçoit de grandes espérances de réforme ; enfin Francueil lui-même en était persuadé, et je ne sais comment leur persuasion me gagna aussi. M. d'Epinay ne parla plus de sa dentelle, et personne n'osa lui faire de questions ; mais une heure après, il vint me dire : je l'ai eue à quatre-vingt-huit livres ; elle est charmante : c'est dans dix jours la fête de la petite Rose, il faut bien que je lui donne un bouquet ; cela fera mon affaire. Je ne lui répondis rien, car je crus rêver en recevant cette confidence. Est-ce, me dit-il, que vous ne trouvez pas ce présent honnête ? Je ne me connais pas, lui dis-je, à ce genre d'honnêteté.

Bonsoir, monsieur, je vais me coucher ; j'ai un mal de tête effroyable.

Madame d'Epinay m'écrivit peu pendant le reste de la campagne. Elle se livra tout entière à l'éducation de ses enfants ; et comme les talents agréables en faisaient partie, elle se remit au dessin, à la musique, et excitait leur émulation en travaillant avec eux. Elle leur écrivait quelquefois ; mais ayant saisi l'idée que Rousseau lui avait donnée de ne leur écrire que des choses à leur portée, j'ai cru devoir supprimer ces sortes de lettres.

Elle revint s'établir à Paris à la fin de novembre; monsieur Grimm était de retour de ses voyages, et monsieur Desmahis de chez madame de la Poplinière. Madame d'Epinay et la comtesse d'Houdetot s'unirent de la plus grande amitié. Monsieur de Saint-Lambert trouvait chez ma pupille une société solide et agréable. Monsieur Rousseau, monsieur Grimm, monsieur Gauffecourt et moi, étions les amis d'habitude. Monsieur de Francueil, monsieur Desmahis, le chevalier de Valory, mademoiselle d'Ette et Duclos venaient quelquefois chez elle, mais pas aussi fréquemment que nous. Monsieur de Jully et le comte d'Houdetot n'y faisaient guère que des visites de bienséance; et monsieur d'Epinay ne paraissait chez lui que lorsqu'il était las d'aller ailleurs.

Journal de madame d'Epinay.

Au mois de décembre.

N'attendez de moi, monsieur, à présent que vous êtes à Paris, qu'une gazette très-sèche de ce que vous ne serez pas à portée de voir, ou de ce que je ne vous aurais pas dit. Je vous enverrai une copie de ce que j'écrirai, voilà, en vérité, tout ce que vous pouvez exiger de ma paresse.

Depuis que j'ai quitté la campagne, je mène une vie assez uniforme et assez tranquille. Je vois peu mon mari; il monte à cheval presque tous les jours, et va souvent voir travailler ses ouvriers à Epinay. Tout le monde assure qu'il fait faire des sculptures et des ornements magnifiques; mais il les fait faire à Paris et avec le plus grand mystère. Il n'en convient même pas, et soutient toujours, au contraire, qu'il veut que cette maison soit un chef-d'œuvre de bon goût et de simplicité. M. de Francueil paraît être sa dupe ou son confident, car il tient le même langage que lui. Je le vois peu, mais ses absences ou sa présence n'influent plus sur mon repos.

J'ai vu hier le chevalier de Valory; il m'a dit avoir eu déjà trois ou quatre altercations assez vives avec mademoiselle d'Ette, dont elle l'a instamment prié de ne me pas parler.

Je n'ai pas besoin de vous dire que j'ai eu un plaisir très-vif à revoir M. Grimm. Sa société m'est tous les jours plus agréable, quoique je sois tentée quelquefois de prendre de l'humeur contre lui en le voyant si silencieux. Il ne cause volontiers que tête à tête, et il ne paraît nullement curieux de ramener les autres à son avis : ses principes sont un peu différents de ceux de nos illustres bavards. Par exemple, il ne met d'importance à l'opinion qu'on prend de lui qu'autant qu'elle se trouve d'accord avec son témoignage intérieur.

J'ai refusé hier un souper où je me serais sûrement fort amusée. Plusieurs de mes amis en étaient; mais M. de Francueil m'avait dit qu'il passerait la soirée chez moi; je le vois si rarement, que je n'ai pas voulu le refuser : il n'est pas venu, et j'ai soupé avec Linant et Duclos. Je vois que je suis seule esclave de mes engagements et de ma parole; que M. de Francueil surtout ne vient chez moi que lorsqu'il ne sait que devenir.

Billet de madame d'Epinay à M. Grimm.

Je ne sais pourquoi je ne vous ai pas dit hier que la petite Gualtieri venait avec son mari dîner chez moi; peut-être vous seriez-vous laissé aller en faveur de la musique? Je n'ose insister, je serais aussi trop importune; à moins qu'une assez jolie collection d'ariettes nouvelles ne vous engage à venir me dédommager, une heure ou deux, d'un souper très-cérémonieux dont je suis menacée ce soir.

DE MADAME D'ÉPINAY A M. DE LISIEUX.

Vous avez raison, monsieur, j'avais hier de l'humeur, de l'embarras; et qui n'en aurait point eu? Lorsque vous êtes arrivé, il y avait une heure que Duclos travaillait à me persuader que monsieur Grimm est amoureux de moi. Avez-vous jamais vu une pareille extravagance? Mais on ne peut donc avoir d'amitié, ni de reconnaissance, ni aucun sentiment doux pour une femme, sans en être amoureux; Il est envieux ce Duclos; il me peignait M. Grimm comme un inconnu, sans aveu, qui tire toute son existence, dit-il, du délire d'un talon rouge et d'un pédant, et qui joue le passionné de tous ceux qui lui veulent du bien. Comment trouvez-vous ces épithètes? J'ai eu beau me fâcher, lui rappeler qu'il savait tout aussi bien que moi qui était M. Grimm, et qu'il était généralement estimé; il n'en voulut pas démordre: il ne saurait souffrir que je l'appelle mon chevalier. J'ai bien voulu l'assurer qu'il n'était point amoureux de moi, mais qu'il me témoignait de l'intérêt et une amitié dont j'étais très-reconnaissante; et qu'après les obligations que je lui avais, sa société me serait moins agréable qu'elle ne me l'est, que je le rechercherais avec le même empressement. Il a redoublé de mauvais propos, et a fini par celui-ci : « Qu'il soit amoureux de vous ou non, m'a-t-il dit, je vous avertis qu'il a une passion dans le cœur pour la petite Fel, qui n'en a pas voulu, vous n'aurez que son reste; elle l'a renvoyé de chez elle, et voilà le sujet de sa dernière absence, et de ce prétendu service qu'il rendait au baron d'Holbach en voyageant avec lui, c'est qu'il en perdit la tête. Au reste... vous le guérirez peut-être, car il l'aime toujours... » Il en était là lorsque vous êtes venu; et lorsque j'ai vu arriver monsieur Grimm presque en même temps que vous, j'en ai eu de l'embarras, j'ai craint que Duclos ne lui tînt quelque mauvais propos : vous savez s'il les souffre? Je n'ai eu de repos que lorsqu'il a été parti. Je ne crois pas qu'il y ait un mot de vrai à tout ce que m'a dit Duclos. La maison où monsieur Grimm va le plus à Paris est celle du baron d'Holbach : ce ne sont pas là des gens à filles. Le comte de Frièse chez qui il loge, et avec qui il est sans cesse, ne voit pas non plus mademoiselle Fel; au reste, cela m'est fort égal. Je ne prétends rien de lui, je n'ai qu'à m'en louer; que me ferait le reste? Si ce n'est que je n'aime point que Duclos se mêle ainsi de mes affaires, ni dise du mal de ceux que je distingue : ah! il est certain que s'il continue, je me brouillerai tout-à-fait avec lui! Adieu, monsieur, j'espère vous voir demain.

Billet de madame d'Épinay à M. Grimm.

Je dîne aujourd'hui chez Francueil, et je soupe chez la comtesse d'Houdetot, qui m'a chargée de vous y inviter; si vous acceptez la proposition, j'irai voir ma mère, et de là vous prendre pour vous mener chez ma sœur. Bonjour, monsieur; un mot de votre rhume?

Billet au même.

Le samedi.

Est-ce que je vous ai appelé monsieur? C'est que j'avais une mauvaise plume apparemment. Moi fâchée! moi vous en vouloir! eh! pourquoi?

Hélas! non, je ne serai pas seule ce soir! que pouvez-vous avoir à me dire? je manquerai peut-être l'occasion de vous être utile, et je ne m'en consolerai point. Venez toujours passer la soirée; si vous venez de bonne heure, peut-être aurons-nous un moment pour causer. Au moins serez-vous sûr, si ce que vous avez à me dire n'est pas pressé, de réparer demain ce contre-temps : je ne sortirai pas de la journée, et je vous promets que ma porte sera fermée, excepté pour vous. Bonjour, mon chevalier.

Suite du Journal.

M. de Francueil est venu hier pendant que M. Grimm était chez moi. Ma porte était fermée. Je l'ai vu cependant un moment, je lui ai marqué du regret de ne l'avoir pas reçu, et je lui ai dit qu'ayant eu affaire une heure ou deux, j'avais défendu ma porte. Cela lui a paru fort étrange ; mais qu'est-ce qu'il y a donc de si singulier ? Comment je ne peux pas avoir affaire ? Voyez-vous la tyrannie ? Oh ! je veux être libre. Je m'en expliquerai au premier instant que je trouverai pour causer à mon aise avec lui. Il faut absolument fixer et décider ma situation. Cette incertitude ne me convient pas. Elle peut même me donner un coup-d'œil fort singulier ; mais je voudrais trouver une occasion bien naturelle pour cette explication. Je connais Francueil. La crainte de perdre les ressources qu'il est sûr de trouver d'un instant à l'autre dans mon amitié le rendra peut-être injuste : les hommes s'exagèrent tout. Il verra dans cette explication son amour-propre humilié. Il verra des projets.... il croira que c'est une rupture que je demande.... elle s'ensuivra peut-être de notre explication ! il ne sentira pas combien elle nous serait à tous deux injurieuse !.... N'importe, je l'aurai. Encore une fois, je veux être libre.

Suite du Journal.

Que ce Duclos est abominable ! Je ne puis ajouter foi aux propos qu'il me tient sur M. Grimm, et cependant par une fatalité inconcevable, je ne puis me résoudre à les rejeter tout-à-fait.

Lorsqu'il est venu chez moi aujourd'hui, M. Grimm y était: celui-ci s'étant en allé, Duclos a profité du moment pour me dire que je faisais un tort irréparable à ma réputation de prendre M. Grimm, et de quitter Francueil. Ses termes ne sont jamais plus délicats, ni plus décents.

Je ne prends ni ne quitte personne, lui ai-je répondu sèchement, et je n'aspire qu'à avoir et à conserver des amis que je puisse estimer, et qui me laissent tranquille. — Ah! par Dieu, a-t-il repris, vous en aurez de reste de ceux-là! mais ce ne sera pas moi qui pourrai me taire quand j'y verrai votre bonheur et votre réputation intéressés. Vous ferez tout ce qu'il vous plaira ; vous le trouverez bon ou mauvais ; cela m'est égal : mais j'aurai rempli le devoir de l'amitié et de l'honnêteté. Je parlerai et je le dirai partout, je vous en avertis; oui, je dirai que je vous ai avertie, que je n'ai rien à me reprocher; mais, que diable! si votre passion est plus forte.... si vous avez la tête tournée, ce n'est pas ma faute à moi, et je m'en lave les mains. — Mais vous faites là une supposition qui n'a pas le sens commun ; et vous vous permettriez de dire!.... — Eh! mais, par Dieu! que ne m'écoutez-vous donc si elle est fausse? — Ah! c'est qu'il me déplaît d'entendre sans cesse dire du mal de ceux à qui j'accorde de l'estime, de la confiance et qui la méritent. — Oui, témoin la d'Ette, n'est-ce pas? J'avais tort en vous disant de vous défier de cette créature? — Mon Dieu!.... c'est si différent. — Vous me feriez donner au diable. Madame, je vous dis que Grimm est un fourbe adroit, souple, insinuant. Je vous pardonne de n'en rien voir, car il est presque impossible de s'en défier, il faut être moi pour l'avoir démêlé. J'en ai des preuves plus claires que le jour. Il est amoureux de vous; vous n'en conviendrez pas. — Mais croyez-vous, lui dis-je?

A cette question nous restâmes tous les deux interdits, et je continuai :

Je vous jure, monsieur, qu'il n'est pas possible de marquer à quelqu'un plus d'estime, plus d'attachement, plus d'intérêt tendre même qu'il ne m'en témoigne, je veux bien l'avouer, mais il ne m'a jamais tenu un seul propos galant.... — Par Dieu! je le crois bien, pas un mot d'amour? je l'aurais gagé. Il est trop fin pour cela, le drôle; il veut vous lier auparavant et vous tenir.... Oui, oui, tout cela est très-conforme à ce que je sais de lui. Il est sévère, n'est-ce pas, dans ses principes? — On ne peut davantage; et conséquent, ce que vous ne dites pas. — Oh! c'est une autre affaire. Le temps, le temps vous le prouvera. Comment, mordieu! vous ne sentez pas que rien au monde n'est plus suspect que cette sévérité de morale qu'il affiche. — Mais il n'affiche rien; au contraire il parle peu, et il n'est jamais pressé de donner son avis. — Oh! par Dieu! non; car il le laisse toujours équivoque. Ne voyez-vous pas qu'il a toujours peur de se compromettre? Il a l'air d'un homme qui craint de se démasquer; et au milieu de tout cela, y a-t-il une seule bonne action à citer de lui? Je sais bien qu'on peut souvent me condamner par mes paroles; moi, je dis franchement tout ce qui me vient en tête, je n'ai point de raison pour m'écouter parler; mais c'est que je sais bien, mordieu! que mes actions sont nettes. — Si vous avez cette certitude.... je vous en fais mon compliment. — Il n'est pas question de cela. Je suis content de moi, tant pis pour les sots qui s'y trompent. J'ai découvert.... Je sais des choses.... Enfin, Grimm est un coquin. — La preuve, monsieur? — La preuve? — Oui, mais il me la faut plus claire que le jour, je vous en avertis. — Madame, il y a des choses que la probité, et ce que l'on doit à la confiance nous empêchent de mettre au jour. Je vais vous dire les faits, vous en ferez l'usage qu'il vous plaira. La petite Fel a chassé Grimm, parce qu'il avait fomenté une intrigue infernale pour éloigner de chez elle ceux qui commençaient à le pénétrer. Elle n'a pas voulu depuis entendre prononcer son nom ; et lui, bassement, indignement, après avoir abusé de l'empire qu'il était parvenu à prendre sur elle par l'étalage de ses grands principes ; après lui avoir fait chasser tous ses domestiques, a eu l'effronterie de se plaindre de la dureté que cette fille a eue envers lui depuis sa rupture. Les coquins sont gauches : aujourd'hui qu'il sent le jeu qu'il joue, il se démène comme un diable, mais toujours sourdement, comme il lui convient, pour retourner chez la Fel, et y être seulement admis. Cela est-il clair ? Mais ce n'est pas tout, il abusait en même temps de la confiance du baron d'Holbach, son ami intime, pour vivre avec sa femme, et la mener à sa fantaisie. Si ce n'est pas là la conduite d'un coquin, ma foi, je n'y entends plus rien.

Suite du Journal.

Le soir, à minuit.

J'ai l'âme brisée. J'ai passé ma soirée avec Francueil ; je lui avais demandé ce rendez-vous pour m'expliquer avec lui. Je lui ai dit que mon intention était de fixer clairement notre situation l'un envers l'autre ; que j'avais lieu de croire, d'après la conduite qu'il avait tenue envers moi, que son projet avait été de me réduire au titre de son amie ; qu'il devait voir par la liberté que je lui laissais que ce plan était aussi de mon goût, mais que je croyais convenable et honnête de nous rendre réciproquement notre liberté ; et j'ai ajouté que j'étais tout aussi décidée à conserver les droits de l'amitié sur son cœur qu'à m'y réduire, et à ne lui pas permettre d'en réclamer d'autres à l'avenir.

Cette déclaration, à laquelle il ne s'attendait pas, l'a sensiblement affligé. Il a voulu savoir si ce n'était pas quelqu'autre engagement qui l'avait tout à fait effacé de mon cœur. Je lui ai répondu que cette question était inutile et offensante, et que la démarche que je faisais auprès de lui, lui prouvait que je ne me croyais pas libre. Il me dit qu'il avouait à regret que sa conduite avec moi aurait pu me rendre maîtresse de moi-même, sans un excès de délicatesse, dont il sentait tout le prix ; mais qu'il respectait mon secret... Vous aimez, et Grimm vous aime, j'en suis sûr ; puis il ajouta : J'en mourrai de désespoir, je ne veux plus vous voir, il faut fuir, j'ai tout perdu !... Et il s'est jeté à mes genoux en fondant en larmes. Je lui ai dit tout ce que la compassion, la justice, la raison et l'amitié m'ont inspiré de plus consolant ; je n'ai pu le calmer. J'ai eu beau lui représenter qu'il me devait une toute autre conduite. « Je le sais, m'a-t-il répondu, mais elle est au-dessus de mes forces. » En vérité, lorsque je me représente l'état où je l'ai laissé, j'ai grand besoin de me rappeler l'indifférence dont il m'a accablée depuis plus de deux ans, pour me trouver d'accord avec moi-même.

DE MADAME D'ÉPINAY A ROUSSEAU.

Savez-vous, mon bon ami, qu'il y a huit jours que je ne vous ai vu ? J'ai voulu tous les jours passer chez vous, je n'en ai pas trouvé le moment. M. de Francueil est un peu incommodé et voudrait vous voir. Il ne sort pas, et vous lui feriez grand plaisir d'aller lui tenir compagnie. J'ai des affaires qui me commandent, sans quoi j'irais vous prendre pour vous y mener. Bonjour, mon ami : si vous pouviez me prêter le quatrième volume des *Hommes illustres*, de Plutarque, vous me feriez grand plaisir.

Bonjour à mesdames le Vasseur.

Réponse de Rousseau.

Voilà mon maître et consolateur, Plutarque ; gardez-le

sans scrupule aussi longtemps que vous le lirez, mais ne le gardez pas pour n'en rien faire, et surtout ne le prêtez à personne ; car je ne veux m'en passer que pour vous. Si vous pouvez faire donner à mademoiselle le Vasseur l'argent de sa robe, vous lui ferez plaisir ; car elle a de petites emplettes à faire avant notre départ. Faites-moi dire si vous êtes délivrée de votre colique et de vos tracas domestiques, et comment vous avez passé la nuit. Bonjour, madame et amie.

Fragment du journal.

Monsieur de Francueil commence à se calmer. Je l'ai vu tous les jours. Il a été sensible à l'amitié et à l'intérêt que je lui ai marqués. Je l'ai assuré que je conserverais toujours pour lui les sentiments les plus tendres, et je l'ai fait convenir qu'il n'y avait ni raison, ni justice à se désespérer de la perte d'un bien qu'on négligeait depuis deux ans d'une manière aussi marquée. Je n'ai pu le dissuader de la part qu'il croit qu'a monsieur Grimm à mon explication avec lui. Il m'a promis de venir chez moi à l'ordinaire ; mais il m'a conjurée si instamment de lui éviter les occasions de rencontrer monsieur Grimm, il m'a si fort promis d'être tranquille à ce prix, que je n'ai pu me refuser à lui accorder cette marque d'égards, mais seulement pour le convaincre que, si j'ai recouvré toute ma liberté, il n'a perdu aucun des droits que l'amitié lui conserve sur mon cœur.

Suite du Journal.

Je suis désolée : je ne sais ce que tout ceci peut devenir. Ce que j'ai voulu éviter est arrivé. J'avais fait prier hier M. Grimm de me venir voir : il n'est pas venu ; mais croyant que j'avais à lui parler, il est arrivé ce matin à midi, au moment où j'attendais Francueil. J'ai eu un embarras prodigieux en le voyant entrer, et je n'ai cherché qu'à m'en débarrasser, dans la crainte que Francueil, à qui j'avais assuré que je serais seule, ne se conduisît d'une manière malhonnête avec M. Grimm, ou ne me soupçonnât de l'avoir fait trouver exprès chez moi. On ne sait quelle tournure les choses les plus simples peuvent prendre dans l'esprit d'un homme prévenu. Je n'ai pu rendre raison à M. Grimm de celle que j'avais eue hier pour le mander, ni de l'embarras qu'il me causait et qu'il a très-bien remarqué. A la fin je lui ai dit que je voulais le voir, uniquement parce qu'il y avait longtemps que je ne l'avais vu ; mais que j'étais si occupée ce matin, que j'avais tant de misères dans la tête, dont il était cependant nécessaire que je m'occupasse, qu'il me ferait plaisir s'il voulait revenir cette après-dînée. Il m'a répondu très-froidement qu'il ignorait si cela lui serait possible, mais qu'il allait prendre congé de moi. Je n'ai insisté ni pour le faire rester, ni pour le revoir aujourd'hui. Je me suis contentée de lui demander s'il viendrait demain dîner, et s'il voudrait bien s'ennuyer une heure de l'exercice que devaient soutenir mes enfants. M. d'Epinay le désire autant que moi, ai-je ajouté : je crois qu'il veut avoir votre avis sur plusieurs points de leur éducation ; peut-être me rendrez-vous un grand service, et m'en rendrez-vous plus d'un ? Madame, me répondit-il, vous ne devez pas douter que je ne vous rende toujours tous les services qui dépendront de moi.

Au moment où il allait sortir, Francueil arriva. Je ne puis me rendre compte à moi-même de la pusillanimité qui s'empara de moi, mais au lieu de prendre la contenance qui me convenait et que j'étais en droit de prendre, puisque je n'ai aucun tort, ni envers l'un ni envers l'autre, je rougis, je pâlis, je devins tremblante, et les efforts que je fis sur moi pour ne pas me trouver mal furent inouïs. M. de Francueil eut un mouvement de dépit si marqué en voyant M. Grimm, qu'il me rappela à moi-même : et M. Grimm, après nous avoir considérés tous deux avec étonnement, sortit en me saluant les yeux baissés et l'air affligé pour moi, sans doute, du rôle que je jouais. Dès qu'il fut sorti, je déclarai avec fermeté à M. de Francueil que je ne voulais plus m'assujettir à un caprice qui me donnait les apparences les plus défavorables ; que je ne savais ni à propos de quoi, ni d'où me venaient les embarras où il me mettait ; que la crainte que j'avais de manquer à la promesse que je lui avais faite si indiscrètement me donnait un air de mystère, d'intrigue, et de fausseté qui ne me convenait pas, puisqu'au fond je n'avais aucune raison pour en agir ainsi, et que je le priais très-instamment de se conduire avec moi comme j'avais lieu de l'attendre de lui, et comme je le méritais : Que voulez-vous, lui dis-je, que pense M. Grimm du maintien que vous avez eu en le voyant ? à peine l'avez-vous salué. — Tout ce qu'il voudra, me répondit Francueil : c'est votre faute ; pourquoi manquer à votre parole ? — Vous pouvez bien penser, ai-je répondu, que, puisque j'ai eu l'imprudence de vous la donner, je n'y ai pas manqué volontairement ; mais pour ne plus me trouver exposée à des scènes aussi ridicules, je me rétracte et je ne vous promets plus rien. — Vous m'en dites bien plus que vous ne pensez, madame : qui pourrait vous embarrasser, si Grimm ne m'enlevait pas votre cœur, si vous n'aviez pas d'engagement avec lui, ou si vous n'étiez pas prête à en former un ? — Je vous ai déjà dit, monsieur, que je n'en avais aucun, et je veux bien, pour la dernière fois, vous le répéter ; je ne prétends qu'à son estime, à son amitié : mais si je continuais une conduite aussi entortillée, aussi gênée, je m'exposerais à perdre dans son opinion ; c'est ce que je ne pardonnerais ni à moi-même, ni à quiconque en serait cause. — Duclos prétend... il m'a dit des choses... — Quoi !

Duclos vous a dit ?... — Des horreurs de Grimm ; il est vraiment affligé de la confiance que vous lui donnez : il s'intéresse vivement à vous, Duclos ; malgré tous ses travers, il vous aime. — Mais vous connaissez Grimm depuis longtemps ; quelle opinion en avez-vous ? J'en ai, une assez bonne de vous pour être sûre que vous serez juste. — Je ne le connais que très-superficiellement, comme on se connaît dans le monde. Tout ce que je sais, c'est que ses amis en font un cas tout particulier : pour moi je ne l'ai jamais trouvé aimable ; mais je me rappelle, en effet, qu'il ne parle guère que tête à tête, et que son opinion n'est jamais nette en public : le reste m'est fort égal pour ce que je compte en faire. Cet homme ne sera jamais mon ami ; et s'il vous était aussi indifférent qu'à moi... — Il ne me l'est point : vous oubliez que je lui ai une obligation trop essentielle pour... — Ah ! il y aurait bien des choses à répondre à cette obligation-là ! — Laissons cela. Quand Duclos a-t-il été vous trouver pour vous faire cette belle confidence ? — Il y a deux jours ; il avait appris par Rousseau que j'étais malade... — Mais à propos de quoi ?... parlez donc ; est-ce que vous lui auriez laissé pénétrer vos soupçons ? — Je ne lui ai rien dit ; mais l'état où je suis ne lui a pas paru naturel : il a tout deviné, et j'ai fondu en larmes sans pouvoir m'en empêcher. — Vous n'avez pas nié ? — Je n'en ai pas eu le courage.

Je lui ai reproché avec amertume qu'il avait manqué à tout ce qu'il me devait, en autorisant les soupçons de Duclos. Il le sent ; mais il est trop tard. Je vois, par la conduite de Duclos, qu'il n'est qu'un fourbe qui cherche à éloigner Grimm. Il faut que je m'explique avec ce dernier très-incessamment ; je ne veux lui rien taire. Je lui dois cette réparation, et je me dois à moi-même d'éclairer à ses yeux la conduite que j'ai tenue. Je lui ai écrit dès que Francueil a été parti, pour lui dire que j'avais besoin de causer deux ou trois heures de suite avec lui de choses importantes. Je lui propose de dîner vendredi chez ma mère, et de revenir ensuite passer la soirée chez moi.

J'ai dit à Francueil, que la moindre des réparations qu'il me dût était de revenir chez moi, comme à son ordinaire, que M. Grimm y fût ou non. Il m'a répondu qu'il y ferait ses efforts, mais qu'il ne me promettait rien.

Suite du Journal.

J'avais grand besoin de l'explication que j'ai eue hier avec M. Grimm. Son maintien et son silence ne m'indiquaient que trop combien il souffrait et pour lui et pour moi de la conduite que je tenais depuis quelque temps. J'ai bien perdu auprès de mon chevalier pendant trois semaines, lui ai-je dit, j'espère trouver en lui l'indulgence que mes intentions méritent, et j'espère aussi qu'il aura assez de générosité pour se mettre à ma place. — Moi, madame, m'a-t-il répondu, vous ne me devez rien. Si j'ai à me plaindre de vous, je l'ignore, et vous me le persuaderez difficilement. — Monsieur, j'espère que vous m'écouterez ; que vous répondrez à tout ce que j'ai à vous dire, avec la même franchise que je mettrai dans mon explication ; et vous verrez que la plus grande preuve que je puisse vous donner de mon estime et du cas que je fais de votre amitié est de ne vous rien taire de tout ce qu'on a fait auprès de moi pour vous perdre. Ce n'est pas M. de Francueil, comme vous pourriez le croire. — Je n'en doute pas, madame ; un homme que vous avez honoré de votre tendresse ne saurait être un coquin ; mais ce pourrait être Duclos. — Qui vous l'a dit ? — La connaissance que j'ai de lui. — C'est lui, je l'avoue. — Permettez-moi de vous dire, madame, que cette source devait vous suffire pour apprécier la valeur des choses qu'on a pu vous dire. Il s'intéresse si fortement à moi cependant, qu'il a déjà tenté de vous rendre suspecte par des avis secrets qu'il m'a fait donner; mais lorsqu'il s'agit du mal, je ne crois que ce que je vois, et je ne pense pas qu'il y revienne.

Je lui dis tout ce que j'avais appris par Duclos. Je lui contai mon explication avec Francueil, ce qui s'en était suivi, et la raison qui avait retenu ma confiance depuis trois semaines; c'est-à-dire la terreur machinale que Duclos avait jetée dans mon âme. Il m'écouta en silence. Je vis divers sentiments se peindre sur son visage tandis que je parlais, mais il ne m'interrompit point. Lorsque j'eus fini, il me répondit à peu près ce dont voici le précis :

« Je vous ai dit, madame, la vérité sur ce qui concerne mademoiselle Fel : je l'estimais, je l'aimais, je l'adorais, parce que je me croyais aimé et estimé d'elle. Elle m'a donné des marques d'une indifférence si sensible, d'un manque d'égards, d'un mépris si révoltant qu'aucune considération ne me déterminera jamais à la revoir. »

« Quant à la baronne d'Holbach, ajouta-t-il, il n'appartient qu'à la scélératesse la plus atroce de donner des couleurs suspectes à mon attachement pour elle. Madame d'Holbach était la femme la plus attachée à ses devoirs que j'aie connue : et ils n'étaient pas pour elle difficiles à remplir. Cette femme, par son caractère, n'avait jamais besoin des autres pour être satisfaite et heureuse, mais elle ne négligeait rien de ce qu'elle croyait utile ou agréable à son mari. C'était pour lui qu'elle caressait ses amis. Elle étudiait leurs goûts, elle était remplie de ces soins, de ces recherches qui font la douceur de la vie; mais ce n'était pas pour leur plaire qu'elle en agissait ainsi; c'était pour qu'ils se plussent chez elle, et que son mari trouvât toujours chez lui des gens portés à l'indulgence pour une assez bonne dose de caprices dont il est pourvu, et dont elle ne se permettait pas de parler sincèrement sans nécessité. Comme je suis un de ceux qui ont le plus de crédit sur l'esprit du baron, j'étais par cette raison un de ceux en qui son épouse avait le plus de confiance. Cette malheureuse femme nous est enlevée par une maladie effroyable, à la fleur de son âge, au moment où nous redoutions le moins ce malheur : je vois mon ami au comble de la prospérité tomber tout à coup dans le dernier désespoir par la mort d'une femme faite exprès pour son bonheur; et l'on ne veut pas que je la regrette, que je me désole; et la douleur la plus vive et la plus juste qu'on ait jamais ressentie serait suspecte! Non, non, madame, elle ne peut l'être que pour un Duclos tout au plus, qui n'est pas fait pour sentir ou partager un sentiment honnête, et qui ne peut en supposer aux autres. »

J'ai répété encore à M. Grimm ce que je venais de lui dire; je l'ai assuré que je ne me pardonnerais jamais d'avoir pu me méprendre un instant sur son caractère, qu'autant que je pourrais lui prouver que c'était plus par défiance de moi-même que de lui. Je lui ai encore exposé ma vraie situation avec M. de Francueil. Il prétend que je me suis trop pressée de lui parler; que j'ai mal pris mon temps, et que j'ai autorisé sa jalousie; il est désolé que Francueil m'ait compromise auprès de Duclos. Je voulais rompre avec celui-ci; il ne me conseille pas, et veut au contraire que j'affiche bien clairement tout le mépris qu'il m'inspire avant de le chasser, afin même d'attendre une occasion que je puisse citer hautement s'il en est besoin, sans retour fâcheux pour moi. Il m'a reproché ma dissimulation et mon silence envers lui, il en est choqué avec raison, mais il l'est comme un honnête homme l'est d'une injure : il a mis tant de franchise, de délicatesse, d'amitié, et cependant de fierté dans ses reproches, qu'il est bien complètement lavé à mes yeux des horreurs que Duclos ose débiter contre lui. Il m'exhorte fort, pour ma réputation et pour mon repos, de ne plus me prêter aux asservissements que Francueil exige de moi : j'avais déjà senti que je ne le pouvais sans me compromettre, mais la compassion m'entraînait. Voilà qui est bien décidé, et je ne m'exposerai pas deux fois à perdre l'estime de mes amis, et, par-dessus tout, celle de M. Grimm.

Nous avons causé jusqu'à minuit. Je suis pénétrée d'estime et de tendresse pour lui. Quelle justesse dans ses idées ! quelle impartialité dans ses conseils ! Je suis flatté, me disait-il, de l'avantage de vous être utile ; mais je suis piqué de voir que l'on vous domine comme un enfant, et que, par bonté pour les autres, vous vous donniez bien de la peine pour leur cacher ce que vous valez. Vous êtes presque parvenue à vous le cacher à vous-même. Si je n'étais bien sûr que vous pouvez prendre sur vous d'apprendre à vos alentours à vous connaître, je crois que je prendrais sur moi de renoncer à la douceur de vivre à côté de vous. Mais quel dommage d'enfouir des qualités si belles et si rares ! Vous ne connaissez ni votre esprit, ni les ressources de votre âme et de votre caractère. — Pourquoi donc, lui ai-je dit, vouloir me fuir, tandis que j'ai tant besoin de vous ? Sans admettre que je possède les qualités supérieures que vous me supposez, je sens que j'en acquiers chaque fois que je cause avec vous : vous me parez des vôtres, je sens que vos principes sont suivant mon cœur. Quand je suis avec vous, une joie pure remplit mon âme, et quand je vous quitte, j'éprouve encore longtemps après une satisfaction qui n'est mêlée d'aucun retour pénible, et qui m'était tout à fait inconnue. Oui, mon ami, je veux toujours vous avoir près de moi ; je fais gloire de votre tendresse et de votre estime : perdez une idée si contraire à notre bonheur. — Ce serait un sacrifice, me répondit-il, que je ferais à votre repos. Peut-être vos amis, quels qu'ils soient, conviennent-ils mieux à votre position ? Vous voyez que j'apporte déjà du trouble dans votre société. Je crains que la conduite de M. de Francueil ne vous donne du chagrin : il vous a compromise auprès de Duclos ; et vous ne savez pas de quoi ce Duclos est capable ! En voulant me perdre, ils vous nuiront ; votre mari profitera de la folie de l'un et de la méchanceté de l'autre. Pesez bien tous ces inconvénients, et voyez si vous aurez le courage de repousser la calomnie, si vous ne pouvez la détruire. — Tout est vu, lui dis-je ; avec vous je ne craindrai rien ; mais voyez, vous même, si vous n'êtes point effrayé de vous attacher à une pauvre malheureuse tourmentée par le sort et par des circonstances si bizarres, qu'il est, je crois, difficile d'en voir jamais réunies de pareilles.

Je lui ai conté sans détour ce qui m'est arrivé depuis que je me connais : je ne lui ai caché aucun de mes torts, aucune de mes étourderies passées, ni la sotte confiance que j'ai toujours accordée si légèrement au premier venu. Ce qui l'a affecté sensiblement par intérêt pour moi, ce sont les ménagements que j'ai opposés à l'impertinente conduite de Duclos. — Vous l'avez autorisé, m'a-t-il dit à vous manquer d'égards impunément. Savez-vous qu'il se vante d'avoir eu vos bonnes grâces, et de les avoir encore tant qu'il lui plaît ? — Lui ! l'infâme ! Ah ! l'abominable homme ! Rien, je vous le jure, n'est plus faux. — Je vous crois, et je n'en doute pas. — Et vous ne voulez pas que je lui ferme la porte ? — Non, dans ce moment-ci, il est trop tard ou trop tôt ; cela ne serait pas sage. Il faut bien lui prouver auparavant que vous ne le redoutez point, et que tout ce qui vous entoure sent mieux que lui ce que vous valez. Malgré cela, quelque heureuse pour vous que puisse être cette rupture, il faut vous attendre qu'elle vous causera du chagrin. Soyez bien sûre, ma chère amie, qu'on ne se manque jamais à soi-même impunément.

M. Grimm a répondu à la confiance que je lui avais témoignée, en me disant aussi les divers sujets de chagrins qui ont, dit-il, absolument changé son caractère. Il ma promis de passer la journée de dimanche chez ma mère et chez moi. La satisfaction que me donne son amitié est au-dessus de tout ce que je puis exprimer.

DE MADAME D'ÉPINAY A M. GRIMM.

Eh bien! où êtes-vous, à présent que l'heure de recevoir de mes nouvelles est passée? Vous vous plaignez, mon chevalier, et vous ne pensez pas à ma peine. Faites-vous toujours, pour ne plus troubler mon repos, des projets propres à me faire mourir de chagrin? Mon ami, nous serons heureux en dépit du sort dont nous avons tant à nous plaindre. Je n'ai pu vous répondre ce matin; j'avais des importuns; Francueil était du nombre : il est plus déraisonnable que jamais. Il prétend qu'il ne peut plus me voir. Je lui ai dit de faire tout ce qui lui conviendrait, et que si sa conduite devenait injurieuse pour moi, il ne ferait tort qu'à lui-même, et qu'il perdrait l'estime et l'amitié qu'il m'aurait été très-doux de lui conserver. Voilà où nous en sommes. Bonjour, mon bon ami.

A propos, mon ami, mon mari compte vous inviter à souper demain avec ma famille et Gauffecourt; il a des projets, dit-il, sur lesquels il veut votre avis. Francueil aura de la musique mardi; nous sommes priés. Comment fera-t-il pour ne vous en rien dire?

DE MADAME D'ÉPINAY A M. GRIMM.

Je suis inquiète du comte de Friese, mon ami, car tous les vôtres me sont chers : cette maladie commence vivement. Je voudrais qu'on ne s'endormît pas; les symptômes que vous me détaillez sont presque toujours ceux de la malignité. Appelez plusieurs médecins. Ne viendrez-vous pas dîner? J'ai tant de besoin de vous voir! Vous étiez hier fort oppressé; songez à ce que vous m'avez promis. Si je ne vous vois pas avant six heures, j'irai à votre porte savoir des nouvelles de mes malades. Bonjour.

Le lendemain.

Suivant le bulletin qu'on m'a donné à mon réveil, si votre malade continue de même jusqu'à ce soir, il est sauvé. Je suis bien aise que le duc d'Orléans soit venu le voir, et que vous ayez été présent. J'aime bien aussi que, dans l'état où est le comte, il ait pensé à vous présenter au prince; qu'il guérisse et tout sera au mieux. Francueil est venu ce matin savoir pourquoi j'avais refusé d'aller le soir entendre de la musique chez lui. Je lui ai répondu que je n'aimais pas l'affectation qu'il avait de vous exclure de toutes les parties où il vous mettait autrefois; que je trouvais tout simple qu'il ne vous recherchât pas; mais qu'il fallait savoir vous rencontrer et vous admettre lorsque cela était nécessaire. J'ai ajouté que j'avais passé, d'ailleurs, ces misères au premier moment; mais que la continuité de cette conduite perdait le droit de me toucher; et en vérité, mon ami, je ne disais pas vrai, car il me faisait de la peine : il s'est jeté à mes genoux en me jurant qu'il était aussi amoureux que le premier jour, et qu'il y avait de la barbarie à moi de le forcer d'être témoin de ce qui faisait son supplice. Je ne vous y force pas, lui ai-je dit; mais moi je ne vais pas chez vous, puisque la porte lui est fermée. Cette discussion a duré longtemps. A la fin il m'a donné ce billet pour vous inviter ce soir. Si vous avez un moment à vous, allez-y; cela vous dissipera : et moi je n'irai pas, car en vérité, mon ami, je n'ai pas le courage de l'accabler. Donnez-moi des nouvelles de mes malades. Bonjour.

Billet de M. Grimm.

Je reçois votre billet, je vous en remercie. Vous avez parlé comme il vous convient à M. de Francueil. Dès qu'il fera ce qu'il doit faire, il sera content, et il apprendra quels procédés il doit attendre d'une conduite honnête. Je vais le remercier, et l'assurer que je ferai ce qui dépendra de moi pour profiter de son invitation ; mais je n'irai point. Quoique le comte soit assez bien aujourd'hui, je ne puis me résoudre à le quitter. Allez entendre de la musique ; menez-y vos enfants ; dissipez-vous, ma bonne amie : j'espère reprendre incessamment la douce habitude de ne vous plus quitter.

DE MADAME D'ÉPINAY A M. DE LISIEUX.

Vendredi.

Monsieur, je suis désolée ; M. Grimm fait une perte irréparable. Où ira-t-il ? Que va-t-il devenir ? Il n'a rien. Mais avec le comte il n'avait besoin de rien. Si vous saviez comment j'ai appris ce malheur !

J'avais envoyé hier deux fois dans l'après-dînée savoir comment était le comte : j'étais inquiète machinalement. A neuf heures on me fait dire qu'il avait un léger redoublement, mais aucun accident. J'allais écrire lorsque Duclos entra. Eh bien ! me dit-il, tout en m'abordant, qu'allez-vous faire de Grimm à présent ? voilà une belle occasion pour jouer le désespéré. Comment donc ? lui dis-je. Eh ! par Dieu ! reprit-il, d'où venez-vous ? Est-ce que vous ne savez pas que le comte de Frièse est mort ? Je jetai un cri perçant et je restai immobile de saisissement. La douleur où devait être M. Grimm de ne point entendre parler de moi, l'incertitude de son sort à venir, tout se présenta à mon esprit. Je tournai le dos à M. Duclos, et j'écrivis sur-le-champ à M. Grimm. Duclos profita du trouble où j'étais, prit mon billet et le lut tandis que je cherchais de quoi le fermer. Êtes vous folle, me dit-il, dans une occasion comme celle-ci, d'écrire un tel billet ? on ne sait, dans le désordre qu'entraîne un semblable événement, en quelles mains il peut tomber. Je ne vois pas qu'il soit fort décent d'afficher que *vous êtes plus accablée que lui de son malheur, ni qu'il est votre tendre ami*, encore moins que *vous ne respirerez que lorsqu'il sera auprès de vous.* Le diable m'emporte !... on dirait que le comte était votre amant, par l'état où vous êtes ! car ce n'est sûrement pas Grimm ; vous me l'avez juré... Un simple compliment, et signé : voilà ce qui convient pour le moment.

Monsieur, vous avez raison lui dis-je, celui-là est mal ; et j'écrivis celui-ci.

« Vous ne ressentez pas plus vivement que moi, mon ami,
» le malheur qui vous arrive. C'est le sort de l'homme de
» bien d'en éprouver, et de trouver autour de lui des bras
» tendus pour le recevoir et pour essuyer ses larmes : venez
» pleurer avec moi et avec ma mère celui qui mérite tous
» vos regrets. Votre vertu, votre courage et bien des amis
» vous restent. Je vous écris cette lettre en présence de Du-
» clos ; mais cette lettre écrite, vous ne trouverez ni lui ni
» personne chez moi que ceux à qui vous permettrez de mê-
» ler leurs larmes aux vôtres ».

Je reçus un billet de M. Grimm qui me demandait s'il pouvait me voir. Je lui envoyai ma lettre après l'avoir lue à Duclos, et je le congédiai. Tandis que j'avais écrit il m'avait interrompue dix fois pour me dicter. Il sortit furieux. Lorsqu'il fut parti, en rangeant mon bureau, je ne trouvai plus mon premier billet ; je lui écrivis sur-le-champ pour savoir ce qu'il en avait fait. Il me répondit que, puisque je ne le trouvais pas, il l'avait vraisemblablement brûlé ; que je savais bien qu'il n'aimait pas les papiers inutiles. M. Grimm arriva, la douleur et l'abattement peints sur le visage. Est-il possible, me dit-il en entrant, que vous m'abandonniez dans ce moment-ci? Moi, lui dis-je, mon ami, pouvez-vous le penser? Je lui contai l'ignorance où j'avais été de ce malheureux événement, et l'enchaînement des circonstances qui m'avaient empêchée d'envoyer plutôt chez lui. Il me dit que le comte avait tourné à la mort tout d'un coup. Ses amis prennent le parti d'aller s'enfermer à Saint-Cloud pendant cinq ou six jours, et forcent M. Grimm à y aller avec eux. Cette absence, avec des gens qui ne lui sont pas aussi chers que nous, me paraît être pour lui un surcroît d'affliction.

DE MADAME D'ÉPINAY A M. GRIMM.

Quoi ! je ne puis seulement vous dire avant votre départ combien je révère et aime le duc d'Orléans, pour tout ce qu'il fait pour vous. Je conçois, quant à vous, votre délicatesse ; mais, mon ami, le temps adoucira vos peines, et votre état vous restera : votre lettre m'a fait pleurer de plaisir. Souvenez-vous que vous m'avez promis de penser à vous, si je ne vous abandonnais pas. C'est le seul moyen de me rendre ma tranquillité. Je vous proteste que je prendrai de moi un soin proportionné à celui que je vous verrai prendre de vous. Vous n'avez point d'idée de tout ce que les amis du pauvre comte pensent et disent de vous. Que je serais heureuse si vous n'étiez pas dans la douleur ! Quelle créature en effet est plus intéressante ! Quel ami ! Quel homme ! Voilà ce qu'on me dit depuis deux jours sans cesse, à moi qui le sens mieux qu'eux. Oui, je crois que je suis votre fanatique comme on pourrait l'être de la vertu.

Suite du Journal.

M. Grimm envoie tous les jours son laquais savoir de mes nouvelles, et me donner des siennes. Il se porte bien, mais il est si accablé, qu'à peine peut-il parler. Il ne m'a point écrit depuis deux jours ; je viens de lui en faire des reproches. Rousseau est aussi malade : il avait en effet bien mauvais visage hier. Il ne veut rien faire, ni prendre aucun conseil sur son état. Si je n'en ai pas de bonnes nouvelles ce soir, je lui enverrai un médecin.

Billet de madame d'Épinay à Rousseau.

Mon Dieu ! mon cher ami, que je suis en peine de vous, et fâchée de n'être pas en état de vous tenir compagnie ! M'assurez-vous bien au moins qu'il ne vous manque rien, et que je puis compter que vous vous souviendrez de la promesse que vous m'avez faite, en ce cas, de vous adresser à moi ? Je suis très-bien, mais mes forces viennent bien lentement. Adieu. Ne m'écrivez pas si cela vous fatigue, mais que je sache sûrement de vos nouvelles ; mes forces ne m'en permettent pas plus.

Réponse de Rousseau.

Le plaisir de vivre avec vous me manque : voilà mon plus grand mal et mon seul besoin. Au surplus, ne soyez pas inquiète pour moi ; j'ai peut-être plus d'incommodités que de vraies douleurs, mais je ne puis sortir dans cet état : d'ailleurs, voici des temps qu'il faut laisser passer, et durant lesquels je ne sors jamais. Je ne puis vous dire combien de consolations je trouve dans nos dernières conversations ; mais en attendant que nous puissions les reprendre, pour Dieu ! ménagez votre santé.

Autre billet de Rousseau à madame d'Épinay.

Pour Dieu ! madame, ne m'envoyez plus M. Malouin. Je ne me porte pas assez bien pour l'entendre bavarder avec plaisir. J'ai tremblé hier toute la journée de le voir arriver; délivrez-moi de la crainte d'en être réduit, peut-être, à brusquer un honnête homme que j'aime, et qui me vient de votre part ; et ne vous joignez pas à ces importuns amis qui, pour me faire vivre à leur mode, me feront mourir de chagrin. En vérité, je voudrais être au fond d'un désert quand je suis malade.

Autre chose : accablé de visites importunes et de gens incommodes, je respirais en voyant arriver M. de Saint-Lambert, et je lui contais mes peines par cette sorte de confiance que j'ai d'abord pour les gens que j'estime et respecte ; n'a-t-il pas été prendre cela pour lui ? Du moins, je dois le croire par ce qu'il me dit en me quittant, et par ce qu'il m'a fait dire par son laquais. Ainsi, j'ai le bonheur de rassembler autour de moi tout ce que je voudrais fuir, et d'écarter tout ce que je voudrais voir : cela n'est assurément ni fort heureux, ni fort adroit. Au reste, je n'ai pas même entendu parler de Diderot. Que de vocation pour ma solitude et pour ne plus voir que vous ! Bonjour, madame. J'envoie savoir des nouvelles de la santé de Grimm et de la vôtre. J'ai peur que vous ne deviniez trop l'état de la mienne par le ton de ce billet. J'ai passé une mauvaise nuit, durant laquelle la bile a fomenté, comme vous voyez. Je suis mieux ce matin. Je vous écris, et tout se calme insensiblement.

DE MADAME D'ÉPINAY A M. GRIMM.

Enfin, je suis débarrassée de Duclos, et j'espère, mon ami, que vous ne me désapprouverez pas. Hier son impertinence fut si marquée, qu'il n'y avait en vérité aucun moyen de la supporter. Voici ce qui s'est passé, jugez-moi.

Je ne sais si je vous ai dit que la nièce de Valory, qui est à Paris pour une quinzaine de jours seulement, m'avait instamment priée de lui faire entendre Jelyotte ; en conséquence je pris jour avec celui-ci : mais sans rien prescrire ; il me fit entendre que si Duclos y était, il ne chanterait pas. J'ai obtenu, me dit-il, un congé de quinze jours pour me reposer, et le public pourrait trouver mauvais que je les employasse à chanter dans des soupers. Je lui dis qu'il pouvait venir et être sûr de trouver un auditoire peu nombreux et très-disposé à ne lui causer aucun déplaisir. En conséquence, je me suis arrangée pour n'avoir que le chevalier, sa nièce et mademoiselle d'Ette. Ma porte était fermée pour tout autre, même pour vous, comme je vous l'ai dit.

Duclos m'avait fait demander le matin si je serais chez moi le soir ; j'avais répondu que non. A six heures, il se présente, on lui dit que je suis sortie ; il répond qu'il veut entrer et qu'il m'attendra. Mes gens embarrassés objectent qu'ils n'ont point d'ordres et qu'ils ne peuvent laisser entrer personne. Il demande Linant, on le laisse entrer ; il va chez mon fils : le laquais de mon fils dit qu'il va l'avertir. — Où est-il ? — Chez madame. — J'y vais ; et il entre dans mon appartement, en riant comme un fou. Par Dieu ! dit-il, je savais bien qu'elle y était. Oui, monsieur, repartis-je, mais pas pour vous, comme je vous l'ai mandé.

Je renvoyai mes enfants pour reprocher à Duclos son insolence tout à mon aise. Vous serez cause, lui dis-je, que je vais mettre mon portier dehors pour avoir manqué à mes ordres. Ce n'est pas sa faute, reprit-il, et il me conta ce que je viens de vous dire. Je sais bien, continua-t-il, que vous m'aviez fait dire que vous n'y seriez pas, mais je n'en ai rien cru, et je veux savoir les gens avec qui je ne peux pas être.

Je lui répondis qu'il me paraissait bien étrange de ne pouvoir rien faire chez moi qu'il n'en fût instruit; que je lui avais dit si précisément, et plus d'une fois, que je voulais être libre, qu'il aurait dû se le tenir pour dit; et qu'enfin j'étais très-décidée à le prier de s'en aller sans lui rendre d'autre compte de cette volonté. Mais sa curiosité l'emporta et l'engagea à répondre plus doucement que je ne m'y attendais. Je m'en irai, me dit-il, je m'en irai quand on servira, ou quand votre monde arrivera. Je vis par d'autres propos qu'il me soupçonnait de vous attendre, et de vouloir souper seule avec vous. Voyant qu'il ne gagnait rien à questionner : Avouez, me dit-il, que vous attendez Grimm, et je pars. Je n'ai rien à avouer, lui dis-je, si ce n'est que vous me forcerez à quelque parti violent si vous ne partez pas. Mais ensuite, craignant qu'il ne résultât quelque éclat fâcheux de ses soupçons, j'ajoutai : Qui m'obligerait, je vous prie, à fermer ma porte et à en faire mystère si j'attendais monsieur Grimm ? — Diable ! madame, je ne vous croyais pas si déh... — Si je vous dis qui j'attends, partirez-vous sur-le champ ? — Oui, d'honneur. — J'attends le chevalier de Valory et sa nièce.—Ah ! ah ! et Jelyotte, n'est-ce pas ? Et que ne le disiez-vous ? — Je ne dis pas cela. — Non, mais je le dis moi, n'ai-je pas entendu l'autre jour.... Elle vous l'a demandé... J'y étais. Le fat ! je suis sûr que c'est lui qui a exigé que je n'y fusse pas, et vous êtes assez sotte pour vous prêter à cette impertinence ? Le joli rôle qu'il vous fait jouer ! Le diable m'emporte, chasser vos amis !... Un freluquet à qui il ne faut qu'un rhume pour anéantir toute son existence !

Il en était là lorsque mon domestique vint me demander une adresse pour un paquet que j'envoyais à quelqu'un. Vous trouverez, lui dis-je, cette carte sur la cheminée. Il la cherche et moi aussi sans la trouver. Duclos, que la présence de Cahouet impatientait, me dit : Quoi ! ces vieilles adresses qui étaient là? Je viens de les jeter au feu ; vous savez bien que je n'aime point les papiers inutiles : que diable fait-on de cela? Si vous en aviez besoin, que ne les serriez-vous? — Ah! monsieur, lui dis-je, cette impertinence est trop forte ; je prétends être maîtresse chez moi, et l'être seule ; et pour vous le prouver, sortez, je vous prie, et très-vite. — Ah! parbleu, reprit-il, je ne serai pas même pressé de revenir ; s'il vous faut des complaisants, je vous jure bien de n'y jamais remettre les pieds, dussiez-vous m'en prier à genoux.

Je vous avoue que cette scène m'a si fort troublée le reste de la soirée, que je n'ai joui de rien. J'ai mis mon malaise sur le compte de ma santé, et l'on m'a crue sur ma parole. A présent que c'est une affaire faite, je me crois, en vérité, trop heureuse d'avoir eu une occasion si naturelle de me débarrasser d'un homme dont la tyrannie m'humiliait, autant qu'elle m'était insupportable. Bonjour, mon ami ; je vais prendre l'air et faire un tour de Tuileries avec mes enfants. Ne vous verrai-je pas ce soir?

Rousseau sort de chez moi. Son âme est perplexe. La mienne ne l'est pas moins sur le conseil qu'il me demande, et sur celui qu'il convient de lui donner. Il a reçu des lettres par lesquelles on le presse vivement de revenir vivre dans sa patrie. Quel parti dois-je prendre, m'a-t-il dit? Je ne veux, ni ne peux rester à Paris ; j'y suis trop malheureux. Je veux bien faire un voyage et passer quelques mois dans ma république ; mais par les propositions que l'on me fait, il s'agit de m'y fixer, et si j'accepte, je ne serai pas maître de n'y pas rester. J'y ai des connaissances, mais je n'y suis lié intimement avec personne. Ces gens-là me connaissent à peine, et ils m'écrivent comme à leur frère : je sais que c'est l'avantage de l'esprit républicain ; mais je me défie d'amis si chauds : il y a quelque but à cela. D'un autre côté mon cœur s'attendrit en pensant que ma patrie me désire ; mais comment quitter Grimm, Diderot et vous? Ah! ma bonne amie, que je suis tourmenté !

Ne pourriez-vous pas, lui ai-je dit, sans prendre d'engagement, faire un essai de quelques mois de séjour? — Non, les propositions qu'ils me font sont de nature à être acceptées ou rompues sur-le-champ, et sans retour. Et quand j'irais pour quelques mois sans autre but, que ferais-je ici de Thérèse et de sa mère, de mon loyer ? Je ne puis subvenir à tant de dépenses. Si je me défais de ma chambre, et que j'emmène mes gouvernantes, qu'en ferai-je? Et où irai-je, si je ne me plais pas à Genève ? — Il n'est guère possible, mon ami, de prendre en deux heures une décision sur une affaire aussi grave : donnez-vous le temps d'y penser, j'y penserai aussi, et nous verrons.

On lui propose une place de bibliothécaire, et sous ce prétexte, on lui offre douze cents livres de rente. Je ne sais s'il voit le dessous de cet arrangement, mais il ne m'en a rien dit. Il est clair cependant que ce poste n'est qu'un prétexte pour lui faire un sort, car Gauffecourt m'a souvent dit que l'honneur et la considération sont les seuls avantages qu'on retire de ces sortes de places, auxquelles il n'y a que cent écus d'appointements attachés. Aussi, ne les donne-t-on qu'à des hommes qui ont une honnête aisance, afin que l'intérêt n'engage personne à les rechercher. Il dit qu'elles sont remplies par des hommes distingués, et vraiment savants. A cet égard, personne n'y convient mieux que Rousseau.

Il y a, à quelque distance de la Chevrette, à l'entrée de la forêt, une petite maison qu'on appelle l'Hermitage, et qui appartient à M. d'Epinay. Je veux proposer à Rousseau de l'habiter. Je la lui ferai arranger de la manière la plus commode pour sa façon de vivre, et je me garderai bien de lui dire que cette dépense a été faite pour lui. Il n'y a jamais été ; il croira que cette maison a toujours existé comme il la voit. Je prierai M. d'Épinay de trouver bon que j'y mette des ouvriers.

DE MADAME D'ÉPINAY A ROUSSEAU.

J'ai réfléchi, mon cher Rousseau, sur les raisons qui vous portent à accepter les propositions qu'on vous fait, et sur celles qui vous engageraient à les refuser. Si vous allez à Genève, dites-vous, que faire de mesdames le Vasseur? rien n'est si aisé à lever que cette difficulté. Je me chargerai d'elles jusqu'à ce que vous ayiez vu si vous pouvez vous accoutumer à Genève, et vous y fixer. Il ne me convient point de vous déterminer à aucun parti. Je serais, peut-être, trop partiale dans mes conseils et dans mes décisions. Je ne veux que lever les obstacles ; ce sera ensuite à vous à vous décider. Si vous refusez, m'avez-vous dit, il n'en faut pas moins quitter Paris, parce qu'il est au-dessus de vos forces d'y rester. En ce cas, j'ai une petite maison qui est à vos ordres. Vous m'avez souvent ouï parler de l'Hermitage qui est à l'entrée de la forêt de Montmorenci : elle est située dans la plus belle vue. Il y a cinq chambres, une cuisine, une cave, un potager d'un arpent, une source d'eau vive, et la forêt pour jardin. Vous êtes le maître, mon bon ami, de disposer de cette habitation si vous vous déterminez à rester en France.

Je me rappelle encore que vous m'avez dit que si vous aviez cent pistoles de rente, vous n'iriez point ailleurs. Vous êtes, je l'espère, persuadé qu'il me serait bien doux de contribuer à votre bien-être. Je m'étais depuis longtemps proposé de chercher les moyens de vous procurer ce sort, sans savoir que vous y bornassiez vos désirs. Voici ma proposition : Laissez-moi ajouter sur la vente de votre dernier ouvrage ce qui vous manque de fonds pour compléter vos cent pistoles ; je prendrai même tels arrangements qu'il vous plaira avec vous. Ainsi, ce service se réduit à si peu de chose, que la proposition ne peut vous en déplaire. J'en ai d'autres à vous faire sur la manière dont vous vivrez à l'Hermitage, mais qui sont d'un trop long détail pour être écrites. Enfin, mon bon ami, réfléchissez, combinez, et soyez sûr que je ne mets d'attache qu'au parti qui vous rendra le plus heureux. Je sens tout le prix de votre amitié, et l'agrément de votre société ; mais je crois qu'il faut aimer ses amis pour eux avant tout.

Réponse de Rousseau à madame d'Épinay.

Il s'en faut bien que mon affaire avec M. Tronchin ne soit faite, et votre amitié pour moi y met un obstacle qui me paraît plus que jamais difficile à surmonter. Mais vous avez plus consulté votre cœur que votre fortune et mon humeur dans l'arrangement que vous me proposez ; cette proposition m'a glacé l'âme. Que vous entendez mal vos intérêts de vouloir faire un valet d'un ami, et que vous me pénétrez mal si vous croyez que de pareilles raisons puissent me déterminer ! Je ne suis point en peine de vivre ni de mourir : mais le doute qui m'agite cruellement, c'est celui du parti qui, durant ce qui me reste à vivre, peut m'assurer la plus parfaite indépendance. Après avoir tout fait pour elle, je n'ai pu la trouver à Paris. Je la cherche avec plus d'ardeur que jamais, et ce qui m'afflige cruellement depuis plus d'un an, est de ne pouvoir démêler où je la trouverai le plus assurée. Cependant les plus grandes probabilités sont pour mon pays, mais je vous avoue que je la trouverai plus douce auprès de vous. La violente perplexité où je me trouve ne peut durer encore longtemps ; mon parti sera pris dans sept ou huit jours ; mais soyez bien sûr que ce ne seront pas des raisons d'intérêt qui me détermineront, parce que je n'ai jamais craint que le pain vînt à me manquer, et qu'au pis aller, je sais comment on s'en passe.

Je ne refuse pas au reste d'écouter ce que vous avez à me dire, pourvu que vous vous souveniez que je ne suis pas à vendre, et que mes sentiments, au-dessus maintenant de tout le prix qu'on y peut mettre, se trouveraient bientôt au-dessous de celui qu'on y aurait mis. Oublions donc l'un et l'autre qu'il ait même été question de cet article.

Quant à ce qui vous regarde personnellement, je ne doute pas que votre cœur ne sente le prix de l'amitié, mais j'ai lieu de croire que la vôtre m'est bien plus nécessaire qu'à vous la mienne, car vous avez des dédommagements qui me manquent et auxquels j'ai renoncé pour jamais.

Je vous prie de vouloir bien dire à M. Linant, qu'il peut aller chez M. Diderot, rue Taranne, vis-à-vis la rue Saint-Benoît, prendre la souscription et les volumes qu'il a désiré d'avoir, et qu'il trouvera tout prêts. Pour trouver M. Diderot, il faut aller avant dix heures du matin. Bonjour, madame, voilà encore un livre à vendre. Envoyez-moi mon opéra.

Billet de Madame d'Épinay à Rousseau.

Votre lettre m'avait fait rire d'abord, tant je la trouve extravagante, ensuite elle m'a affligée pour vous. Car il faut avoir l'esprit bien gauche pour se fâcher de propositions dictées par une amitié qui doit vous être connue, et pour supposer que j'ai le sot orgueil de vouloir me faire des créatures. Je ne sais ce que c'est non plus que ces dédommagements que vous trouvez à mon sort, si vous en exceptez l'amitié.

Je ne vous conseille pas de prendre une détermination présentement, car vous ne me paraissez pas en état de juger sainement de ce qui peut vous convenir. Bonjour, mon cher Rousseau.

DE ROUSSEAU A MADAME D'ÉPINAY.

Je me hâte de vous écrire deux mots, parce que je ne puis souffrir que vous me croyiez fâché, ni que vous preniez le change sur mes expressions.

Je n'ai pris le mot de valet que pour l'avilissement où l'abandon de mes principes jetterait nécessairement mon âme; j'ai cru que nous nous entendions mieux que nous ne faisons : Est-ce entre gens qui pensent et sentent comme vous et moi, qu'il faut expliquer ces choses-là? L'indépendance que j'entends n'est pas celle du travail; je veux bien gagner mon pain, j'y trouve du plaisir; mais je ne veux être assujetti à aucun autre devoir si je puis.

J'entendrai volontiers vos propositions, mais attendez-vous d'avance à mon refus, car ou elles sont gratuites, ou elles ont des conditions, et je ne veux ni de l'une, ni de l'autre. Je n'engagerai jamais aucune portion de ma liberté, ni pour ma subsistance, ni pour celle de personne. Je veux travailler, mais à ma fantaisie, et même ne rien faire quand il me plaira, sans que personne le trouve mauvais, hors mon estomac.

Je n'ai plus rien à dire sur les dédommagements; tout s'éteint une fois, mais la véritable amitié reste, et c'est alors qu'elle a des douceurs sans amertume et sans fin. Apprenez mieux mon dictionnaire, ma bonne amie, si vous voulez que nous nous entendions. Croyez que mes termes ont rarement le sens ordinaire; c'est toujours mon cœur qui s'entretient avec vous, et peut-être connaîtrez-vous quelque jour qu'il ne parle pas comme un autre. A demain.

J'ai tâché de persuader à Rousseau que ses principes, qui seraient très-estimables s'il était libre, devenaient très-condamnables dans sa situation, puisqu'il ne pouvait pas se permettre d'exposer à la misère deux femmes qui avaient tout sacrifié pour lui. Cette considération, lui ai-je dit, doit vous rendre moins difficile, et doit vous engager à ne pas rejeter les secours que l'amitié vous offre, et est même bien digne de changer votre répugnance en un consentement respectable à vos yeux, comme à ceux des personnes qui pourraient en avoir connaissance : j'ai peu gagné sur son esprit. Ainsi, je suis esclave, m'a-t-il répondu, et il faudra que j'assujettisse mon sort!.... Non, non, cela ne me va pas. Je ne prie personne de rester avec moi ; je n'ai besoin de personne ; mesdames le Vasseur sont libres, et je prétends l'être aussi : je le leur ai dit vingt fois, je ne les prie ni de rester, ni de me suivre.

Ce sophisme ne m'a pas édifiée ; je le lui ai dit : il ne m'a rien répondu ; mais à la manière dont il m'a écoutée, je le soupçonne de ne pas aimer de certaines vérités. Je suis étonnée, lui disais-je, qu'avec de l'esprit, de l'expérience et de la philosophie, vous mettiez tant d'importance à mille misères qui souvent ne valent pas la peine d'en parler, ni même d'être remarquées. — Comment, mordieu! me répondit-il, vous appelez misères les injustices, les ingratitudes journalières, la causticité de mes soi-disant amis!.... — Allons donc, lui dis-je je ne puis répondre à cela que par ce mauvais dictum : *On rit avec toi, et tu te fâches!* Mais vous ne pouvez pas croire un instant qu'on ait le projet de vous blesser. — Projet ou non, que m'importe! Mais ne croyez pas, madame, que ce soit pour moi seul que je suis révolté; ce que je vous ai vu éprouver vingt fois de vos meilleurs amis!.... — Faites comme moi, mon ami; s'ils sont faux, méchants et injustes, je les laisse, je les plains, et je m'enveloppe de mon manteau; en voulez-vous la moitié?

Il se mit à rire, et me dit ensuite : Je ne sais encore quel parti je prendrai, mais si j'accepte l'habitation de l'Hermitage, je refuse encore plus que jamais les fonds que vous voulez me prêter. Je n'aurai besoin là de rien pour vivre; une vache, un cochon et un potager pourvoiront suffisamment à notre nourriture.

Je ne l'ai pas voulu contrarier davantage, et nous nous sommes quittés, moitié gaiement, moitié mal à notre aise. M. d'Épinay a consenti à me laisser arranger l'Hermitage : comme il ne lui en coûtera rien, et qu'il compte néanmoins se parer de son consentement, il n'a point été difficile à obtenir. J'ai mis des ouvriers à la maison : elle est tout arrangée; et dès que je saurai la détermination de Rousseau, je la ferai meubler. J'ai fait changer les cheminées; j'ai fait placer celle de la grande salle de manière que, par le moyen de plaques et de tuyaux de chaleur, elle échauffe trois pièces à la fois.

J'ai eu hier la visite d'un homme qui vient de passer huit jours chez M. de Francueil. A en juger par les détails qu'il nous a fait de sa gaieté, de la vie dissipée qu'il mène, il n'est rien moins que malheureux. Cette découverte m'a mise à mon aise; je vois que l'amour-propre bien plus que le sentiment a causé son dépit.

M. d'Epinay ne se lasse point de faire des extravagances. Il vient d'établir dans la maison des filles Rose une école de théâtre; il croit faire un acte de citoyen en ruinant ses enfants, pour former à ses frais des sujets pour l'Opéra ; chaque jour est marqué par une nouvelle folie dont il croit très-sincèrement devoir tirer une grande considération.

DE ROUSSEAU A MADAME D'ÉPINAY.

Enfin, madame, j'ai pris mon parti, et vous vous doutez bien que vous l'emportez, j'irai donc passer les fêtes de Pâques à l'Hermitage, et j'y resterai tant que je m'y trouverai bien et que vous voudrez m'y souffrir ; mes projets ne vont pas plus loin que cela. Je vous irai voir demain, et nous en causerons ; mais toujours le secret, je vous en prie. Voilà maintenant un déménagement et des embarras qui me font trembler. Oh! qu'on est malheureux d'être si riche ! il faudra que je laisse la moitié de moi-même à Paris, même quand vous n'y serez plus ; cette moitié sera des tables, des armoires, et tout ce qu'il ne faudra pas ajouter à ce que vous aurez mis à mon château. A demain.

Suite du Journal.

La joie que me causa cette lettre, lorsque je la reçus, fut telle, que je ne pus m'empêcher de la laisser éclater en présence de M. Grimm, qui était chez moi. J'ai été très-étonnée de le voir désapprouver le service que je rendais à Rousseau, et le désapprouver d'une manière très-dure. J'ai voulu combattre son opinion ; je lui ai montré les lettres que nous nous sommes écrites : Je n'y vois, m'a-t-il dit de la part de Rousseau que de l'orgueil caché partout : vous lui rendez un fort mauvais service de lui donner l'habitation de l'Hermitage ; mais vous vous en rendez un bien plus mauvais encore. La solitude achèvera de noircir son imagination ; il verra tous ses amis injustes, ingrats, et vous toute la première, si vous refusez une seule fois d'être à ses ordres ; il vous accusera de l'avoir sollicité de vivre auprès de vous, et de l'avoir empêché de se rendre aux vœux de sa patrie. Je vois déjà le germe de ses accusations dans la tournure des lettres que vous m'avez montrées. Elles ne seront pas vraies, ces accusations; mais elles ne seront pas absolument dénuées de fausseté, et cela suffira pour vous faire blâmer, et pour vous donner encore l'apparence d'un tort que vous n'aurez pas plus que tous ceux qu'on vous a jusqu'à présent supposés.

Ah! mon ami, me suis-je écriée, ne me dites pas cela deux fois, car je me suis toujours si mal trouvée, en effet, de faire le bien, qu'il me prendrait peut-être envie de faire le mal, pour voir si je m'en trouverais mieux! Non, me répondit M. Grimm, cette envie ne vous prendra pas ; mais en continuant à faire pour vous et pour les vôtres le mieux qu'il vous est possible, renoncez à vous mêler des autres : le public est trop injuste envers vous. Je vous jure que ce qui peut vous arriver de moins fâcheux dans tout ceci, c'est de vous donner un ridicule : on croira que c'est par air et pour faire parler de vous, que vous avez logé Rousseau...

Ah! garantissez-moi, ai-je répondu, qu'il n'en résultera rien de plus fâcheux que cette fausse interprétation, et j'aurai bientôt pris mon parti. Et moi aussi, répondit M. Grimm; mais si cette interprétation venait à la suite d'une rupture avec Rousseau, cela aurait plus de suite que vous ne pensez. Voilà, lui dis-je, ce qui n'arrivera point; mon amitié n'exige aucune reconnaissance. Il m'est démontré que cet homme serait malheureux partout, par l'habitude qu'il a d'être gâté : chez moi il ne trouvera que de l'indulgence ; nous nous ferons tous un devoir et un plaisir de lui rendre la vie douce. Voilà qui est à merveille, me dit encore M. Grimm; mais on se repent toujours de céder à la déraison : cet homme en est plein; et plus on la tolère, plus elle augmente. Au reste, le mal est fait, vous ne pouvez plus vous dédire;

faites en sorte, à présent, de vous conduire avec prudence. Mais comment vivra-t-il, et que faites-vous pour lui?

C'est un secret, mon ami, ai-je répondu; il me coûtera peu, il sera bien, et il ignorera ce que je ferai; il ne s'en doutera même pas.

J'ai écrit à Rousseau que je le mènerais dimanche à l'Hermitage.

DE ROUSSEAU A MADAME D'ÉPINAY.

Voici de la musique que j'ai retrouvée encore. Ne vous fatiguez pas cependant pour chercher à me défaire de tout cela, car je trouverai à débiter de mon côté tout ce qui vous sera resté en livres et en musique que j'enverrai chercher pour cela dans une huitaine de jours. Faites-moi dire comment vous vous trouvez de vos fatigues d'hier. Je sais que l'amitié vous les rendait douces; mais je crains bien que le corps ne paie un peu les plaisirs du cœur, et que l'un ne fasse quelquefois souffrir l'autre. Pour moi, je suis déjà, par la pensée, établi dans mon château pour n'en plus sortir que quand vous habiterez le vôtre. Bonjour, ma bonne amie. Ne croyez pas pourtant que je veuille employer ce mot en formule; il ne faut pas qu'il soit écrit, mais gravé; et vous y donnez tous les jours quelque coup de burin qui rendra bientôt la plume inutile, ou plutôt superflue.

M. Rousseau, qui avait été passer les fêtes de Pâques à l'Hermitage, fut si enchanté de cette habitation, qu'il n'eut pas de plus grand désir que de s'y voir établi. Madame d'Épinay se fit un plaisir d'aller elle-même l'y installer, et le jour fut pris aussitôt que tout fut prêt pour le recevoir. Le matin elle envoya une charrette à la porte de Rousseau prendre les effets qu'il voulait emporter; un de ses gens l'accompagnait. M. Linant monta à cheval dès le matin pour faire tout ranger, et pour que madame d'Épinay ne revînt pas seule. A dix heures elle alla prendre Rousseau dans son carrosse, lui et ses deux gouvernantes. La mère le Vasseur était une femme de soixante-dix ans, lourde, épaisse, et presque impotente. Le chemin, dès l'entrée de la forêt, est impraticable pour une berline; madame d'Épinay n'avait pas prévu que la bonne vieille serait embarrassante à transporter, et qu'il lui serait impossible de faire le reste de la route à pied; il fallut donc faire clouer de forts bâtons à un fauteuil, et porter à bras la mère le Vasseur jusqu'à l'Hermitage. Cette pauvre femme pleurait de joie et de reconnaissance; mais Rousseau, après le premier moment de surprise et d'attendrissement passé, marcha en silence, la tête baissée, sans avoir l'air d'avoir la moindre part à ce qui se passait. Nous dînâmes avec lui. Madame d'Épinay était si épuisée, qu'après le dîner elle pensa se trouver mal; elle fit ce qu'elle put pour le cacher à Rousseau, qui s'en douta, mais qui ne voulut point avoir l'air de s'en apercevoir.

DE ROUSSEAU A MADAME D'ÉPINAY.

Quoique le temps me contrarie depuis mon arrivée ici, je viens de passer les trois jours les plus tranquilles et les plus doux de ma vie; ils le seront encore plus quand les ouvriers qu'occupe mon luxe ou votre sollicitude seront partis. Ainsi je ne serai proprement dans ma solitude que d'ici à deux ou trois jours; en attendant je m'arrange, non selon la morale turque, qui veut qu'on ne s'établisse ici-bas aucun domicile durable, mais selon la mienne, qui me porte à ne jamais quitter celui que j'occupe. Vous me trouverez rangé délicieusement, à la magnificence près que vous y avez mise, et qui, toutes les fois que j'entre dans ma chambre, me fait chercher respectueusement l'habitant d'un lieu si bien meublé. Au surplus, je ne vous conseille pas beaucoup de compter sur des compliments à notre première entrevue ; je vous réserve, au contraire, une censure griève d'être venue malade et souffrante m'installer ici sans égards pour vous ni pour moi. Hâtez-vous de me rassurer sur les suites de cette indiscrétion, et souvenez-vous une fois pour toutes que je ne vous pardonnerai jamais d'oublier ainsi mes intérêts en songeant aux vôtres.

J'ai trouvé deux erreurs dans le compte joint à l'argent que vous m'avez remis ; toutes deux sont à votre préjudice et me font soupçonner que vous pourriez bien en avoir fait d'autres de même nature, ce qui ne vous réussirait pas longtemps ; l'une est de quatorze livres, en ce que vous payez sept mains de papier de Hollande à cinq livres cinq sous, au lieu de trois livres cinq sous qu'il m'a coûtés, et que je vous ai marqués ; l'autre est de six livres pour un Racine que je n'ai jamais eu, et que par conséquent vous ne pouvez avoir vendu à mon profit ; ce sont donc vingt francs dont vous êtes créditée sur ma caisse. Soit dit sur l'argent, et revenons à nous.

Je n'ai songé qu'à moi ces jours-ci ; je savourais les beautés de mon habitation et les charmes d'une entière liberté ; mais en me promenant ce matin dans un lieu délicieux, j'y ai mis mon ancien ami Diderot à côté de moi, et en lui faisant remarquer les agréments de la promenade, je me suis aperçu qu'ils s'augmentaient pour moi-même. Je ne sais si je pourrai jamais jouir réellement de cette augmentation ; si cela peut se faire un jour, ce ne sera guère que par le crédit de mon ancien ami Grimm : peut-être pourra-t-il et voudra-t-il bien me procurer une visite de l'ami que je lui ai procuré, et partager avec moi le plaisir que j'aurai de le recevoir. Ce n'est pas encore le temps de parler de tout cela ;

mais vous, quand vous verra-t-on, vous en santé, et votre sauveur sans affaire? Il m'a promis de venir et le fera sans doute. Quant à vous, ma bonne amie, quelque envie que j'aie de vous voir, si vous venez sans lui, ne venez pas du moins sans sa permission. Bonjour, malgré la barbe de l'hermite et la fourrure de l'ours, trouvez bon que je vous embrasse, et portez aux pieds du seigneur de la case les hommages de son très-dévoué sujet et fontenier honoraire.

Les gouverneuses veulent que je vous supplie d'agréer leurs très-humbles respects ; elles s'accoutument ici presque aussi bien que moi, et beaucoup mieux que mon chat.

DE MADAME D'ÉPINAY A ROUSSEAU.

Je profite du retour de mon jardinier pour vous remercier, mon cher hermite, de m'avoir donné de vos nouvelles. Celles que je puis vous donner de ma santé ne sont pas si mauvaises ; voilà deux nuits que je dors passablement. Laissez-les dire : je vous assure que votre installation m'a fait grand bien.

Je me suis déjà acquittée d'une partie de vos commissions : votre ami Diderot, que je ne vois point, comme vous savez, parce qu'il redoute les nouvelles connaissances, projette de vous aller voir incessamment. Vous savez qu'il n'est pas maître de son temps ; ainsi, mettez sur le compte de ses affaires le retard que votre amitié vous rendrait peut-être insupportable. Croyez, mon bon ami, que les vôtres sont occupés de vous, et vous regrettent ; ne songez donc qu'à la satisfaction que vous aurez à les retrouver quand leurs occupations et le temps le leur permettront.

J'envoie à mesdames le Vasseur de petites bagatelles qui pourront leur être utiles, en attendant qu'elles aient mis de l'ordre dans leurs nippes. Bonjour, mon hermite, je vous souhaite bien de la santé, du beau temps, et toute la satisfaction que vous méritez.

DE ROUSSEAU A MADAME D'ÉPINAY.

Vous serez bien aise, madame, d'apprendre que mon séjour me charme de plus en plus; vous ou moi nous changerons beaucoup, ou je n'en sortirai jamais. Vous goûterez, conjointement avec M. d'Épinay, le plaisir d'avoir fait un homme heureux : c'est de quoi n'avoir pas regret à l'échange de manteau dont vous m'offrez la moitié.

Il me reste une petite épine à tirer, c'est le reste de mon délogement. Il faudra, madame, que vous acheviez, s'il vous plaît, de me tirer de cet embarras. Pour cela je voudrais... mais allons un peu par ordre ; car je voudrais tant de choses, qu'il me faut des *primo* et des *secundo*.

1°. Payer à madame Sabi 39 livres 16 sous pour loyer et capitation, selon la note que j'en ai faite sur le petit livre ci-joint.

2° Recevoir quittance de l'un et de l'autre sur ledit livre.

3° Donner congé pour la fin de ce terme.

4° Faire aujourd'hui démonter le lit et la tapisserie de l'alcove, si cela se peut.

5° Charger l'un et l'autre sur la voiture du jardinier, avec les matelas et ce qu'on y pourra joindre de poterie et menus ustensiles.

6° Il faudrait, pour cela, envoyer quelqu'un d'entendu avec le garçon jardinier, qui pût démonter et emballer le tout sans rien gâter.

7° Il restera, pour un autre voyage, un lit de camp qui est dans le grenier; une quarantaine de bouteilles qui sont encore à la cave; et l'armoire, avec les brochures et paperasses qu'elle contient, et pour le transport desquelles j'enverrai d'ici une malle, avec une lettre pour prier M. Deleyre de présider à ce dépaperassement.

Il faut ajouter à cela la petite précaution de commencer par payer madame Sabi, afin qu'elle ne s'effarouche pas de voir achever de vider mon appartement, sans faire mention du terme commencé, et par conséquent dû.

Tout ceci suppose que le déménagement de madame d'Esclavelles est achevé, et afin que la voiture du jardinier ne revienne pas à vide tant qu'il y a des choses à rapporter. Au surplus, ma grande prudence, qui a fait tous ces arrangements avec beaucoup d'effort, ne laisse pas de s'en remettre à la vôtre sur les changements qu'il pourrait être à propos de faire à ce projet.

Recevez les très-humbles remerciements de mademoiselle le Vasseur. Vous aviez donc deviné que la bouteille à l'encre avait été très exactement répandue de la Chevrette ici sur tout le linge des bonnes gens, dont à peine une seule pièce est restée intacte? Il semble que vous ayiez, ainsi que les dieux, une providence prévoyante et bienfaisante; c'est à peu près ce qui a été dit en recevant votre présent. Le temps ne se raccommode point encore, et votre maison ne s'achève point. Ce n'est pas de quoi se rapprocher sitôt. Ce que vous avez à faire pour mettre cet intervalle à profit, c'est de continuer à raffermir tellement votre santé, que quand vous serez à la Chevrette, vous puissiez venir fréquemment à l'Hermitage chercher un ami et la solitude. Je vous montrerai des promenades délicieuses, que j'en aimerai davantage encore quand une fois vous les aimerez.

Votre conseil est bon, et j'en userai désormais. J'aimerai mes amis sans inquiétude, mais sans froideur; je les verrai avec transport, mais je saurai me passer d'eux. Je sens qu'ils ne cesseront jamais de m'être également chers, et je n'ai perdu pour eux que cette délicatesse excessive, qui me rendait quelquefois incommode et presque toujours mécontent. Au surplus, je n'ai jamais douté des bonnes résolutions de Diderot; mais il y a loin de sa porte à la mienne, et bien des gens à gratter en chemin. Je suis perdu s'il s'arrange pour me venir voir; cent fois il en fera le projet, et je ne le verrai pas une. C'est un homme qu'il faudrait enlever de chez lui, et le prendre par force pour lui faire faire ce qu'il veut.

Bonjour, ma bonne amie, et non pas Madame, quoique je l'aie mis deux fois par inadvertance au commencement de ce griffonnage. Mais pourquoi ce correctif, et que fait la différence des mots quand le cœur leur donne à tous le même sens?

DE ROUSSEAU A MADAME D'ÉPINAY.

Je commence à être bien inquiet de vous, madame; voici la quatrième fois de suite que je vous écris sans réponse, et moi qui n'ai jamais manqué de vous répondre depuis votre retour à Paris, je ne mérite ni cette négligence de votre part, ni le reproche que vous m'avez fait de la mienne. Tranquillisez-moi, je vous en prie, et faites-moi dire, au moins, que vous vous portez bien, afin que je ne sois plus alarmé, et que je me contente d'être en colère.

Je rouvre ma lettre écrite et cachetée en recevant la vôtre et le moulin. Vous m'apaisez aux dépens de ma tranquillité. J'aurais bien des choses à vous dire, mais vos exprès m'obligent de renvoyer tout cela à un autre temps. Je vous jure que je vous ferais volontiers mettre à la Bastille si j'étais sûr d'y pouvoir passer six mois avec vous tête à tête; je suis persuadé que nous en sortirions tous deux plus vertueux et plus heureux.

Ne comptez pas sur moi pour le dîner de mardi; si Diderot

me tient parole, je ne pourrais vous la tenir. Je ne suis pas non plus décidé sur le voyage de Genève. Si vous couchez à la Chevrette, j'irai sûrement vous y voir le lendemain, pour peu que le temps soit supportable ; là nous causerons ; sinon je vous écrirai plus amplement.

Voilà une lettre de Tronchin au commencement de laquelle je ne comprends rien, parce que je ne suis point au fait. Lisez-la et faites-la remettre ensuite à Deleyre, ou copie de ce qui regarde son ami. Ne vous tracassez point l'esprit de chimères. Livrez-vous aux sentiments honnêtes de votre bon cœur, et en dépit de vos systèmes vous serez heureuse. Les maladies mêmes ne vous en empêcheront pas. Adieu.

Voilà encore une lettre de Romilly. Je ne connais point M. de Silhouette ; peut-être que si Grimm voulait se mêler de cette affaire, ou vous dire ce qu'il faut faire, vous pourriez servir cet honnête homme et obliger votre ami.

Billet de madame d'Épinay à Rousseau.

Je n'ai point été vous voir, mon ermite ; je ne vous ai point écrit, parce que j'ai eu des affaires par-dessus la tête, des tracasseries domestiques, des misères insupportables ; mais la chose qui me tourmente le plus, c'est que ma mère se met à gâter mes enfants plus que jamais ; de sorte que je me trouve forcée de jouer avec eux un rôle plus sévère que je ne le voudrais. Je ne sais si je me trompe, mais il me semble que mon fils pressent le goût de dissipation et de frivolité qui domine son père ; cet instinct est bien singulier et m'alarme. Nous causerons un peu sur ces objets la première fois que nous nous verrons. Vous ne voulez pas absolument me dire comment va votre santé, ni si vous ne vous êtes pas trouvé incommodé de votre fatigue de l'autre jour. Bonjour, l'ermite ; vous verra-t-on bientôt ?

Réponse de Rousseau à madame d'Épinay.

Je voulais vous aller voir jeudi, mais le temps qu'il fait gâta tellement les chemins, qu'ils ne sont pas encore essuyés; je compte pourtant, s'il fait beau, tenter demain le voyage. En attendant faites-moi donner de vos nouvelles, car je suis inquiet de votre situation de corps et d'esprit. Bonjour, madame et amie, j'aspire à ces moments de tranquillité où vous aurez le temps de m'aimer un peu.

Voilà vos deux livres dont je vous remercie.

Suite du Journal.

J'ai été il y a deux jours à la Chevrette, pour terminer quelques affaires avant de m'y établir avec mes enfants. J'avais fait prévenir Rousseau de mon voyage : il est venu me voir. Je crois qu'il a besoin de ma présence, et que la solitude a déjà agité sa bile. Il se plaint de tout le monde. Diderot doit toujours aller, et ne va jamais le voir; M. Grimm le néglige; le baron d'Holbach l'oublie; Gauffecourt et moi seulement avons encore des égards pour lui, dit-il; j'ai voulu les justifier : cela n'a pas réussi. J'espère qu'il sera beaucoup plus à la Chevrette qu'à l'Ermitage. Je suis persuadée qu'il n'y a qu'une façon de prendre cet homme pour le rendre heureux : c'est de feindre de ne pas prendre garde à lui, et s'en occuper sans cesse; c'est pour cela que je n'insistai point pour le retenir, lorsqu'il m'eut dit qu'il voulait s'en retourner à l'Ermitage, quoiqu'il fût tard et malgré le mauvais temps. Je lui ai demandé quelles seraient ses occupations : il me dit, qu'il comptait se remettre à copier de la musique, que cela lui procurerait du pain gaiment en l'amusant. J'espère que vous me donnerez votre pratique et celle de vos amis, ajouta-t-il ; mais avec moi il ne faut point être pressé, car je prétends ne copier qu'à mon aise, et quand je n'aurai pas l'esprit de faire autre chose. Pour commencer, nous lui avons demandé, M. d'Epinay et moi, une douzaine de copies. Dès le lendemain matin, j'envoyai quelqu'un pour avoir de ses nouvelles. Voici la lettre qu'il remit à mon exprès.

DE ROUSSEAU A MADAME D'ÉPINAY.

Je suis arrivé saucé, et à une heure de nuit; mais du reste sans accident, et je vous remercie de votre inquiétude.

Votre jardinier a encore emporté ce matin des pêches au marché de Montmorency; on ne peut rien ajouter à l'effronterie qu'il met dans ses vols; et bien loin que ma présence ici le retienne, je vois très-évidemment qu'elle lui sert de raison pour porter chez vous encore moins de fruit qu'à l'ordinaire. Il n'y aura de longtemps rien à faire à votre jardin; vous épargneriez les restes de votre fruit si vous lui donniez congé plus tôt que plus tard; bien entendu que vous m'aurez fait avertir d'avance, et que vous ferez rendre en même temps la clef de la maison. A l'égard du lit et de ce qui est dans sa chambre, comme j'ignore ce qui est à vous ou à lui, je ne lui laisserai rien emporter sans un ordre de votre part. Il est inutile que personne couche ici; et si cela est nécessaire, je pourrai y faire coucher quelqu'un du voisinage sur qui je compte, et à qui d'ailleurs je ne confierai pas la clef : en attendant vous aurez le temps de faire chercher un jardinier. La seule précaution dont j'aurais besoin pour le repos des gouverneuses, ce serait un fusil ou des pistolets pour cet hiver, mais je ne trouve personne qui m'en veuille prêter, et il ne serait pas raisonnable d'en acheter. Au fond, je vois que nous sommes ici en parfaite sûreté et sous la protection des voisins. Je suis obligé de vous écrire tout ceci, car il est difficile d'avoir de conversation tranquille dans les courts intervalles que j'ai à passer près de vous. Bonjour, madame ; on va d'abord se mettre à votre ouvrage, et il se fera sans interruption. Mes respects à madame d'Esclavelles, et mes amitiés au tyran (1) et à vos enfants. Mon pied va mieux, malgré la fatigue.

Réponse de madame d'Epinay à la lettre précédente.

Eh! mon ami, de quoi me parlez-vous? Des pistolets! des fusils! cela est vraiment effrayant. En vous engageant à habiter l'Ermitage, mon intention était que vous y jouissiez de toute la tranquillité dont vous avez besoin. Mais comme un repos qu'il faut défendre, quoique préférable à celui qu'il faut acheter trop cher, cesse d'en être un, et que je veux que rien ne puisse troubler le vôtre, je vous prie de donner, à l'instant même, congé au jardinier de ma part. S'il poussait l'insolence au point de méconnaître là-dedans ma volonté, faites-le-moi savoir.

Adieu, mon ours; soignez votre santé. Rien ne presse pour la musique, vous le savez.

Il n'eût tenu qu'à vous de ne pas être *saucé*.

Billet de Rousseau à madame d'Epinay.

Le lundi.

Il y a un mot dans votre lettre qui me fait beaucoup de peine, et je vois bien que vos chagrins ne sont pas finis; j'irai le plus tôt qu'il me sera possible savoir de quoi il s'agit.

J'ai mieux aimé donner congé à votre jardinier, que de vous en laisser le tracas. Cependant cela ne vous l'évite pas;

(1) Grimm.

il prétend avoir un autre compte avec vous. Je n'ignore pas ce que vous faites pour moi sans m'en rien dire, et je vous laisse faire, parce que je vous aime et qu'il ne m'en coûte pas de vous devoir ce que je ne peux tenir de moi-même, au moins quant à présent. Il prétend aussi que tous les outils du jardin, de vieux échalas et les graines sont à lui : j'ai du penchant à le croire, mais dans l'incertitude je ne laisserai rien sortir sans votre ordre.

Je ne sais si le jour de Diderot est changé : ils ne m'ont rien fait dire, et je les attends. Bonjour, ma bonne amie. J'ai reçu hier une lettre obligeante de Voltaire.

Comme je connais le jardinier pour un insolent, je dois vous prévenir, que si j'ai, quant à moi, lieu d'être content de ses services, il ne l'a pas moins de l'être de ma reconnaissance.

DE MADAME D'ÉPINAY A M. DE LISIEUX.

Me voici établie à la Chevrette, monsieur, et très en état de vous y recevoir. Si vous êtes homme de parole, je vous attends la semaine prochaine. Vous savez que le séjour de la campagne ajoute toujours à mon bien-être, j'y jouis plus de mes amis, de mes enfants et de moi-même ; mais j'ai plusieurs motifs qui m'engageaient à désirer d'y venir goûter quelques moments de repos pendant l'hiver.

Je croyais être seule à contribuer au bien-être de Rousseau, mais j'ai appris par mademoiselle le Vasseur, que M. Grimm et M. Diderot font à elle et à sa mère quatre cents livres de rente. Concevez-vous l'honnêteté de ce procédé ? Deux hommes qui ont à peine le nécessaire ! M. Grimm ne m'en avait jamais rien dit : chaque jour je découvre quelques nouveaux sujets de l'estimer.

Il s'est élevé hier à la promenade une discussion entre lui

et Rousseau, qui n'était au fond qu'une plaisanterie. Rousseau a eu l'air de s'y prêter de bonne grâce; mais il en souffrait intérieurement, ou je me suis bien trompée. Il avait rapporté à M. d'Epinay les copies qu'il avait faites pour lui : celui-ci demanda s'il était homme à lui en livrer encore autant dans quinze jours. Il répondit : Peut-être que oui, peut-être que non; c'est suivant la disposition, l'humeur et la santé. — En ce cas, dit M. d'Epinay, je ne vous en donnerai que six à faire, parce qu'il me faut la certitude de les avoir. — Eh bien! répondit Rousseau, vous aurez la satisfaction d'en avoir six qui dépareront les six autres, car je défie que celles que vous ferez faire approchent de l'exactitude et de la perfection des miennes. — Voyez-vous, reprit M. Grimm en riant, cette prétention de copiste qui le saisit déjà? Si vous disiez qu'il ne manque pas une virgule à vos écrits, tout le monde en serait d'accord, mais je parie qu'il y a bien quelques notes de transposées dans vos copies. Tout en riant et en pariant, Rousseau rougit plus fortement encore quand, à l'examen, il se trouva que M. Grimm avait raison. Il resta pensif et triste le reste de la soirée, et il est retourné ce matin à l'Ermitage sans mot dire.

Suite du Journal.

Comme je n'ai point entendu parler de Rousseau depuis deux jours, j'ai envoyé savoir de ses nouvelles : il s'est contenté de me faire dire qu'il avait une besogne en tête, qui l'empêchait de me répondre. Pas un mot de sa santé; d'où je conclus qu'elle est bonne. Pendant que j'envoyais à l'Ermitage, mademoiselle le Vasseur est venue m'apporter trois copies; elle prétend que Rousseau a l'âme malade, et que sa santé s'en ressent : elle me paraît redouter, autant pour sa mère que pour Rousseau, le séjour de l'Ermitage pour l'hiver. Elle prétend qu'on ne le déterminera jamais à retourner à Paris, mais qu'il consentirait plutôt à passer les mois les plus durs à la Chevrette. Au moins, dit-elle, nous serions tous plus à portée des secours, et nous serions moins exposés à la rigueur de la saison.

M. Grimm, Gauffecourt et moi, nous sommes convenus de tout employer pour engager Rousseau à quitter l'Ermitage cet hiver.

Le soir.

Est-ce imprudence, sottise ou légèreté, qui a porté M. d'Epinay à nous confier l'impertinence que Rousseau a faite à lui et à ses maîtresses? Cela est inouï; j'ai été me promener à l'Ermitage, nous a-t-il dit; rien n'est comparable à la folie de votre ermite : cela va jusqu'à l'impertinence. Imaginez-vous que je lui ai mené deux dames pour qui je l'ai fait travailler : elles étaient curieuses de voir cet homme bizarre. Il se promenait devant sa porte; il m'aperçoit le premier; il vient à moi le bonnet à la main; il voit ces dames; il nous salue, remet son bonnet, tourne le dos, s'en va, et court encore. Y a-t-il rien de plus fou? — Pourquoi? lui répondit de Jully; il y a tant de gens qui craignent les roses (1)! il est peut-être du nombre. — Ah! je comprends, dis-je alors, que s'il est fou, sa folie est celle d'un honnête homme....

Je tins à madame d'Epinay la promesse que je lui avais faite, d'aller passer quelque temps à la Chevrette. Pendant que j'y étais, M. Diderot écrivit à M. Grimm pour lui demander s'il ne pourrait pas faire un voyage à Paris, afin

---

(1) Allusion aux deux maîtresses de monsieur d'Épinay.

de revoir ensemble un ouvrage qu'il venait de finir, et qu'il ne voulait pas livrer à l'impression sans son avis et celui de Rousseau. M. Grimm, qui s'était promis de jouir paisiblement du reste de l'automne, proposa à M. Diderot, sous le bon plaisir de madame d'Epinay, de venir à la Chevrette passer les huit jours qu'il lui demandait : Rousseau s'y serait rendu. L'ouvrage aurait été revu gaiement, et madame d'Epinay aurait fait connaissance avec un homme qu'elle regardait comme le génie le plus profond du siècle. M. Diderot se défendit, je pourrais dire avec effroi, de cette proposition. M. Grimm en fut piqué et affligé, parce qu'il sentit que les impressions que lui avait données Duclos n'étaient point du tout effacées. Il soupçonna même Rousseau de les entretenir : il m'en parla; mais j'étais alors si éloigné de croire celui-ci coupable de fausseté, que je fis mes efforts pour détruire ce soupçon dans l'esprit de M. Grimm. J'y réussis d'autant plus aisément, qu'il n'est pas défiant, et que je n'ai jamais connu d'homme qui fût plus malheureux des torts des autres. Il dissimula à madame d'Epinay les motifs du refus de Diderot, et il fut convenu que ces messieurs feraient un dîner chez Rousseau, que l'ouvrage y serait porté; que Grimm l'emporterait à la Chevrette, et le lirait à tête reposée; et qu'on ferait ensuite un second dîner à l'Ermitage pour résumer les avis. Diderot demanda que M. Desmahis fût admis à ces séances. Il vint, en conséquence, passer quelques jours à la Chevrette.

Reprise du Journal.

Novembre.

Depuis deux jours que Rousseau est ici, nous n'avons cessé de le détourner de passer l'hiver à l'Ermitage. Il en a d'abord plaisanté, ensuite il s'est fâché. Hier, il nous a écoutés en silence, et il a fini par me dire qu'il nous donnerait aujourd'hui sa réponse. Ce matin, il est parti avant que personne ne fût levé, et il m'a écrit en arrivant chez lui. Il redoute apparemment notre éloquence. Nous ne nous tiendrons pas pour battus, et nous irons le voir et lui parler encore.

DE ROUSSEAU A MADAME D'ÉPINAY.

Je commence par vous dire que je suis résolu, déterminé, quoi qu'il arrive, à passer l'hiver à l'Ermitage; que rien ne me fera changer de résolution, et que vous n'en avez pas le droit vous-même, parce que telles ont été nos conventions quand je suis venu; ainsi n'en parlons plus, que pour vous dire en deux mots mes raisons.

Il m'est essentiel d'avoir du loisir, de la tranquillité, et toutes mes commodités pour travailler cet hiver; il s'agit en cela de tout pour moi. Il y a cinq mois que je travaille à pourvoir à tout, afin que nul soin ne vienne me détourner. Je me suis pourvu de bois; j'ai fait mes provisions; j'ai rassemblé, rangé des papiers et des livres pour être commodément sous ma main. J'ai pourvu de loin à toutes mes aises en cas de maladie; je ne puis avoir de loisir qu'en suivant ce projet, et il faudra nécessairement que je donne à m'arranger le temps que je ne puis me dispenser de donner à mon travail. Un déménagement, je le sais par expérience, ne peut se faire, malgré vous-même, sans perte, dégâts et frais de ma part, que je ne puis supporter une seconde fois. Si j'emporte tout, voilà des embarras terribles; si je laisse quelque chose, il me fera faute, ou l'on viendra le voler ici cet hiver; enfin, dans la position où je suis, mon temps et mes commodités me sont plus précieux que ma vie. Mais ne vous imaginez pas que je coure ici aucun risque; je me défendrai toujours aisément de l'ennemi du dehors, c'est au dedans qu'il était dangereux ! Je vous promets de ne jamais m'éloigner sans précaution. Je ne compte pas même me promener de tout l'hiver ailleurs que dans le jardin ; il faudrait faire un siége pour m'attaquer ici. Pour surcroît de précaution, je ferai toujours coucher un voisin dans la maison. Enfin, sitôt que vous m'aurez envoyé des armes, je ne sortirai jamais sans un pistolet en vue, même autour de la maison ; d'ailleurs je compte faire parler à notre homme par M. Matta. Ne m'en parlez donc plus, ma bonne amie ; vous ne feriez que me désoler, et n'obtiendriez rien ; car la contradiction m'est mortelle, et je suis entêté avec raison.

Je vois, par votre billet, que c'est lundi, et non pas dimanche, que vous congédiez notre homme (1) ; ce que je remarque, parce qu'il n'est pas indifférent que je sois instruit exactement du jour. N'oubliez pas de lui donner la note de ce que vous consentez qu'il emporte de la chambre ; sans quoi, ne sachant pas ce qui est à lui, je ne laisserai rien sortir. Je suis touché de vos alarmes et des inquiétudes que je vous donne ; mais comme elles ne sont pas raisonnables, je vous prie de les calmer. Aimez-moi toujours, et tout ira bien. Bonjour.

S'il fait beau demain samedi, je tâcherai de vous aller voir.

Journal de madame d'Epinay.

Je n'ai pu gagner Rousseau pour l'engager à quitter l'Ermitage cet hiver. Mesdames le Vasseur n'osent lui marquer leurs craintes, parce qu'il leur a fait entendre que, si on le contrariait davantage, il s'en irait sans mot dire et les laisserait maîtresses de leur sort. M. Grimm et Gauffecourt ont en vain, comme moi, épuisé leur éloquence. Il est certain que

(1) Le jardinier.

son humeur le gagne de jour en jour, et je redoute pour lui l'effet de cette solitude profonde durant six mois. Il n'a pas pardonné au fond de son âme à M. Grimm d'avoir découvert des fautes dans ses copies; il n'ose me le marquer : cependant il a dit à la comtesse d'Houdetot qu'il ignorait ce qu'il avait fait à Grimm, mais qu'il voyait bien qu'il le desservait auprès de nous. Il se plaint aussi de ce que le baron d'Holbach n'est pas venu le voir une seule fois depuis qu'il est à l'Ermitage. Peut-être incessamment se plaindra-t-il aussi de moi.

La comtesse d'Houdetot nous a quittés, il y a déjà huit jours, pour aller recevoir une sœur de son mari, qui devait, dès l'année dernière, venir à Paris pour l'éducation de son fils : elle arrive. C'est une grosse petite femme, bien haute, bien sotte, bien complaisante pour sa belle-sœur, bien exigeante envers les autres : on la nomme madame de Blainville. J'aime la comtesse de tout mon cœur; mais lorsqu'elle est entourée de ses chiens et de sa madame de Blainville, j'en aime mieux une autre qu'elle.

Je vais incessamment retourner à Paris, où j'espère mener cet hiver une vie heureuse, et surtout plus tranquille que celle de cet été.

DE ROUSSEAU A MADAME D'ÉPINAY.

Le 13 décembre.

Ma chère amie, il faudra que j'étouffe, si je ne verse pas mes peines dans le sein de l'amitié. Diderot m'a écrit une lettre qui me perce l'âme. Il me fait entendre que c'est par grâce qu'il ne me regarde pas comme un scélérat, et *qu'il y aurait bien à dire là-dessus*, ce sont ses termes ; et cela savez-vous pourquoi? parce que madame le Vasseur est avec moi. Eh ! bon Dieu, que dirait-il de plus si elle n'y était pas ?

Je les ai recueillis dans la rue, elle et son mari, dans un âge où ils n'étaient plus en état de gagner leur vie. Elle ne m'a jamais rendu que trois mois de services. Depuis dix ans je m'ôte pour elle le pain de la bouche ; je la mène dans un bon air, où rien ne lui manque ; je renonce pour elle au séjour de ma patrie ; elle est sa maîtresse absolue, va, vient sans compte rendre ; j'en ai autant de soin que de ma propre mère ; tout cela n'est rien, et je ne suis qu'un scélérat si je ne lui sacrifie encore mon bonheur et ma vie, et si je ne vais mourir de désespoir à Paris pour son amusement. Hélas ! la pauvre femme ne le désire point ; elle est très-contente. Mais je vois ce que c'est ; M. Grimm ne sera pas content lui-même qu'il ne m'ait ôté tous les amis que je lui ai donnés. Philosophes des villes, si ce sont là vos vertus, vous me consolez bien de n'être qu'un méchant ! J'étais heureux dans ma retraite ; la solitude ne m'est point à charge ; je crains peu la misère ; l'oubli du monde m'est indifférent ; je porte mes maux avec patience : mais aimer et ne trouver que des cœurs ingrats, ah ! voilà le seul qui me soit insupportable ! Pardon, ma chère amie ; j'ai le cœur surchargé d'ennuis, et les yeux gonflés de larmes qui ne peuvent sortir. Si je pouvais vous voir un moment et pleurer, que je serais soulagé ! Mais je ne remettrai de ma vie les pieds à Paris ; pour le coup, je l'ai juré.

J'oubliais de vous dire qu'il y a même de la plaisanterie dans la lettre du philosophe ; il devient barbare avec légèreté, on voit qu'il se civilise.

Réponse de madame d'Épinay à Rousseau.

Si les plaintes que vous faites contre M. Diderot, mon ami, n'ont pas plus de fondement que vos soupçons sur M. Grimm, je vous plains ; car vous auriez bien des reproches à vous faire. Ou soyez plus juste envers ce dernier, ou cessez de prétendre que j'écoute des plaintes qui outragent un homme qui mérite fort au delà de votre estime, et qui a toute la mienne.

Si je n'étais retenue ici par un fort gros rhume, j'irais sur-le-champ vous trouver, et vous porter toutes les consolations qu'avec raison vous attendez de mon amitié. Je ne puis croire que M. Diderot vous ait mandé de but en blanc qu'il vous croyait un scélérat; il y a certainement du malentendu à cela. Mon ami, soyez en garde contre la fermentation qu'occasionne souvent un mot fâcheux entendu dans la solitude, et reçu dans une mauvaise disposition; croyez-moi, craignez d'être injuste : que fait même souvent l'expression, quand le motif est cher à notre cœur? Un ami peut-il jamais nous offenser? N'est-ce pas toujours notre intérêt, notre bonheur, notre gloire qu'il a en vue? Peut être même aurez-vous occasionné par quelque vivacité un propos qui ne signifie ce que vous supposez, que parce qu'il est isolé de celui auquel il répond. Que sais-je? N'ayant point vu vos lettres, ni celles de M. Diderot, je ne puis rien décider, ni raisonner conséquemment ; tout ce que je sais, c'est que M. Diderot a pour vous la plus sincère amitié; vous me l'avez dit cent fois. Je suis désolée de ne pouvoir aller vous trouver; je vous attendrirais moins encore par ma présence, que par la nécessité et la douceur de confier vos peines à quelqu'un qui les ressent aussi vivement que vous-même. Si ma lettre pouvait donner cours à vos larmes et vous procurer un peu de tranquillité, je suis persuadée que les choses prendraient une toute autre couleur. Bonjour. Envoyez-moi vos lettres, et voyez toujours à la tête de celles de Diderot ce titre important : *par l'amitié*. Voilà le vrai secret d'apprécier ses prétendues injures à leur juste valeur.

DE ROUSSEAU A MADAME D'ÉPINAY.

Tenez, madame, voilà les lettres de Diderot et ma dernière réponse; lisez et jugez-nous, car pour moi je suis trop aigri, trop violemment indigné pour avoir de la raison.

Je viens de déclarer à madame le Vasseur, que, quelque plaisir que nous eussions tous deux à vivre ensemble, mes amis jugeaient qu'elle était trop mal ici pour une femme de son âge; qu'il fallait qu'elle allât à Paris vivre avec ses enfants, et que je leur donnerais tout ce que j'avais au monde à elle et à sa fille. Là dessus la fille s'est mise à pleurer, et malgré la douleur de se séparer de sa mère, elle a protesté qu'elle ne me quitterait point, et en vérité les philosophes auront beau dire, je ne l'y contraindrai pas. Il faut donc que je me réserve quelque chose pour la nourrir aussi bien que moi. J'ai donc dit à madame le Vasseur que je lui ferais une pension qui lui serait payée aussi longtemps que je vivrais, et c'est ce qui sera exécuté. Je lui ai dit encore que je vous prierais d'en régler la somme et je vous en prie; ne craignez point de la faire trop forte, j'y gagnerai toujours beaucoup, ne fût-ce que ma liberté personnelle.

Ce qu'il y a de plus affreux pour moi, c'est que la bonne femme s'est mis en tête que tout cela est un jeu joué entre Diderot, moi et sa fille, et que c'est un moyen que j'ai imaginé pour me défaire d'elle. Elle m'a représenté là-dessus une chose très-juste, savoir qu'ayant passé une partie de l'hiver ici, il lui est bien dur d'en partir à l'approche du printemps; je lui ai dit qu'elle avait raison, mais que s'il venait à ui arriver le moindre malheur durant l'été, on ne manquerait pas de m'en rendre responsable. Ce ne sera pas le public, ai-je ajouté, qui dira cela, ce seront mes amis, et je n'ai pas le courage de m'exposer à passer chez eux pour un assassin.

Il y a quinze jours que nous vivions paisiblement ici, et dans une concorde parfaite. Maintenant, nous voilà tous alarmés, agités, pleurant, forcés de nous séparer. Je vous assure que cet exemple m'apprendra à ne me mêler jamais qu'avec connaissance de cause et beaucoup de circonspection des affaires domestiques de mes amis, et je suis très-incertain même si je dois écrire à M. d'Épinay en faveur de ce pauvre Cahouet.

Comme Diderot me marque qu'il viendra samedi, il est important de lui envoyer sur-le-champ sa lettre. S'il vient, il sera reçu avec honnêteté, mais mon cœur se fermera devant lui, et je sens que nous ne nous reverrons jamais. Peu lui importe, ce ne sera pour lui qu'un ami de moins. Mais moi, je perdrai tout, je serai tourmenté le reste de ma vie. Un autre exemple m'a trop appris que je n'ai point un cœur qui sache oublier ce qui lui fut cher. Evitons, s'il se peut, une rupture irréconciliable. Je suis si cruellement tourmenté, que j'ai jugé à propos de vous envoyer cet exprès, afin d'avoir réponse à point nommé. Servez-vous-en pour l'envoyer porter la lettre à Diderot, et me répondez sur-le-champ, si vous avez quelque pitié de moi.

P. S. Il faut que je vous ajoute que madame le Vasseur me fait à présent de violents reproches ; elle me les fait durement, avec hauteur et du ton de quelqu'un qui se sent bien appuyé. Je ne réponds rien non plus que sa fille, nous nous contentons de gémir en silence ; je vois que les vieillards sont durs, sans pitié, sans entrailles, et n'aiment plus rien qu'eux-mêmes. Vous voyez que je ne peux plus éviter d'être un monstre. J'en suis un aux yeux de M. Diderot, si madame le Vasseur reste ici ; j'en suis un à ses yeux, si elle n'y reste pas. Quelque parti que je prenne, me voilà méchant malgré moi.

DE ROUSSEAU A MADAME D'ÉPINAY.

Je reçois votre lettre, ma bonne amie, une heure après que je vous ai envoyé un exprès avec celles que vous me demandez. Je ne suis pas homme à précautions, et surtout avec mes amis, et je n'ai gardé aucune copie de mes lettres. Vous avez bien prévu que la vôtre m'attendrirait. Je vous jure, ma bonne amie, que votre amitié m'est plus chère que la vie, et qu'elle me console de tout.

Je n'ai rien à répondre à ce que vous me marquez des bonnes intentions de Diderot, qu'une seule chose, mais pesez-la bien. Il connaît mon caractère emporté, et la sensibilité de mon âme. Posons que j'aye eu tort ; certainement il était l'agresseur, c'était donc à lui à me ramener par les voies qu'il y savait propres ; un mot, un seul mot de douceur me faisait tomber la plume de la main, les larmes des yeux, et j'étais aux pieds de mon ami. Au lieu de cela, voyez le ton de sa seconde lettre, voyez comment il raccommode la dureté de la première ; s'il avait formé le projet de rompre avec moi, comment s'y serait-il pris autrement ? Croyez-moi, ma bonne amie, Diderot est maintenant un homme du monde. Il fut un temps où nous étions tous deux pauvres et ignorés, et nous étions amis. J'en puis dire autant de Grimm ; mais ils sont devenus tous deux des gens importants... J'ai continué d'être ce que j'étais, et nous ne nous convenons plus.

Au reste, je suis porté à croire que j'ai fait injustice à ce dernier et même que ce n'est pas la seule ; mais si vous voulez connaître quelles ont été toujours pour lui mes dispositions intérieures, je vous renvoie à un mot du billet que vous avez dû recevoir aujourd'hui et qui ne vous aura pas échappé. Mais tous ces gens-là sont si hauts, si maniérés, si secs ; le moyen d'oser les aimer encore ? Non, ma bonne amie, mon temps est passé. Hélas! je suis réduit à désirer pour eux que nous ne redevenions jamais amis. Il n'y a plus que l'adversité qui puisse leur rendre la tendresse qu'ils ont eue pour moi! jugez si votre amitié m'est chère, à vous qui n'avez pas eu besoin de ce moyen cruel d'en connaître le prix.

Surtout que Diderot ne vienne pas..... Mais je devrais me rassurer, il a promis de venir.

Suite du Journal.

La lettre que Rousseau a écrite à M. Diderot est remplie d'invectives et de mauvaises chicanes, tandis qu'il aurait eu beau jeu avec de la modération; car, en effet, celles qu'on lui écrit sont un peu dures. Il faut pourtant convenir qu'avec de la bonne foi il n'y aurait jamais eu un instant de tracasserie à tout cela. Diderot, pour toucher son ami sur le sort de sa vieille gouvernante, a voulu sans doute lui mettre sous les yeux les reproches qu'il aurait à se faire, s'il lui arrivait le plus léger accident; reproches d'autant plus grands, que la pauvre le Vasseur en avait le pressentiment, et qu'un pressentiment est d'un grand poids chez cette classe de gens et chez les vieillards. L'imagination de Diderot lui a fait voir la bonne le Vasseur malade, au lit de la mort, lui faisant le discours le plus pathétique : il n'a à opposer à ce tragique tableau que des raisons faibles et puériles, mises en comparaison avec cette situation dont Rousseau a appuyé jusqu'à présent son refus de quitter l'Ermitage. Dès lors il ne le voit plus que comme un ingrat, un assassin, il n'est plus digne de son estime; il se persuade que tout ce qui peut arriver l'est, et il lui dit sans façon qu'il est un barbare (c'est un fort beau morceau de poésie que ces deux lettres de Diderot); mais à cela près, il est réellement mal à Rousseau de laisser dans l'inquiétude une femme de soixante-quinze ans à qui il doit beaucoup, quoi qu'il en dise ; il n'y a que de l'exagération poétique. Aussi, je viens de mander à Rousseau que je lui conseille de ne point envoyer sa lettre, à moins qu'il ne veuille avoir réellement tort ; qu'au contraire, il invite sincèrement Diderot à venir chez lui, et que là ils s'expliquent avec franchise et avec toute l'amitié qui est certainement au fond de leur cœur. J'ajoute même que, s'il ne peut pas aller à l'Ermitage, il faut que Rousseau vienne le trouver à Paris ; je l'en presse, étant sûre de l'amener à un accommodement avec Diderot, qui se plaint avec plus de raison encore que lui de la première réponse. Ma mère est malade depuis deux jours, sans quoi j'aurais été le trouver. Voilà à peu près le précis d'une très-longue lettre que je viens de lui écrire.

DE ROUSSEAU A MADAME D'ÉPINAY.

Madame le Vasseur doit vous écrire, ma bonne amie ; je l'ai priée de vous dire sincèrement ce qu'elle pense. Pour la mettre bien à son aise, je lui ai déclaré que je ne voulais pas voir sa lettre, et je vous prie de ne me rien dire de ce qu'elle contient.

Je n'enverrai pas la mienne à Diderot, puisque vous vous y opposez. Mais, me sentant très-grièvement offensé, il y aurait, à convenir d'un tort que je n'ai pas, une bassesse et une fausseté que je ne saurais me permettre, et que vous blâmeriez vous-même sur ce qui se passe au fond de mon cœur. L'Evangile ordonne bien à celui qui reçoit un soufflet d'offrir l'autre joue, mais non pas de demander pardon. Vous rappelez-vous cet homme de la comédie, qui crie au meurtre en donnant des coups de bâton : voilà le rôle du philosophe.

N'espérez pas l'empêcher de venir par le temps qu'il fait :

il serait très-fâché qu'il fût plus beau. La colère lui donnera le loisir et les forces que l'amitié lui refuse : il s'excédera pour venir à pied me répéter les injures qu'il me dit dans ses lettres. Je ne les endurerai rien moins que patiemment ; il s'en retournera être malade à Paris, et moi, je paraîtrai à tout le monde un homme fort odieux. Patience ! il faut souffrir. N'admirez-vous pas la raison de cet homme qui me voulait venir prendre à Saint-Denis, en fiacre, y dîner, et me ramener en fiacre, et à qui, huit jours après, sa fortune ne permet plus d'aller à l'Ermitage autrement qu'à pied ? Pour parler son langage, il n'est pas absolument impossible que ce soit là le ton de la bonne foi ; mais, dans ce cas, il faut qu'en huit jours il soit arrivé d'étranges révolutions dans sa fortune. O la philosophie (1) !

Je prends part au chagrin que vous donne la maladie de madame votre mère ; mais croyez que votre peine ne saurait approcher de la mienne ; on souffre moins encore de voir malades les personnes qu'on aime, qu'injustes et cruelles.

Adieu, ma bonne amie, voici la dernière fois que je vous parlerai de cette malheureuse affaire.

Vous me parlez d'aller à Paris avec un sang-froid qui me réjouirait dans tout autre temps. Je me tiens pour bien dites toutes les belles choses qu'il y aurait à dire là-dessus ; mais avec tout cela, je n'irai de ma vie à Paris, et je bénis le ciel de m'avoir fait ours, ermite, et têtu, plutôt que philosophe.

(1) Rousseau ignorait ou feignait d'ignorer que la pension que M. Diderot faisait à madame le Vasseur le mettait dans le cas de regarder de très-près à sa dépense ; il ignorait aussi les plaintes amères que la vieille femme lui avait faites de l'humeur de Rousseau, et l'effroi que lui causait pendant l'hiver l'habitation de l'Ermitage.

DE MADAME D'ÉPINAY A ROUSSEAU.

Et vous prétendez que ma lettre vous a fait du bien? celle que vous venez de m'écrire est plus injuste et plus remplie d'animosité que les premières. Mon ami, vous n'êtes point en état de vous juger ; votre tête fermente ; la solitude vous tue, et je commence à me repentir de vous avoir donné la facilité de vous y renfermer. Vous croyez avoir à vous plaindre aujourd'hui de M. Diderot, qui n'a cependant d'autre tort que d'avoir outré les expressions de la chaleur qu'il met à tout, et qui n'a d'autre but que de vous ramener au milieu de vos amis ; il a épuisé en vain toutes les raisons relatives à votre santé, à votre sécurité, à votre bien-être ; il a frappé une corde qui, dans tout autre temps, était faite pour vous toucher, le repos d'une femme de soixante-quinze ans, qui a eu la condescendance de s'isoler à son âge pour vous suivre ; il a peut-être supposé qu'elle gémissait en secret de passer l'hiver éloignée de tout secours : cela était naturel, et vous lui en faites un crime ! Mon ami, vous m'affligez ; votre état me pénètre de douleur ; car si vous m'eussiez dit de sang-froid tout ce qui se trouve dans vos trois lettres... Non, vous êtes malade, certainement vous l'êtes !... Eh ! qui m'assurera qu'il ne m'en arrivera pas au premier jour autant qu'à M. Diderot ? On doit la vérité à ses amis dans tous les cas : malheur à ceux qui n'oseraient l'entendre ! Vous n'êtes point fait pour méconnaître son langage, et vous ne méritez point d'amis qui puissent vous blesser lorsque vous êtes dans votre état naturel. Remettez-vous y donc promptement, et préparez-vous à ouvrir les bras à votre ami, qui ne doit pas tarder à s'y jeter, suivant ce que j'entends dire.

En attendant, M. Grimm me charge de vous faire passer ce paquet de la part du philosophe. Bonsoir, mon pauvre ours.

DE ROUSSEAU A MADAME D'ÉPINAY.

Diderot m'a écrit une troisième lettre en me renvoyant mes papiers. Quoique vous me marquiez par la vôtre que vous m'envoyez ce paquet, elle m'est parvenue plus tard et par une autre voie, de sorte que quand je l'ai reçue, ma réponse à Diderot était déjà faite. Vous devez être aussi ennuyée de cette longue tracasserie que j'en suis excédé. Ainsi n'en parlons plus, je vous en supplie.

Mais où avez-vous pris que je me plaindrai de vous aussi? Si j'avais à m'en plaindre, ce serait parce que vous usez de trop de ménagement avec moi, et me traitez trop doucement. J'ai souvent besoin d'être plus gourmandé que cela ; un ton de gronderie me plaît fort quand je le mérite ; je crois que je serais homme à le regarder quelquefois comme une sorte de cajolerie de l'amitié. Mais on querelle son ami sans le mépriser ; on lui dira fort bien qu'il est une bête ; on ne lui dira pas qu'il est un coquin. Vous ne me ferez jamais entendre *que vous croyez me faire grâce en pensant bien de moi.* Vous ne m'insinuerez jamais *qu'en y regardant de près, il y aurait beaucoup d'estime à rabattre.* Vous ne me direz pas : *Encore y aurait-il bien à dire là-dessus.* Ce ne serait pas seulement m'offenser, ce serait vous offenser vous-même ; car il ne convient pas à d'honnêtes gens d'avoir des amis dont ils pensent mal : que s'il m'était arrivé de mal interpréter sur ce point un discours de votre part, vous vous hâteriez assurément de m'expliquer votre idée, et vous garderiez de soutenir durement et sèchement ce même propos dans le mauvais sens où je l'aurais entendu. Comment, madame, appelez-vous cela, une forme, un extérieur?

J'ai envie, puisque nous traitons ce sujet, de vous faire ma déclaration sur ce que j'exige de l'amitié, et sur ce que j'y veux mettre à mon tour. Reprenez librement ce que vous trouverez à blâmer dans mes règles, mais attendez-vous à ne pas m'en voir départir aisément, car elles sont tirées de mon caractère que je ne puis changer.

Premièrement, je veux que mes amis soient mes amis, et non pas mes maîtres; qu'ils me conseillent sans prétendre me gouverner; qu'ils aient toutes sortes de droits sur mon cœur, aucun sur ma liberté. Je trouve très-singuliers les gens qui, sous ce nom, prétendent toujours se mêler de mes affaires sans me rien dire des leurs.

Qu'ils me parlent toujours librement et franchement; ils peuvent me tout dire : hors le mépris, je leur permets tout. Le mépris d'un indifférent m'est indifférent; mais si je le souffrais d'un ami, j'en serais digne. S'il a le malheur de me mépriser, qu'il ne me le dise pas, qu'il me quitte; c'est son devoir envers lui-même. A cela près, quand il me fait ses représentations, de quelque ton qu'il les fasse, il use de son droit; quand après l'avoir écouté, je fais ma volonté, j'use du mien; et je trouve mauvais qu'on me rabâche éternellement sur une chose faite.

Leurs grands empressements à me rendre mille services dont je ne me soucie point me sont à charge; j'y trouve un certain air de supériorité qui me déplaît; d'ailleurs tout le monde en peut faire autant; j'aime mieux qu'ils m'aiment et se laissent aimer : voilà ce que les amis seuls peuvent faire. Je m'indigne surtout quand le premier venu les dédommage de moi, tandis que je ne puis souffrir qu'eux seuls au monde. Il n'y a que leurs caresses qui puissent me faire supporter leurs bienfaits; mais quand je fais tant que d'en recevoir d'eux, je veux qu'ils consultent mon goût et non pas le leur; car nous pensons si différemment sur tant de choses, que souvent ce qu'ils estiment bon me paraît mauvais.

S'il survient une querelle, je dirais bien que c'est à celui qui a tort de revenir le premier ; mais c'est ne rien dire, car chacun croit toujours avoir raison : tort ou raison, c'est à celui qui a commencé la querelle à la finir. Si je reçois mal sa censure, si je m'aigris sans sujet, si je me mets en colère mal à propos, il ne doit pas s'y mettre à mon exemple, ou bien il ne m'aime pas. Au contraire, je veux qu'il me caresse bien, qu'il me baise bien, entendez-vous, madame? En un mot, qu'il commence par m'apaiser, ce qui sûrement ne sera pas long ; car il n'y eut jamais d'incendie au fond de mon cœur qu'une larme ne pût éteindre. Alors quand je serai attendri, calmé, honteux, confus, qu'il me gourmande bien, qu'il me dise bien mon fait, et sûrement il sera content de moi. S'il est question d'une minutie qui ne vaille pas l'éclaircissement, qu'on la laisse tomber : que l'agresseur se taise le premier, et ne se fasse point un sot point d'honneur d'avoir toujours l'avantage. Voilà ce que je veux que mon ami fasse envers moi, et ce que je suis toujours prêt à faire envers lui dans le même cas.

Je pourrais vous citer là-dessus une espèce de petit exemple dont vous ne vous doutez pas, quoiqu'il vous regarde ; c'est au sujet d'un billet que je reçus de vous il y a quelque temps, en réponse à un autre dont je vis que vous n'étiez pas contente, et où vous n'aviez pas, ce me semble, bien entendu ma pensée. Je fis une réplique assez bonne, ou du moins elle me parut telle ; elle avait sûrement le ton de la véritable amitié ; mais en même temps une certaine vivacité dont je ne puis me défendre, et je craignis, en la relisant, que vous n'en fussiez pas plus contente que de la première ; à l'instant je jetai ma lettre au feu ; je ne puis vous dire avec quel contentement de cœur je vis brûler mon éloquence ; je ne vous en ai plus parlé, et je crois avoir acquis l'honneur d'être battu : il ne faut quelquefois qu'une étincelle pour allumer un incendie. Ma chère et bonne amie ; Pythagore disait qu'on ne devait jamais attiser le feu avec une épée ; cette sentence me paraît la plus importante et la plus sacrée des lois de l'amitié.

J'exige d'un ami bien plus encore que tout ce que je viens de vous dire ; plus même qu'il ne doit exiger de moi, et que je n'exigerais de lui, s'il était à ma place et que je fusse à la sienne. En qualité de solitaire, je suis plus sensible qu'un autre ; si j'ai quelques torts avec un ami qui vive dans le monde, il y songe un moment, et mille distractions le lui font oublier le reste de la journée ; mais rien ne me distrait sur les siens ; privé du sommeil, je m'en occupe durant la nuit entière ; seul à la promenade, je m'en occupe depuis que le soleil se lève jusqu'à ce qu'il se couche ; mon cœur n'a pas un instant de relâche, et les duretés d'un ami me donnent dans un jour des années de douleurs. En qualité de malade, j'ai droit aux ménagements que l'humanité doit à la faiblesse et à l'humeur d'un homme qui souffre. Quel est l'ami, quel est l'honnête homme qui ne doit pas craindre d'affliger un malheureux tourmenté d'une maladie incurable et douloureuse ? Je suis pauvre, et il me semble que cet état mérite encore des égards. Tous ces ménagements que j'exige, vous les avez eus sans que je vous en parlasse, et sûrement jamais un véritable ami n'aura besoin que je les lui demande. Mais, ma chère amie, parlons sincèrement ; me connaissez-vous des amis ? Ma foi, bien m'en a pris d'apprendre à m'en passer ; je connais force gens qui ne seraient pas fâchés que je leur eusse obligation, et beaucoup à qui j'en ai en effet ; mais des cœurs dignes de répondre au mien, ah ! c'est bien assez d'en connaître un.

Ne vous étonnez donc pas si je prends Paris toujours plus en haine ; il ne m'en vient rien que de chagrinant, hormis vos lettres : on ne m'y reverra jamais. Si vous voulez me faire vos représentations là-dessus, et même aussi vivement qu'il vous plaira, vous en avez le droit : elles seront bien reçues et inutiles ; après cela, vous n'en ferez plus.

Faites tout ce que vous jugerez à propos au sujet du livre de M. d'Holbach, excepté de vous charger de l'édition ; c'est une manière de faire acheter un livre par force, et de mettre à contribution ses amis ; je ne veux point de cela.

Je vous remercie du Voyage d'Anson ; je vous le renverrai la semaine prochaine.

Pardonnez les ratures, je vous écris au coin de mon feu où nous sommes tous rassemblés. Les gouverneuses épuisent avec le jardinier les histoires de tous les pendus du pays, et la gazette d'aujourd'hui est si abondante, que je ne sais plus du tout ce que je dis. Bonjour, ma bonne amie.

DE ROUSSEAU A MADAME D'ÉPINAY.

Il y a si longtemps que je n'ai reçu de vos nouvelles par vous-même, que je serais fort inquiet de votre santé si je ne savais d'ailleurs qu'à votre fluxion près elle a été passable ; je n'ai jamais aimé entre amis la règle de s'écrire exactement, car l'amitié elle-même est ennemie des petites formules ; mais la circonstance de ma dernière lettre me donne quelque inquiétude sur l'effet qu'elle aura produit sur vous, et si je n'étais rassuré par mes intentions, je craindrais qu'elle ne vous eût déplu en quelque chose. Soyez bien sûre qu'en pareil cas j'aurais mal expliqué, ou vous auriez mal interprété mes sentiments ; voulant être estimé de vous, je n'ai prétendu y faire que mon apologie vis-à-vis mon ami Diderot et les autres personnes qui ont autrefois porté ce nom ; et que hors les témoignages de mon attachement pour vous, il n'y avait rien dans cette lettre dont j'ai prétendu vous faire la moindre application. Ce qui me rassure aussi bien que mon cœur, c'est le vôtre qui n'est rien moins que défiant ; et je ne puis m'empêcher de croire que si vous eussiez été mécontente de moi, vous me l'auriez dit ; mais, je vous en prie, pour me tranquilliser tout à fait, dites-moi que vous ne l'êtes pas. Bonjour, ma bonne amie.

Vous aviez bien raison de vouloir que je visse Diderot, il a passé hier la journée ici. Il y a longtemps que je n'en ai passé d'aussi délicieuse. Il n'y a point de dépit qui tienne contre la présence d'un ami.

Suite du Journal.

Voilà enfin la querelle de Diderot et de Rousseau terminée. Si le premier avait mis moins d'imagination dans l'intérêt qu'il prend à l'autre, il l'aurait fort embarrassé ; mais il l'a mis dans le cas de se plaindre avec une sorte de raison : je ne puis en disconvenir, malgré tout le soin que j'ai pris de persuader à Rousseau le contraire. Il faut avouer que je mène une singulière vie. Je suis si occupée tout le jour des querelles de mes amis, et des affaires qu'ils m'occasionnent, qu'il ne me reste pour ainsi dire que la nuit pour vaquer aux miennes.

Pendant tout le temps qu'a duré cette discussion, M. Diderot a fait paraître son ouvrage qui a eu le plus grand succès : son ami Grimm en est plus content mille fois que lui-même. L'intérêt qu'il y prend a passé jusqu'à moi, je me sens heureuse de ce succès. J'ai débité pour ma part plus de cent exemplaires en deux jours.

J'ai passé mon après-dînée seule avec M. Grimm. Il m'a paru si touché et si inquiet de mon état, que j'ai enfin cédé par complaisance au désir qu'ils ont tous que je consulte un nouveau médecin qui a beaucoup de réputation. Je n'espère rien de ses avis. J'espérerais bien plus de trois mois de tranquillité et de solitude passés entre ma mère et mon tendre ami Grimm. S'il y a un remède à mon état, c'est celui-là, mais...

Billet de madame d'Épinay à Rousseau.

J'envoie, mon ermite, de petites provisions à mesdames le Vasseur; et comme c'est un commissionnaire nouveau dont je me sers, voici le détail de ce dont il est chargé : un petit baril de sel, un rideau pour la chambre de madame le Vasseur, et un cotillon tout neuf à moi (que je n'ai pas porté, au moins) d'une flanelle de soie très-propre à lui en faire un, ou à vous-même un bon gilet. Bonjour, le roi des ours : un peu de vos nouvelles!

DE ROUSSEAU A MADAME D'ÉPINAY (1).

Les chemins sont si mauvais, que je prends le parti de vous écrire par la poste, et vous pourrez en faire de même; car on m'apporte mes lettres de Montmorency jusqu'ici, et je suis à cet égard comme au milieu de Paris.

Il fait ici un froid rigoureux qui vient altérer un peu de bonne heure ma provision de bois, mais qui me montre, par l'image prématurée de l'hiver, que, quoi qu'on en dise, cette saison n'est plus terrible ici qu'ailleurs que par l'absence des amis; mais on se console par l'espoir de les retrouver au

(1) La lettre à laquelle celle-ci sert de réponse ne nous a point été conservée par madame d'Épinay, qui, à ce qu'il paraît, a supprimé une partie du précédent billet; mais cette réponse, malgré quelques plaisanteries, dont on chercherait le sens inutilement, est trop curieuse pour que nous la retranchions de l'ouvrage auquel elle appartient.

printemps, ou du moins de les revoir; car il y a longtemps que vous me faites connaître qu'on les retrouve au besoin dans toutes les saisons.

« Pour Dieu, gardez bien cette chère imbécillité, trésor inattendu dont le ciel vous favorise et dont vous avez grand besoin; car si c'est un rhumatisme pour l'esprit, c'est au corps un très-bon emplâtre pour la santé; il vous faudrait bien de pareils rhumatismes pour vous rendre impotente; et j'aimerais mieux que vous ne puissiez remuer ni pied, ni patte, c'est-à-dire n'écrire ni vers, ni comédie, que de vous savoir la migraine.

Je dois une réponse à M. Gauffecourt; mais je compte toujours qu'il viendra la recevoir. En attendant les bouts-rimés, il peut prier M. Chapuis d'envoyer un double du mémoire que je lui ai laissé. Si tout ceci vous paraît clair, le rhumatisme vous tient bien fort.

A propos de M. Gauffecourt, et son manuscrit, quand voulez-vous me le renvoyer? Savez-vous qu'il y a quatre ans que je travaille à pouvoir le lire sans avoir pu en venir à bout. Bonjour, madame; touchez pour moi la patte à toute la société.

De l'Ermitage, à 10 heures du matin.

Quand j'avais un almanach et point de pendule, je datais du quantième; maintenant que j'ai une pendule et point d'almanach, je date de l'heure. Je suis obligé de vous dire, à cause du rhumatisme, que c'est une manière de demander un almanach pour mes étrennes.

Le lieutenant criminel (1) vous supplie d'agréer ses respects. La maman n'en peut faire autant, attendu qu'elle est à Paris et malade d'un gros rhume; elle compte pourtant

(1) Mademoiselle le Vasseur.

revenir lundi, et j'espère qu'elle me rapportera de vos nouvelles.

Je reçois à l'instant votre lettre et vos paquets. Je n'ai pas bien entendu les géants du nord et la glacière et les lutins, et les tasses à la crème, etc. Ce qui me fait comprendre que vous m'avez, avec tout cela, inoculé votre rhumatisme; ainsi vous faites bien de m'envoyer en même temps votre cotillon pour m'en guérir; j'ai pourtant quelque peur qu'il ne me tienne un peu chaud, car je n'ai pas accoutumé d'être si bien fourré.

Suite du Journal.

Depuis six jours nous n'avons presque pas quitté notre pauvre ami Gauffecourt, qui a eu une attaque d'apoplexie. Cette nouvelle m'a causé un si grand saisissement, que j'en suis malade; j'ai caché à mon ami Grimm la révolution que cet événement a occasionnée dans ma santé, c'est le seul mystère que je puis prendre sur moi de lui faire; mais son inquiétude l'aurait sûrement porté à m'empêcher de rendre des soins à Gauffecourt, et je ne veux pas le quitter qu'il ne soit hors de danger, et même sans souffrances.

J'ai appris le soir le retour de Francueil, par M. d'Epinay. On dit qu'il se porte à merveille; j'avoue que si j'ai été sincèrement contente de le savoir en bonne santé, ce qui suppose qu'il est heureux, je n'ai pu me défendre d'un peu de peine, de l'oubli total qu'il semble faire de moi.

DE MADAME D'ÉPINAY A ROUSSEAU.

Vous savez, mon bon ami, l'accident arrivé à notre ami Gauffecourt. Depuis douze jours il me donne les plus vives inquiétudes; il ne fait qu'un cri après vous. Il a des moments d'absence, mais il semble plutôt que c'est la mémoire que la présence d'esprit qui lui manque : il cherche ses mots, et s'afflige de ne les pas trouver. Il me disait hier qu'il avait perdu son dictionnaire. Je suis parvenue à le deviner par signes ; aussi il voudrait que je ne le quittasse pas. Jusqu'à présent j'y ai été très-assidue, même aux dépens de ma santé ; actuellement que le danger est passé, je dois penser à moi, et je sens que j'ai besoin de repos ; mais il m'en coûte de le laisser dans cet état, abandonné à des domestiques et à des médecins, qui l'auraient, en vérité, assassiné, si je les eusse laissés faire.

J'ai vu M. Diderot, et si je n'étais pas une imbécile, il aurait certainement dîné chez moi ; mais je crois que le pauvre Gauffecourt m'avait inoculé sa goutte ou son rhumatisme sur l'esprit ; et puis, je ne sais point tirailler ni violenter les gens ; au moyen de quoi je suis très-persuadée que je ne le reverrai pas, malgré toutes les assurances qu'il ma données de venir me voir. Mais encore faut-il vous dire comment cette entrevue s'est passée ? J'étais en peine de notre ami que j'avais laissé en mauvais état hier au soir ; je me levai ce matin de bonne heure, et je me rendis chez lui avant neuf heures. Le baron d'Holbach et M. Diderot y étaient. Celui-ci voulut sortir dès qu'il me vit ; je l'arrêtai par le bras : Ah ! lui dis-je, le hasard ne me servira pas si bien, sans que j'en profite. Il rentra, et je puis assurer que je n'ai de ma vie eu deux heures plus agréables.

Il y a sans doute dans ce billet bien des fautes d'orthographe, mais vous en trouverez bien davantage encore dans les plans que je vous fais passer.

DE ROUSSEAU A MADAME D'ÉPINAY (1).

Passe pour le cotillon ; mais le sel ! jamais femme donna-

(1) Cette lettre suppose encore quelque chose de supprimé dans la précédente.

t-elle à la fois de la chaleur et de la prudence? A la fin, vous me ferez mettre mon bonnet de travers, et je ne le redresserai plus. N'avez-vous pas assez fait pour vous? faites maintenant quelque chose pour moi, et laissez-vous aimer à ma guise.

Oh! que vous êtes bonne avec vos explications! Ah! ce cher rhumatisme! Maintenant que vous m'avez expliqué votre billet, expliquez-moi le commentaire; car cette glacière où je ne comprends rien y revient encore, et pour moi, je ne vous connais pas d'autre glacière qu'un recueil de musique française.

Enfin, vous avez vu l'homme. C'est toujours autant de pris; car je suis de votre avis, et je crois que c'est tout ce que vous en aurez. Je me doute pourtant bien de ce qu'un ours musqué devrait vous dire sur l'effet de ce premier entretien; mais quant à moi, je pense que le Diderot du matin voudra toujours vous aller voir, et que le Diderot du soir ne vous aura jamais vue. Vous savez bien que le rhumatisme le tient aussi quelquefois, et que quand il ne plane pas sur ses deux grandes ailes auprès du soleil, on le trouve sur un tas d'herbes, perclus de ses quatre pattes. Croyez-moi, si vous avez encore un cotillon de reste, vous ferez bien de le lui envoyer. Je ne savais pas que le papa Gauffecourt fût malade, et l'on m'a même flatté de le voir aujourd'hui; ce que vous m'avez marqué fera que s'il ne vient pas, j'en serai fort en peine.

Encore de nouveaux plans? Diable soit fait des plans, et plan plan relantanplan. C'est sans doute une fort belle chose qu'un plan, mais faites des détails et des scènes théâtrales; il ne faut que cela pour le succès d'une pièce à la lecture, et même quelquefois à la représentation. Que Dieu vous préserve d'en faire une assez bonne pour cela.

J'ai relu votre lettre pour y chercher les fautes d'orthographe, et n'y en ai pas su trouver une, quoique je ne doute pas qu'elles n'y soient. Je ne vous sais pas mauvais gré de les avoir faites, mais bien de les avoir remarquées. Moi, j'en voulais faire exprès pour vous faire honte, et n'y ai plus songé en vous écrivant.

Bonjour, mon amie du temps présent, et bien plus encore du temps à venir. Vous ne me dites rien de votre santé; ce qui me fait augurer qu'elle est bonne.

A propos de santé, je ne sais s'il y a de l'orthographe dans ce chiffon, mais je trouve qu'il n'y a pas grand sens; ce qui me fait croire que je n'aurais pas mal fait de me faire de votre cotillon une bonne calotte bien épaisse, au lieu d'un gilet, car je sens que le rhumatisme ne me tient pas au cœur, mais à la cervelle.

Je vous prie de vouloir bien demander au tyran ce que signifie un paquet qu'il m'a fait adresser, contenant deux écus de six francs : cela me paraît un à-compte un peu fort sur les parties d'échecs qu'il doit perdre avec moi.

Diderot sort d'ici ; je lui ai montré votre lettre et la mienne. Je vous l'ai dit, il a conçu une grande estime pour vous, et ne vous verra point. Vous en avez assez fait, même pour lui. Croyez-moi, laissez-le aller. La maman le Vasseur se porte un peu mieux.

DE MADAME D'ÉPINAY A ROUSSEAU.

Je soupçonne, mon ami, que notre pauvre Gauffecourt a quelques affaires à arranger, qu'il ne voudrait peut-être confier qu'à vous. Il me disait hier, que s'il ne craignait d'abuser de votre amitié, il vous prierait de venir passer quelques jours avec lui. Si vous voulez, mon ami, lui rendre, ainsi qu'à moi, ce service pour trois ou quatre jours, vous logeriez chez moi ou chez M. Diderot, et je prendrais ce temps pour me reposer. Je vous enverrai, vendredi matin, mon carrosse qui vous attendra à la grille de M. de Luxembourg, si vous acceptez ma proposition. Il me semble que si vous pouviez voir, d'où vous êtes, le pauvre Gauffecourt, vous ne pourriez vous refuser au plaisir qu'il vous demande.

Bonjour, mon ami.

DE ROUSSEAU A MADAME D'ÉPINAY.

Nous sommes ici trois malades, dont je ne suis pas celui qui aurait le moins besoin d'être gardé. Je laisse en plein hiver, au milieu des bois, les personnes que j'y ai amenées sous promesse de ne les y point abandonner. Les chemins sont affreux, et l'on enfonce de toutes parts jusqu'au jarret. De plus de deux cents amis qu'avait M. Gauffecourt à Paris, il est étrange qu'un pauvre infirme, accablé de ses propres maux, soit le seul dont il ait besoin. Je vous laisse réfléchir sur tout cela ; je vais donner encore ces deux jours à ma santé et aux chemins pour se raffermir. Je compte partir vendredi s'il ne pleut ni ne neige, mais je suis tout à fait hors d'état d'aller à pied jusqu'à Paris, ni même jusqu'à Saint-Denis, et le pis est que le carrosse ne peut manquer de me faire beaucoup de mal dans l'état où je suis. Cependant si le vôtre se trouve, en cas de temps passable, vendredi à onze heures précises devant la grille de M. de Luxembourg, j'en profiterai, sinon je continuerai ma route comme je pourrai, et j'arriverai quand il plaira à Dieu. Au reste, je veux que mon voyage me soit payé, je demande une épingle (1) pour ma récompense ; si vous ne me la faites pas

---

(1) Cette épingle était un emploi dans les fermes, demandé par un jeune homme qui devait faire à madame le Vasseur une pension, dans

avoir, vous qui pouvez tout, je ne vous le pardonnerai jamais.

Je choisis d'aller dîner avec vous, et coucher chez Diderot. Je sens aussi, parmi tous mes chagrins, une certaine consolation à passer encore quelques soirées paisibles avec notre pauvre ami. Quant aux affaires, je n'y entends du tout rien; je n'en veux entendre parler d'aucune espèce, à quelque prix que ce soit : arrangez-vous là-dessus. Voilà un paquet et une lettre que je vous prie de faire porter chez Diderot. Bonjour, ma bonne amie; tout en vous querellant, je vous plains, vous estime, et ne songe point sans attendrissement au zèle et à la constance dont vous avez besoin; toujours environnée d'amis malades ou chagrins, qui ne tirent leur courage et leur consolation que de vous.

le cas où cette bonne femme le lui ferait obtenir. Voici la lettre, que Rousseau avait écrite quelque temps auparavant à ce sujet à madame d'Épinay.

« Voilà, madame, un emploi vacant à Grenoble, comme vous verrez
» ci-derrière; mais j'ignore et dans quel département, et si l'emploi
» n'est point trop important; ce que je sais, c'est que le gendre de ma-
» dame Sabi, mon hôtesse, qui est dans le pays, donnerait une pension
» à madame le Vasseur, si elle pouvait le lui faire obtenir; que le père
» du prétendant est très-solvable, et que les cautions ne lui man-
» queraient pas. Consultez donc là-dessus M. d'Épinay, si vous le
» jugez à propos; puisque vous avez donné à madame le Vasseur la
» commission de vous informer des emplois vacants, nous vous parlons
» de celui-ci à tout hasard, sauf à retirer bien vite notre proposition,
» si elle est indiscrète, comme j'en ai peur.

» Faites-moi dire comment vous êtes aujourd'hui. Je vous recom-
» mande toujours le ménagement; car je trouve qu'en général on prend
» trop de précautions dans les autres temps, et jamais assez dans les
» convalescences. Pour moi, je ne vaux pas la peine qu'on en parle;
» quand j'aurai de meilleures nouvelles, soyez sûre que j'irai vous les
» dire moi-même. Bonjour madame et bonne amie. »

Suite du Journal.

Rousseau n'a pu résister au désir qu'a eu Gauffecourt de le voir; il est arrivé hier, et je vais profiter de son séjour pour prendre du repos : j'en ai grand besoin. Il y a près de huit jours que je n'ai pu voir M. Grimm à mon aise, ni causer de suite avec lui. Il était temps que cette contrainte finît.

J'ai vu presque tous les jours chez Gauffecourt le baron d'Holbach, je me suis trouvée plus à mon aise avec lui que je ne l'aurais cru et que je ne le suis ordinairement avec ceux que je sais être prévenus contre moi; car je ne puis me flatter que Duclos m'ait mieux traitée auprès de celui-ci que de tant d'autres. Le baron m'a marqué beaucoup d'égards, il m'a même envoyé un panier de vingt-cinq bouteilles de vin de Bordeaux, ayant appris qu'il m'était ordonné, et sachant que je n'en pourrais trouver de bon. A tout autre, j'aurais écrit un remercîment; mais M. Grimm m'a conseillé de ne rien faire qui marquât le désir de me lier avec lui, et il s'est chargé de lui témoigner comme il l'entendrait ma gratitude. Il prétend que le baron, avec d'excellentes qualités, a le défaut d'être fort inconstant dans ses goûts; et est en même temps sujet à l'humeur. Grimm veut qu'il fasse les avances les plus décidées avant que je me prête à faire connaissance avec sa femme et lui, pour éviter par la suite ce qu'il appelle ses *turlus*. Le baron a demandé s'il n'était pas convenable qu'il vînt savoir si j'avais trouvé son vin bon. Rien n'est moins nécessaire, lui a répondu M. Grimm; d'ailleurs vous la voyez tous les jours chez Gauffecourt, vous pouvez le lui demander lorsque vous la rencontrerez. Ah! lui dit encore le baron, c'est que je ne serais pas fâché que ma femme fît connaissance avec elle, et c'est une occasion d'avoir accès dans sa société. Je n'ai rien à vous dire là-dessus, lui répondit M. Grimm; et la conversation changea d'objet. Je n'ai pas vu le baron depuis ce temps-là, ni n'en ai entendu parler.

M. de Francueil, qui est arrivé depuis cinq à six jours, est venu hier un moment chez moi. J'avais du monde, mais j'ai été très-contente de son ton et de sa contenance. Je n'ai pu me défendre d'être fort émue en le voyant; j'éprouvais un plaisir mêlé de crainte, et ce dernier sentiment fut un moment le plus fort; mais j'ai été promptement rassurée en le trouvant tel que je désirais qu'il fût.

―――

Il paraît que Rousseau n'a pu tenir longtemps à tous ceux qui entourent Gauffecourt depuis qu'il est en convalescence, si toutefois c'est là ce que les médecins appellent une convalescence; quant à moi, elle me paraît aussi cruelle que la maladie. Il l'a quitté ce matin sans rien dire et s'en est retourné à pied à l'Ermitage : il m'a écrit quatre mots en partant, pour me prier de lui donner des nouvelles du malade et des miennes.

Dans une de mes visites à Gauffecourt, j'ai rencontré le baron, je l'ai remercié de son vin; il m'a demandé la permission de venir s'informer chez moi quand je n'en aurais plus. Je lui ai répondu que je serais très-flattée de le voir, et j'ai parlé d'autres choses : cependant dès le lendemain, il me rendit visite, et M. Grimm, qui est entré un peu après lui, l'a trouvé auprès de moi, avec l'air de s'y plaire. J'ai remarqué alors, dans les yeux de ce dernier, la satisfaction qu'il éprouvait de voir le baron assez détrompé sur mon compte pour être venu chez moi de son propre mouvement. Ah! ce précieux ami est mille fois plus affecté que moi de ce qui me regarde!

DE ROUSSEAU A MADAME D'ÉPINAY.

Vous ne m'avez pas marqué si l'on avait congédié les médecins. Qui pourrait tenir au supplice de voir assassiner chaque jour son ami sans y pouvoir porter remède? Eh! pour l'amour de Dieu, balayez-moi tout cela, et les comtes et les abbés, et les belles dames et le diable qui les emporte tous. Alors écrivez-moi, et s'il est nécessaire, je m'offre de ne plus le quitter; mais ne me faites pas venir inutilement. Je veux bien donner ma vie et ma santé, mais je voudrais au moins que ce sacrifice fût bon à quelque chose; car quant à moi, je suis très-persuadé que je ne retournerai jamais à Paris, que pour y mourir. Bonjour, ma bonne amie.

Suite du Journal.

J'ai dîné aujourd'hui pour la première fois chez le baron d'Holbach. Le ton et la conversation de cette maison me plaisent infiniment. Sa femme est douce et honnête, je lui crois même beaucoup de finesse. L'on m'a présenté M. de Margency, qui est un homme âgé de trente ans, d'une santé faible, et qui passe sa vie chez le baron. Il est ami de M. Grimm, et dans la plus grande intimité avec M. Desmahis. Tout ce qui est ami de M. Grimm, tous ceux qui s'intéressent à lui, me deviennent nécessaires à connaître.

DE MADAME D'ÉPINAY A M. DE LISIEUX.

O Monsieur, mon bon ami, mon père, venez me soutenir. Encouragez-moi, ne me laissez pas à moi-même. Je me crains, je veux être généreuse et je ne le puis. La satisfaction que je ressens de la faveur où est M. Grimm suffit à peine pour calmer ma douleur, et ne peut me faire détourner les yeux sur les dangers attachés à la distinction qu'il a reçue. Ma faiblesse est injuste, déraisonnable; mais perd-t-on ses amis de sang-froid ? Oui, monsieur, il part; je dois l'y encourager, je dois en être bien aise, je dois... je dois penser, agir, sentir contre nature. Non, je ne le puis... Tenez, il m'est impossible d'écrire : je suis désolée.

———

Le duc d'Orléans, à qui M. Grimm avait fait assidûment sa cour depuis la mort du comte de Friese, avait redoublé d'estime et d'intérêt pour lui. Il pensa que la guerre qui allait se faire sur terre serait un moyen sûr pour son avancement et pour sa fortune; ce fut la raison qui le fit mander à Saint-Cloud. Lorsqu'il eut été introduit dans le cabinet du prince, celui-ci lui demanda s'il n'avait pas d'autres vues pour sa fortune, que les réflexions philosophiques dont il pourrait faire part au public. Puis il ajouta : « Toutes les rêveries métaphysiques du monde ne vaudront pas pour vous, croyez-moi, l'emploi que je veux vous faire avoir dans l'armée : c'est mon affaire de vous y attacher convenablement. J'ai demandé au maréchal d'Estrées, qui commande, de vous prendre d'abord comme secrétaire; vous savez plusieurs langues, vous lui serez utile. Après cette campagne, si le jeu vous plaît, nous ferons mieux pour vous; si au contraire vous trouvez que le mouvement d'une armée ne s'accorde pas avec le calme nécessaire à vos méditations, vous reviendrez ici rêver tout à votre aise à l'ombre de vos lauriers. »

Madame d'Épinay, en apprenant ces détails, passa alternativement de la joie au désespoir le plus violent. L'excès de sa douleur se calma cependant par l'espérance que nous lui fîmes concevoir que M. Grimm en serait quitte pour une campagne, et que peut-être même M. le duc d'Orléans songerait ensuite à le fixer sérieusement auprès de lui.

Suite du Journal.

Le maréchal a répété à M. Grimm ce mot fatal pour moi : *Je vous emmène.* Il a ajouté en riant : *Je vous dérange un peu de vos occupations et de vos sociétés.* Avec quelle légèreté les grands se jouent du bonheur des particuliers ! pourquoi lui dire cela en riant ? Ces gens-là ne sentent-ils rien, ou ne sont-ils affectés seulement que de ce qui les touche ?

M. Grimm m'avait promis de revenir de bonne heure aujourd'hui, mais il était neuf heures passées lorsqu'il est arrivé. Un homme, dit-il, à qui il avait à parler, l'a entraîné par l'agrément de sa conversation et l'a retenu. S'il se trouvait dans tout l'univers un homme qui eût le pouvoir de me faire rester lorsqu'il m'attend... Ah ! s'il existait, je le ferais noyer, car il m'aurait privée du seul bonheur de ma vie !

Que j'ai de peine à me résigner ! Que je me trouve petite et faible ! je suis sur le départ de M. Grimm, comme on est à l'égard d'un ami dangereusement malade. Le médecin arrive : Ne vous flattez pas, dit-il, votre ami est sans ressource à moins d'un miracle dont nous ne connaissons point d'exemple : on se désole ; mais on attend le miracle, et l'on espère encore. Hélas ! dans huit ou dix jours, il ne sera plus ici !

J'ai vu aujourd'hui Diderot chez le baron d'Holbach. Il m'a fait tant de compliments, m'a dit tant de fadeurs sur l'empire que je prenais sur mes amis, que je sens à merveille qu'il me juge tout au contraire de ce que je suis. L'envie de subjuguer est bien loin de moi, et je n'en ambitionne point la gloire. C'est ce que j'ai tâché adroitement de lui faire sentir ; peut-être n'y aura-t-il vu qu'une finesse de plus.

En rentrant chez moi, j'ai trouvé une lettre de Rousseau ; je lui avais annoncé le départ de M. Grimm. « Je fais mon

» compliment, me dit-il, à mon ancien ami Grimm ; mais la
» faveur des grands entraîne toujours des inconvénients :
» apparemment qu'il a bien combiné ce qui lui convient. Je
» le plains plus que vous, madame. »

Billet de madame d'Épinay à M. Grimm, le jour de son départ.

A onze heures du matin.

J'ai déjà passé une heure avec vous, et dans deux d'ici, je ne vous verrai plus. Vous m'avez promis de me voir encore, mon ami ; j'ai, en vérité, nombre de choses essentielles à vous dire, à vous demander. Je voudrais vous parler, vous écrire... les expressions me manquent. Mon ami, ménagez-vous, c'est tout ce que je puis vous dire. C'est mon bien que je vous confie, oui ; mon bien, mon unique bien. Soyez tranquille pour moi, j'apporterai à ma santé tous les soins que vous méritez que j'en prenne. Je n'ai pu m'empêcher de vous écrire ce billet pendant votre toilette, et je ne puis m'empêcher de vous l'envoyer, ne fût-ce que pour vous dire encore que je vous attends.

DE MADAME D'ÉPINAY A M. GRIMM.

Oh ! les cruels amis ! Quelle satisfaction ils ont pensé retarder d'un jour ! le baron, M. de Margency, le marquis de Saint-Lambert, la comtesse d'Houdetot sont tous accourus. Quoi ? il est parti ! — Eh ! mais sans doute il est parti... Et puis des regrets, des éloges... Que tous ces gens-là sont froids, et s'expriment faiblement auprès de ce que mon cœur sent ! Ils se sont installés, ils voulaient me consoler, m'être utiles ; mais je ne leur ai rendu justice qu'après qu'ils ont été partis. Comme nous allons dans quelques jours à la Chevrette, je me suis mise à faire des paquets de mes papiers et de mes livres, ils m'ont aidée, et cela m'a amusée un moment, en me faisant accroire que j'allais partir aussi et que je vous retrouverais quelque part. Dès que j'ai été seule, j'ai couru chez vous ; j'avais un pressentiment que je ne me trouverais bien que là. Croiriez-vous que ce n'a été qu'au bout d'une demi-heure que j'ai enfin aperçu cette lettre à mon adresse que vous y aviez laissée? Voilà donc pourquoi il ne fallait pas laisser entrer chez vous? Que je vous remercie, mon ami! Qu'elle est douce, qu'elle est consolante, cette lettre! Oui, je porterai sur mon cœur pendant tout le temps de votre absence ce précieux gage de votre tendresse et de vos attentions pour moi, aussi délicates qu'inépuisables. Après l'avoir relue dix fois, j'ai fini de ranger votre secrétaire et votre bureau ; j'ai été dire un petit bonsoir à ma mère et je vais finir ma journée avec mes enfants.

DE M. GRIMM A MADAME D'ÉPINAY.

En partant.

Je serai déjà loin de vous, ma précieuse amie, lorsque ce billet vous rappellera combien mon cœur en est occupé. C'est avec le plus mortel regret que je vous quitte et que je renonce pour un temps à la douceur de vivre auprès de vous. Mais, mon amie, nous ne saurions être tout à fait malheureux d'un événement qui est dans l'ordre, et que le devoir de tout homme exige. Puisque j'ai adopté la France pour patrie, je dois la servir. Que vous êtes injuste si vous m'accusez encore d'ambition ! Rapportez-vous-en à moi, pour ne faire que ce dont je ne puis me dispenser sans me manquer à moi-même. Je vous remercie du billet que vous venez de m'envoyer ; je sens trop, par expérience, ma tendre amie, qu'il faut nous pardonner mutuellement la faiblesse du premier moment; la sensibilité a des droits dont il faut chérir les effets. Celle que vous me marquez m'est bien précieuse; mais il ne faut pas en étendre les bornes, jusqu'à s'exagérer son malheur, et en devenir incapable de subir la loi de sa vocation. La vôtre est de vous conserver pour madame votre mère, pour vos enfants, pour l'ami le plus tendre. Songez que son bonheur est attaché à votre conservation et à votre bien-être. Rappelez-vous souvent, je vous en conjure, le sujet et le résultat de nos dernières conversations. Voyez combien vous avez besoin de courage, de fermeté et d'élévation, pour parer à tous les inconvénients de votre situation. Mon amie, ce ne sera pas dans les larmes que vous acquerrez l'énergie qui vous est nécessaire. Ne souffrez pas que votre mari fasse aucune injustice à vos enfants ni à vos domestiques; soumettez-vous plutôt à celles qu'il pourrait vous faire, si elles n'ont pas des suites trop importantes, et si elles peuvent vous procurer du repos. Voilà en général le rôle qu'il vous convient de jouer. Je vous laisse d'ailleurs bien entourée; il ne tient qu'à vous de mener une vie fort douce et fort agréable. La société du baron est bien composée, vous y êtes recherchée; et puisqu'on sait vous y apprécier, je ne vois nul inconvénient pour vous à en jouir ; vous ne pouvez tous que gagner à vous connaître davantage, surtout si ma tendre amie veut bien se dire qu'une confiance sans bornes n'est pas due à tous les amis. Un peu de prudence sur ce point peut être recommandé à une âme aussi droite, aussi franche que la vôtre, sans la blesser. Vous pouvez tirer un très-bon parti de Margency : il est aimable et amusant. Je suis étonné que vous n'ayez pas répondu avec plus d'empressement aux prévenances du marquis de Croismare, et que vous l'ayez reçu si froidement quand on vous l'a amené : c'est un homme d'un mérite distingué ; je serais très-aise de le voir établi dans votre société. Ne me direz-vous pas, dans vos moments perdus, votre opinion sur eux tous ? Oubliez ce que nous en avons dit, et jugez-en par vous-même ; point de paresse d'esprit, s'il vous plaît. Adieu, adieu donc, mon amie. Que ce mot était doux à prononcer tous les soirs, mais qu'il me coûte à présent !

Je vais donc vous embrasser pour la dernière fois d'ici à six mois.

DE MADAME D'ÉPINAY A M. GRIMM.

Je ne m'y fais point, je crois même que je ne m'y ferai jamais. Dix fois ce matin j'ai pensé envoyer chez vous. Je vous plains, mon ami, presque autant que moi. Vous allez être entouré de gens qui n'auront nul égard pour votre tristesse. Quant à moi, je suis un peu dédommagée par l'approbation générale que j'entends donner de toutes parts aux bontés que le duc d'Orléans a pour vous, mais aussi plus je vous vois aimé, plus je redoute les envieux.

Eh bien ! mon ami, vous voulez donc que je me dise : il remplit sa vocation ; nous subissons notre sort. Que ces raisons sont faibles et qu'elles ont encore peu de pouvoir sur moi ! Vous êtes si raisonnable, si austère, qu'il faut que j'aie un grand fonds de confiance en vous, et une grande habitude de vous tout dire, pour oser vous montrer toute la folie de mon cœur. Comme vous me le disiez un jour, je crois que je serai enfant jusqu'à l'âge où l'on retombe en enfance : mon ami, je le suis au point d'en faire gloire. J'ai bien de la peine à vous pardonner le refus de ce certain portrait relégué dans votre antichambre. Il est vrai qu'il fait un peu la grimace, mais j'en aurais tiré un grand parti, de cette grimace ; j'aurais regardé sans cesse autour de moi pour voir si je n'avais pas agi ou parlé de travers... Mais laissons votre portrait, mon cœur et ma folie. Je veux vous tenir si bien au courant de tout ce qui nous intéresse, que vous puissiez croire quelquefois ne nous avoir pas quittés.

DE M. GRIMM A MADAME D'ÉPINAY.

De R.....

Je salue ma tendre amie, et je pars. Mon cœur ne vous a pas quittée. Ayez soin de votre santé ; c'est de toutes les marques de tendresse que vous puissiez me donner, la plus douce pour moi. Nous continuons notre route sans nous arrêter. Qu'il y a longtemps que je ne vous ai vue ! J'espère que vous êtes occupée de vous ; cela me console un peu..... Je ne sais si ce billet vous parviendra. Adieu.....

DE M. GRIMM A MADAME D'ÉPINAY.

De Metz.

Me voici à Metz.... En vérité, j'ai fait tout le trajet sans savoir où j'étais et où l'on me conduisait. Ma chère amie, vous regrettez sans doute l'homme du monde qui vous est le plus attaché, mais vous ne le plaignez pas assez, j'en suis sûr. Vous ne pouvez concevoir à quel point je souffre d'être privé de la douce habitude de vous voir. Je passerai des mois entiers sans jouir de cette satisfaction : pour surcroît de malheur, je prévois que je n'aurai pas un seul instant de liberté ; je serai peu avec vous ; jamais avec moi. Consolez-moi, ô ma tendre amie, par tout ce que vous connaissez de plus essentiel à ma tranquillité. Que vos lettres me parlent sans cesse de vous, de votre famille, de vos intérêts, de vos soins pour votre santé, et de leur succès. Vous m'êtes toujours présente ; je tremble pour vous, et je ne réussis pas toujours à me rassurer.

Vous ne savez pas, mon amie, que je suis parti de Paris bien malade. Avant d'aller chez vous la seconde fois, je me suis trouvé si mal, que je ne savais si je serais en état de me mettre en route : tout cela s'est dissipé, et n'a pas eu plus de suite que mes maux ordinaires. Qu'il me tarde d'apprendre de vos nouvelles! Je ne sais pas un mot de ce que vous ferez demain, par exemple; depuis que je vous connais, cela ne m'est point arrivé. Nous allons continuer notre route. Adieu, ma tendre amie, pensez à tout ce que vous m'avez promis, et puisque mon bonheur est si essentiellement attaché à vos jours, songez à les conserver. Mes respects et mes compliments, etc.

DE MADAME D'ÉPINAY A M. GRIMM.

Tenez, mon ami, ces trois mots écrits de R.... me font plus de plaisir, me sont plus précieux que même la lettre datée de Metz, que j'ai reçue en même temps. Si vous saviez combien je suis sensible à tout ce que vous faites pour moi! Je crois que je serais morte d'inquiétude si je vous avais su malade en partant. Mon ami, vous m'assurez bien que votre indisposition n'a eu aucune suite? Je vous crois, mais j'ai besoin que vous me le disiez encore.

DE ROUSSEAU A MADAME D'ÉPINAY.

Quoique je ne craigne pas la chaleur, elle est si terrible aujourd'hui, que je n'ai pas le courage d'entreprendre le voyage au fort du soleil. Je n'ai fait que me promener à l'ombre autour de la maison, et je suis tout en nage. Ainsi je vous prie de témoigner mon regret à mes prétendus confrères (1); et comme depuis qu'ils sont ours, je me suis fait

---

(1) Madame d'Épinay appelait ses *ours* plusieurs personnes de sa société : il y avait déjà longtemps qu'elle avait donné le même nom à J.-J. Rousseau.

galant, trouvez bon que je vous baise très-respectueusement la main.

Puisqu'on ne peut vous voir demain, ce sera pour vendredi s'il fait beau, et je partirai de bonne heure.

DE MADAME D'ÉPINAY A M. GRIMM.

Nous avons passé notre journée d'hier, mon tendre ami, à parler de vous et à vous regretter. Il faut que je vous confie qu'après avoir reconduit le soir le marquis de Croismare, je me suis promenée seule, et n'ai pu retenir mes larmes en songeant à la vie que vous alliez mener ; et combien vous êtes encore plus à plaindre que moi : j'en ai versé aussi en pensant que je ne vous verrai pas de l'année. Ne me le reprochez pas, mon aimable ami, il faut passer à mon pauvre cœur quelques faiblesses de plus qu'au vôtre. Ne courez, s'il se peut, aucun danger, et je serai fort raisonnable.

Je vous envoie un billet que j'ai reçu il y a deux jours de Rousseau. Il ne signifie rien, mais c'est pour vous tenir au courant de tout. Il est venu hier. Lorsque nous nous sommes trouvés seuls, je lui ai demandé s'il avait revu Diderot : Non, m'a-t-il répondu ; il en a fait le projet, il ne viendra pas. D'ailleurs, il a bien mieux à faire : il faut qu'il soit à tout le monde, excepté à moi. Comment, ai-je repris ; qu'y a-t-il de nouveau? Ses moments, vous le savez, ne sont pas toujours à sa diposition, et il n'a pas les facilités nécessaires.... Ah! reprit-il tendrement et d'un air pénétré, qu'il vienne, qu'il ne vienne pas, nous nous aimons également ; nous sommes si sûrs l'un de l'autre, notre amitié est si solidement établie, qu'elle est à l'abri de tout événement.

Je suis restée pétrifié de cette tendre déclaration. Je le crois, lui ai-je dit, et je désire pour vous que vous en soyez toujours persuadé. Je lui ai remis les cahiers qu'il m'avait confiés ; et je lui ai fait entendre mon opinion avec le plus de ménagement qu'il m'a été possible ; il ne m'en a pas paru blessé : mais cependant, au lieu de rester plusieurs jours avec nous, il est parti au sortir du dîner, en exagérant fort la peine qu'il avait de nous quitter. Ma mère ne l'a jamais beaucoup aimé, comme vous savez, mais je me meurs de peur qu'incessamment elle ne se prenne de grippe contre lui. Pour Margency, il rit de tout ; ma mère et lui étaient fort drôles à entendre sur son chapitre : la fin de leur conversation nous a ramenés à celui qui réunit tous nos suffrages.

La comtesse d'Houdetot est venue souper hier avec nous, et nous a amené sa grosse madame de Blainville. La première est entrée comme une folle, et l'autre comme une sotte : e marquis de Saint-Lambert était avec elles, il venait m'apprendre son départ pour l'armée. Madame d'Houdetot en est désespérée ; elle ne s'attendait pas à cette séparation. Nous avons eu beau l'assurer qu'il n'y avait pas de grands événements à craindre du côté où va Saint-Lambert, la vivacité de son imagination et la sensibilité de son âme lui font tout mettre au pis. Elle ne se possède pas, et laisse voir sa douleur avec une franchise, au fond très-estimable, mais cependant embarrassante pour ceux qui s'intéressent à elle. J'ai cru voir entre elle et sa belle-sœur un plan formé pour me faire faire connaissance avec madame de Verdelin ; j'ai répondu de manière à y faire renoncer. Peut-être fait-on agir la comtesse sans qu'elle s'en doute elle-même ; je serais assez porté à le croire, car elle est loin de l'intrigue et du tripotage. Mon Dieu ! que j'ai d'impatience de voir dix ans de plus sur la tête de cette femme ! Si elle pouvait acquérir un peu de modération, ce serait un ange. Mais si son mari continue à la contrarier, elle n'en sera que plus longtemps ivre. Il faut que je vous avoue en attendant, mon ami, que toutes ces belles dames et ce gentil Margency me déplaisent ;

le Syndic cependant me fait rire ; mais qu'est-ce que c'est que rire quand l'âme est triste ! Elle n'en est que plus mal à son aise, après cette convulsion.

J'ai bien remarqué dans Margency une de ces vérités communes, qui me frappent toujours comme si elles étaient neuves. C'est que l'esprit et le caractère se peignent dans les choses les plus indifférentes. M. de Margency n'est que l'ébauche ou l'extrait de tout ce qui est agréable ; c'est un groupe de très-bonnes petites choses. J'admirais tantôt le spectacle de la nature, je l'admirais en grand, les masses seules m'avaient frappée, il ne s'arrêtait qu'aux détails. Je considérais la majesté du bois d'Epinay, il aurait volontiers compté les feuilles ; il les examinait chacune en particulier. Si quelqu'une présentait une forme un peu bizarre, elle n'avait aucun droit à son admiration : voilà pourquoi il préfère sans balancer Racine à Corneille ; l'opéra à la tragédie, et Grandisson à Clarisse.

Traitons un peu le chapitre de ma santé ; car vous ne me pardonneriez pas de le passer sous silence. J'ai commencé hier le lait d'ânesse, il a très-bien passé : je suis si sévère sur mon régime, que vous-même ne le seriez pas tant. Je dors passablement bien ; je ne m'expose ni au soleil, ni au serein ; je ne marche point sans faire suivre ma voiture. Voilà bien tout ce que vous m'avez recommandé, et ce que les médecins exigent de moi ; j'y suis exacte, vous y pouvez compter. Soyez-le aussi, je vous en prie, à me parler de vous ; ne m'écrivez pas une seule lettre sans me dire comment vous vous portez.

DE M. GRIMM A MADAME D'ÉPINAY.

Wesel, à 11 heures du soir.

J'arrive, madame, et quoique j'aie grand besoin de repos, je ne puis me résoudre à en prendre sans vous avoir donné de mes nouvelles. J'ai reçu par M. de S*** deux lettres de vous, qui me rendent la vie. J'ignore encore l'ordre des courriers : M. le maréchal en fait partir un demain. S'il est expédié ce soir, il vous portera ce billet ; s'il ne l'est que demain, il vous portera un volume, à ce que j'espère. Je tremble pour la vie agitée que je vais mener. Oh ! que je suis à plaindre !

Adieu, madame, je n'écris à personne, je me porte à merveille, mais je suis rendu ; mes respects à madame votre mère.

DE MADAME D'ÉPINAY A M. GRIMM.

Comme j'allais hier me mettre à écrire à mon tendre ami, j'ai eu la visite de la comtesse d'Houdetot. Elle avait l'air plus gai, plus fou que jamais : j'en étais excédée ; car je suis bien loin de ce ton ; elle m'a fait espérer de la voir passer ici quelques jours avec la Blainville. Je ferai bien tout ce que je pourrai pour l'éviter, si je le puis, sans la blesser ; car sa belle-sœur est d'une bonté pesante et insupportable. La comtesse veut faire connaissance avec le baron d'Holbach et sa femme ; je ne m'en mêlerai pas. La baronne, qui l'a vue peu, ne l'aime point ; au contraire, si le baron m'en parle, je le prierai très-fort de ne mettre à sa volonté sur cet article ni complaisance, ni égards pour moi. En faisant d'ailleurs l'éloge du cœur et de l'âme de la comtesse, je me tairai sur le peu de convenance de cette liaison.

Mademoiselle le Vasseur vient de me venir voir, elle m'a conté que Rousseau a eu il y a peu de jours une querelle épouvantable avec M. Deleyre, il l'a presque chassé de chez lui ; son humeur devient de jour en jour plus intraitable, et elle prétend que depuis son dernier voyage ici, il passe les jours et les nuits à pleurer : sa mère et elle n'en peuvent pénétrer le motif ; il parle tout seul la nuit ; il s'écriait l'au-

tre jour : Pauvre madame d'Épinay, si vous saviez cela !...
Et l'on ne sait ce qu'il veut dire : il prétend qu'il viendra
passer quinze jours de suite ici ; qu'il a nombre de choses à
me confier, et qu'il s'est toujours bien trouvé de mes conseils. Mais ce qui me paraît incroyable, c'est que mademoiselle le Vasseur assure que la comtesse d'Houdetot va voir
l'ermite presque tous les jours, et qu'ils ont défendu à ses
femmes de me le dire. Elle laisse ses gens dans la forêt,
vient seule, et s'en va de même. La petite le Vasseur est jalouse ; moi je crois qu'elle ment, ou que la tête leur tourne
à tous.

DE MADAME D'ÉPINAY A M. GRIMM.

Je n'ai point répondu, mon ami, à l'article où vous me
mandiez que le marquis de Saint-Lambert prétendait que
Rousseau était amoureux de moi ; je vous proteste qu'il n'y
a jamais pensé. Où a-t-il donc pris cela ? j'y ai bien regardé
et je suis très-sûre qu'il n'en est rien.

M. d'Épinay, au milieu de son désordre, et malgré l'état
de gêne où toute sa maison est réduite, trouve de quoi fournir à cette association scandaleuse dont vous avez vu les
commencements. M. de Francueil, le chevalier de M***, et le
petit de Maurepaire en sont. Ils ont fait faire un théâtre ; ils
y jouent l'opéra, la comédie, devant la cour et la ville : le
spectacle est médiocre, mais le ridicule des acteurs est intéressant dans un pays où se moquer du monde est tout l'art
d'en jouir ; de sorte qu'on y court comme au feu.

M. de Francueil est venu me voir une fois ici avec ses trois
associés ; je les ai reçus comme leur conduite le mérite.

On prétend que Rousseau et la comtesse continuent leurs
mystérieux rendez-vous dans la forêt. Il y a trois jours qu'il
me fit dire par le jardinier, qu'il ne venait pas me voir,

parce qu'il était incommodé. Le même soir, j'envoyai chez la comtesse; il y était établi tête à tête, et y est resté deux jours. Cela me paraît si bizarre et si comique, que je crois rêver. Il est venu hier passer la journée; il m'a paru embarrassé, mais je n'ai pas eu l'air de rien savoir, ni de rien remarquer. Il prétend toujours qu'il viendra passer quelques jours avec moi : comme il voudra.

DE MADAME D'ÉPINAY A M. GRIMM.

Grande nouvelle, aussi admirable qu'étonnante et inattendue! Rousseau est allé.... Où?... Devinez........ à Paris! à Paris? Oui, à Paris. Et pourquoi? Pour voir Diderot, se jeter à son cou, lui demander pardon de je ne sais quelle lettre trop vive qu'il lui a écrite, j'ignore pourquoi : lettre beaucoup trop forte, à laquelle Diderot n'a point répondu. Quoiqu'il n'ait pas tort, dit-il, il veut lui aller jurer une amitié éternelle. Si cette démarche était sincère, elle serait fort belle; mais il ne faut pas avoir de distractions lorsqu'on veut en imposer. Rousseau n'est plus à mes yeux qu'un nain moral, monté sur des échasses. Il vint hier au soir dans mon appartement : Ma bonne amie, me dit-il, il faut que je vous confie une chose que vous ne désapprouverez pas cette fois. — Voyons. — Je vais demain de grand matin à Paris chez Diderot; je veux le voir, passer vingt-quatre heures avec lui, et expier, si je puis, le chagrin que nous nous sommes fait mutuellement.

Je lui dis que j'approuvais fort cette résolution, mais que j'aurais désiré qu'il l'eût prise un peu plus tôt. Alors il m'a conté l'histoire de cette lettre d'une manière si louche, que j'en ai conclu que cette réconciliation n'était qu'un prétexte pour éviter la présence du marquis, dont l'intimité avec la comtesse lui cause un chagrin qu'il ne lui est pas possible de dissimuler. Il me faisait pitié, et mes propos s'en ressentaient ; j'y mettais plus de consolation que de fermeté. J'avais entamé un fort beau discours très-touchant, à ce qu'il me semblait, lorsque tout à coup il m'interrompit, pour me demander si je n'avais pas un portefeuille à lui prêter pour emporter sous son bras. Cette demande me parut étrange. Eh ! pourquoi donc faire, lui dis-je, pour un jour?... — C'est pour mon roman, me répondit-il, un peu embarrassé. Je compris alors le motif de son grand empressement à voir Diderot. Tenez, lui dis-je sèchement, voilà un portefeuille, mais il est de trop dans votre voyage, il vous en fait perdre tout le fruit.

Il rougit, et entra dans une fureur inconcevable ; je lui dis les choses les plus fortes sur les sophismes absurdes qu'il me débitait pour justifier une démarche que j'aurais pu trouver toute simple, s'il n'avait pas voulu la colorer d'un motif qui n'était pas le véritable. Je lui dis, entre autres choses, qu'à force de vouloir soutenir le rôle d'homme singulier, qui ne lui était jamais dicté par son cœur, mais seulement par je ne sais quel système de vanité et d'amour-propre, il deviendrait faux par habitude. Il s'est mis à pleurer comme un enfant, en me disant qu'il voyait bien que je ne l'aimais plus. Je lui ai répondu que jamais je ne lui avais donné tant de preuves du contraire. Enfin ses pleurs ont tari, et il est sorti de ma chambre plus en colère qu'affligé.

Ce matin, il est entré chez moi à six heures comme je venais de me lever. Il a longtemps fixé les yeux sur moi, sans me parler, puis tout à coup je l'ai entendu sangloter. Mon pauvre ami, lui ai-je dit, vous me faites pitié. — Vous êtes une femme bien singulière, s'est-il écrié ! il faut que vous m'ayez ensorcelé pour que je souffre patiemment tout ce que vous me dites. Quel art avez-vous donc de dire les vérités les plus dures et les plus offensantes, sans qu'on puisse vous en savoir mauvais gré? Mon ami, ai-je répondu, c'est que vos torts ne sont qu'une erreur de votre esprit, et que votre cœur n'y a pas de part..... — Où diable avez-vous pris cela? reprit-il avec la plus grande violence. Sachez, madame, une fois pour toutes, que je suis vicieux, que je suis né tel, et que... et que vous ne sauriez croire, mordieu! la peine que j'ai de faire le bien, et combien peu le mal me coûte.... Vous riez? Pour vous prouver à quel point ce que je vous dis est vrai, apprenez que je ne saurais m'empêcher de haïr les gens qui me font du bien. — Mon ami, lui dis-je, je n'en crois pas un mot, car c'est comme si vous me disiez que vous ne pouvez pas vous empêcher d'aimer ceux qui vous font du mal.

Il ne put se défendre de rire de ma réponse; mais il me toucha, en me priant avec une bonne foi d'enfant de le ménager et d'avoir pitié de lui. Je ne me sens pas le courage, dit-il, de vous écouter toujours du même sang-froid. — En ce cas, lui dis-je, renoncez à mon amitié, car je ne me sens pas celui de vous tromper. Nous nous sommes quittés fort bons amis : il n'a pas pris son portefeuille; mais par ce qu'il m'a dit, je crains bien qu'il ne me pardonne pas le moment de franchise que je lui ai arraché.

DE M. GRIMM A MADAME D'ÉPINAY.

J'aurais bien envie de vous gronder, ma chère amie, mais il n'y a pas moyen, vous êtes trop aimable; il faut tomber à vos genoux et vous adorer sans cesse. Cependant si ces longues lettres que vous m'écrivez sont aux dépens de votre repos, si ces courses légères que vous faites sans ma permission à Paris et à l'Ermitage vont déranger votre santé et votre régime, que voulez-vous que je devienne? Vous m'envoyez, dites-vous, deux cahiers de votre roman ; vous passez donc votre vie à travailler et à écrire ? Que tout ce que vous faites pour moi m'est précieux ! mais qu'il me faudra le payer cher, si c'est au préjudice de votre santé !

Pourquoi donc ne me parlez-vous plus des amours de Rousseau ? est-ce que vous n'en avez pas de nouvelles depuis l'arrivée du marquis ? Vous avez de bons yeux ; mandez-moi, je vous prie, ce que vous pensez de la comtesse dans cette aventure. Il me semble que vous ne lui supposez aucun tort. Je suis porté à la juger comme vous, mais encore faut-il savoir à qui l'on a affaire. Il y a quelque temps qu'elle mandait à Saint-Lambert que Rousseau était fou. Il faut que cela soit bien fort, disait-il, puisqu'elle s'en aperçoit ! Vous avez parlé comme un ange à Rousseau, le jour de son départ pour Paris ; sa conversation est à imprimer. Si vous lui eussiez toujours parlé sur ce ton-là, vous lui auriez épargné bien des chagrins, mais je crains que sa folie ne soit trop avancée pour qu'on puisse espérer de le revoir jamais heureux et tranquille. La demande du portefeuille m'a fait sauter jusqu'aux nues. Il faut être bien sot pour être faux, et vouloir faire des dupes.

DE MADAME D'ÉPINAY A M. GRIMM.

Certainement si je l'avais voulu, je serais très-fort au courant des amours de Rousseau, ou du moins au courant du bavardage de Thérèse ; elle est même venue plusieurs fois pour me porter ses plaintes, mais je l'ai toujours fait taire. Au défaut de ma complaisance, elle est allée se confier à M. de Margency, qui rit et s'accommode de tout. Quoiqu'il ne semble pas ajouter plus de foi que moi aux propos de cette créature, il les répète cependant et s'en amuse. J'ai même été obligé de lui rappeler plus d'une fois que ces contes vrais ou faux me déplaisaient, et que mes amis devaient ménager ma belle-sœur, à plus forte raison si elle ne méritait pas qu'on la déchirât. En effet, sur quel fondement? sur le rapport d'une fille jalouse, bête, bavarde et menteuse, qui accuse une femme qui nous est connue pour étourdie, confiante, inconsidérée à la vérité ; mais franche, honnête et très-honnête, sincère et bonne au suprême degré de bonté. J'aime mille fois mieux croire que Rousseau s'est tourné la tête tout seul, sans être aidé de personne, que de supposer que madame d'Houdetot s'est réveillée un beau matin coquette et corrompue.

Mon opinion est donc, d'après ce que j'en ai appris, comme je vous dis à bâtons rompus, que prévenue comme elle l'était de la vertu de notre ermite, elle n'a jamais vu en lui qu'un ami, un confident, un consolateur, un guide, et qu'elle n'est que pour son inadvertance dans le mal qu'elle a fait : leurs promenades solitaires n'avaient sûrement pas d'autre but de la part de la comtesse, que de métaphysiquer sur la morale, la vertu, l'amour, l'amitié et tout ce qui s'ensuit : si l'ermite avait un but plus physique, je n'en sais rien ; mais la comtesse n'en aura rien vu ; s'il l'a expliqué de manière à n'en pouvoir douter, elle sera tombée des nues : je la vois d'ici, elle aura fait l'impossible pour le ramener à ce qu'il se doit. Peut-être aura-t-elle tu cette folie au marquis par égard pour Rousseau? Je ne réponds pas que par bonté d'âme, par honnêteté, elle n'ait entassé sottise sur sottise : peut-être finira-t-elle même par en être la victime, et avoir toute l'apparence d'un tort qu'elle n'aura point : je ne sais que trop que cela se passe ainsi. J'ignore ce que l'on murmure d'une lettre d'elle, que Thérèse a trouvée. Il faudrait avant tout savoir si le fait est vrai, et ensuite voir la lettre et connaître toutes les circonstances avant de juger. Ce qu'il y a de certain, c'est que l'on ne peut voir Rousseau sans compassion ; il a l'air d'un désespéré : je ne l'ai point vu depuis son retour de Paris. Il est pourtant dur qu'un philosophe vous échappe au moment où l'on s'y attend le moins. Je ne sais si vos actions monteront à mesure que les miennes baisseront. Je lui parle sans cesse de vous, il n'ose s'en impatienter, parce que ma mère, mes enfants, tous nos amis ne tarissent point sur votre chapitre. Quand l'humeur le gagne à un certain point, il prend son chapeau et s'en va. Alors le Syndic rit. Moi je n'en peux plus rire, il est trop malheureux.

Eh bien! j'avais raison lorsque je soutenais que les amours de Rousseau n'étaient qu'un bavardage; il n'y a pas un mot de vrai à tous les propos de Thérèse. Que je me sais de gré de n'avoir jamais voulu y prêter l'oreille! Le marquis de Croismare, qui nous est arrivé hier (par parenthèse plus gai, plus aimable, plus lui que jamais), a fait une promenade tête à tête avec la comtesse, qui n'a fait que l'entretenir, à mots couverts, plus clairs que le jour, de sa passion pour le marquis de Saint-Lambert. M. de Croismare l'a mise fort à son aise, et au bout d'un quart-d'heure, elle lui a confié que Rousseau avait pensé se brouiller avec elle dès l'instant qu'elle lui avait parlé sans détour de ses sentiments pour Saint-Lambert. La comtesse y met un héroïsme qui n'a pu rendre Rousseau indulgent sur sa faiblesse. Il a épuisé toute son éloquence pour lui faire naître des scrupules sur cette liaison qu'il nomme criminelle; elle est très-loin de l'envisager ainsi, elle en fait gloire et ne s'en estime que davantage. Le marquis m'a fait un narré très-plaisant de cette effusion de cœur. Quoi qu'il en soit, voilà, ce me semble, l'énigme expliquée des fréquentes conférences de Rousseau et de la comtesse. Cette chaleur, cette activité, ces mystères réciproques se réduisent à rien, et s'ils ne font pas honneur à leur prudence, ils font au moins l'éloge de leur honnêteté; j'en étais sûre. Oh! que j'aurais de regret si je m'étais pressée de juger!

Je suis en peine de Rousseau, il devait venir il y a quatre jours, il n'est point venu et je n'en ai pas même entendu parler. Je viens de lui écrire un billet pour en savoir la raison ; j'en attends la réponse avec impatience. Bonjour, mon ami, je vous quitte toujours à regret, et quoi que ce soit que je vous écrive, je ne vous dis jamais le quart de ce que j'ai à vous dire.

Pour l'intelligence de ce qu'on va lire, il faut savoir que la passion de Rousseau pour madame la comtesse d'Houdetot était très-réelle. Il la savait si fortement attachée au marquis de Saint-Lambert, qu'il ne vit d'autre moyen de se faire aimer d'elle qu'en détruisant le marquis. Il était inattaquable, il n'y avait pas moyen de le rendre suspect, ni de lui supposer des torts avec quelque vraisemblance. Pour ne pas effaroucher la comtesse, il s'appliqua d'abord à lui cacher l'amour qu'il avait conçu pour elle ; il mit toute sa chaleur et son éloquence à lui faire naître des scrupules sur sa liaison avec le marquis; cela ne réussissant pas, il feignit de croire que madame d'Épinay aimait aussi le marquis et tâchait sourdement de l'enlever à sa belle-sœur. Il faisait entendre qu'il n'était pas éloigné de croire que le marquis en était flatté. Celui-ci avait beau jurer qu'il n'en était rien, Rousseau l'en plaisantait toujours et rapportait tout à cette idée. Il trouvait double avantage dans ce plan, car il faisait naître de la jalousie à la comtesse, et il l'éloignait de sa belle-sœur dont il craignait la pénétration. Cette jalousie étant sans fondement réel devait à la fin fatiguer le marquis, produire de l'aigreur, et peut-être une rupture entre lui et madame d'Houdetot.

A peu près dans ce temps-là, le marquis reçut une lettre

anonyme qui lui apprenait que Rousseau et madame d'Houdetot le jouaient, et vivaient dans l'union la plus intime et la plus scandaleuse. On lui donnait la conviction de cet avis par des circonstances réelles, mais déguisées et calomnieusement arrangées aux vues de l'auteur de la lettre. J'ai toujours soupçonné Thérèse, et cette idée est venue à presque tous ceux qui ont été témoins de cette aventure.

Il y a peu d'hommes assez maîtres d'eux-mêmes pour se défier d'apparences aussi fortes, et celles-ci ne pouvaient perdre leur valeur que par la profonde estime que méritait la comtesse. M. de Saint-Lambert eut avec elle une explication vive, après laquelle il lui rendit la justice qui lui était due. Comme la comtesse ne se doutait pas encore des sentiments de Rousseau pour elle, elle le mit dans la confidence de cette lettre : celui-ci en éprouva un trouble, un emportement et un chagrin si vifs, qu'il en fut malade. Dans l'embarras d'en découvrir l'auteur, il n'hésita pas à nommer madame d'Épinay. C'est une noirceur, disait-il, que sa passion pour le marquis de Saint-Lambert rend vraisemblable ; elle a sans doute imaginé ce moyen de le détacher de la comtesse. Enfin, il adopta ou feignit d'adopter si fortement cette idée, que, malgré tout ce que purent lui dire la comtesse et le marquis, il se conduisit comme s'il en eût eu la certitude la plus complète. Ainsi qu'on l'a vu par sa dernière lettre, madame d'Épinay était bien loin de soupçonner l'injure qu'on lui faisait ; aussi ne comprit-elle rien à tout ce que lui écrivit Rousseau.

DE MADAME D'ÉPINAY A M. GRIMM.

Je crois, en vérité, que le pauvre Rousseau devient fou. J'ai voulu attendre, pour vous instruire de ce qui vient de se passer, que j'aie pu y comprendre quelque chose ; mais après nos explications, je n'en suis pas plus avancée. Tout ce que j'entrevois, c'est que sa tête fermente, qu'il est malheureux, qu'il ne sait à qui s'en prendre; et que, dénué de motifs réels de plainte, il accuse jusqu'à ses amis, et qu'il voit partout des chagrins, des dangers, des complots, comme Don Quichotte voyait des enchanteurs.

Je lui avais écrit, comme je vous l'ai mandé, étant inquiète de lui; voici ma lettre (1).

« Je suis en peine de vous, mon ours; vous m'aviez promis, il y a cinq jours, que je vous verrais le lendemain : vous n'êtes point venu, et vous ne m'avez rien fait dire; vous n'êtes point accoutumé à me manquer de parole. Vous n'avez sûrement pas d'affaires : si vous aviez du chagrin, mon amitié s'offenserait que vous m'en fissiez mystère. Vous êtes donc malade? tirez-moi de mon inquiétude, mon bon ami; elle est proportionnée aux sentiments que vous me connaissez pour vous. »

Le lendemain, est arrivée Thérèse avec cette réponse.

« Je ne puis rien vous dire encore, j'attends d'être mieux instruit, et je le serai tôt ou tard. En attendant, soyez sûre que l'innocence outragée trouvera un défenseur assez ardent pour donner quelque repentir aux calomniateurs, quels qu'ils soient. »

Je fus si étonnée de cette lettre, elle me parut si inintelligible, que je questionnai Thérèse sur l'état de Rousseau et sur sa tête; elle me dit qu'il était dans une agitation extrême. Au reçu de ma lettre, il s'était écrié : N'est-ce pas ajouter

---

(1) Les trois lettres suivantes de madame d'Épinay diffèrent de celles que Rousseau rapporte dans ses *Confessions*. D'où cela vient-il? Madame d'Épinay cherchait-elle à déguiser à Grimm les ménagements qu'elle gardait pour Rousseau, ou bien celui-ci a-t-il altéré à dessein ces mêmes lettres? c'est ce que nous ne saurions dire, puisque les originaux de madame d'Épinay ne sont pas sous nos yeux.

l'ironie à l'injure, que de vouloir que j'aille me consoler chez elle? On se moque de moi; mais patience!

Thérèse n'en savait pas davantage. Je répondis à Rousseau par ces trois mots-ci.

« C'est de vos nouvelles que je demande; votre billet ne m'en apprend pas; il est une énigme à laquelle je ne comprends rien. J'attends de la confiance et de l'amitié un langage plus clair et plus conforme à mes sentiments pour vous. Vous savez si vous pouvez disposer de moi. Au premier mot, je suis à vous. »

Voici l'impertinente réponse que je reçus à ce second billet.

« Je ne puis vous aller voir, ni recevoir votre visite, tant que durera l'inquiétude où je suis. La confiance dont vous parlez n'est plus, et il ne sera pas aisé de la recouvrer. Je ne vois à présent dans votre empressement que le désir de tirer des aveux d'autrui des avantages qui conviennent à vos vues; et mon cœur, si prompt à s'épancher dans un cœur qui s'ouvre pour le recevoir, se ferme à la ruse et à la finesse. Je reconnais votre adresse ordinaire dans la difficulté que vous trouvez à comprendre mon billet. Me croyez-vous assez dupe pour penser que vous ne l'avez pas compris? Non, mais je saurai combattre et vaincre vos subtilités à force de franchise. Je vais m'expliquer plus clairement, afin que vous m'entendiez encore mieux. »

« Deux amants bien unis, et dignes de s'aimer me sont chers; je m'attends que vous ne saurez pas qui je veux dire, à moins que je ne vous les nomme. Je présume qu'on a tenté de les désunir, et que c'est de moi qu'on s'est servi pour donner de la jalousie à l'un d'eux. Le choix n'est pas fort adroit, mais il a paru le plus commode à la méchanceté, et cette méchanceté, c'est vous que j'en soupçonne. J'espère que ceci devient plus clair. Ainsi donc, la femme du monde pour laquelle j'ai le plus d'estime et de respect aurait, de mon su, l'infamie de partager son cœur et sa personne entre deux amants? Et moi, dont le cœur n'est ni sans délicatesse ni sans fierté, je serais paisiblement l'un de ces deux lâches? Si je savais qu'un seul moment de la vie vous eussiez pu avoir d'elle et de moi une pensée si basse, je vous haïrais jusqu'à la mort. Mais c'est seulement de l'avoir dit, et non de l'avoir cru, que je vous taxe. Je ne comprends pas, en pareil cas, auquel des trois vous avez voulu nuire; mais si vous aimez le repos, craignez d'avoir eu le malheur de réussir. Je n'ai caché ni à vous ni à elle tout le mal que je pense de certaines liaisons, mais je veux qu'elles finissent par un moyen aussi honnête que sa cause, et qu'un amour illégitime se change en une éternelle amitié. Moi qui ne fis jamais de mal à personne, servirais-je innocemment à en faire à mes amis? Non, je ne vous le pardonnerais jamais; je deviendrais votre irréconciliable ennemi. Vos secrets seuls seraient respectés; car je ne serai jamais un homme sans foi. »

« Je n'imagine pas que les perplexités, où je vis depuis plusieurs jours, puissent durer bien longtemps encore. Je ne tarderai pas sans doute à savoir si je me suis trompé; alors j'aurai peut-être de grands torts à réparer, et je n'aurai rien fait de ma vie de si bon cœur. Mais savez-vous comment je rachèterai mes fautes durant le peu de temps qui me reste à passer près de vous? En faisant ce que nul autre ne fera après moi; en vous disant sincèrement ce qu'on pense de vous dans le monde, et les brèches que vous avez à réparer dans votre réputation. Malgré tous les prétendus amis qui vous entourent, quand vous m'aurez vu partir, vous pourrez dire adieu à la vérité; vous ne trouverez plus personne qui vous la dise. »

Voici quelle a été ma réponse.

« Sans doute vous avez des preuves incontestables de ce

que vous osez m'écrire, car il ne suffit pas du soupçon pour accuser une amie de dix ans. Vous me faites pitié, Rousseau. Si je ne vous croyais pas fou, ou sur le point de l'être, je vous jure que je ne me donnerais pas la peine de vous répondre, et je ne vous reverrais de ma vie. »

« Vous voyez bien que votre lettre ne peut pas m'offenser : elle ne saurait me convenir, elle ne m'approche seulement pas. Il ne vous faudra pas de grands efforts pour vous avouer que vous ne pensez pas un mot de toutes ces infamies. Je suis cependant bien aise de vous dire que cette extravagance ne vous réussira pas avec moi. Si vous êtes d'humeur à changer de ton, et à réparer l'injure que vous me faites, vous pouvez venir à cette condition, mais ce n'est qu'avec elle que je vous recevrai. Gardez-vous de me parler de ma prétendue réputation. Loin de me donner par là ce que vous appelez une marque d'amitié, donnez-m'en une du respect et de l'estime que vous me devez, en ne me tenant que des propos que je puisse me permettre d'entendre. Sachez, au reste, que peu m'importe la réputation qu'on me donne ; ma conduite est bonne, et cela me suffit. Je vous délierai, quand il vous plaira, sur mes secrets, pour peu qu'ils vous coûtent à garder. Vous savez, mieux que personne, que je n'en ai point qui ne me fissent honneur à divulguer. »

J'ignore, mon ami, si vous approuverez la conduite que j'ai tenue ; il est difficile d'être bon juge lorsque l'on reçoit de la part de ses amis des injustices d'un certain genre. Vous aviez bien raison de dire que je ne me tirerais pas de tout ceci sans tracasserie. J'espère cependant qu'elle n'aura pas de suite : vous conviendrez au moins que celle-ci était difficile à prévoir.

DE MADAME D'ÉPINAY A M. GRIMM.

Rousseau est arrivé l'après-dînée, nous étions tous à la promenade. Voyant qu'il ne pouvait me parler, il me demanda permission de me dire un mot. Je restai à quelque distance de la compagnie. Je ne veux point, lui dis-je, par égard pour vous, faire de ceci une scène publique, à moins que vous ne m'y forciez : remettons notre conversation après la promenade, supposé que vous soyez venu avec les dispositions dans lesquelles je puis me permettre de vous entendre; sinon, je n'ai rien à vous dire; vous pouvez repartir.

Après ces deux mots je rejoignis tout le monde. Il fut très-mal à son aise pendant la conversation : il feignit même une ou deux fois de s'en aller; ces messieurs le retinrent, il resta. On le plaisanta sur ce caprice, il s'en tira assez mal, mais il resta. Je ne lui dis pas un mot. Le marquis de Croismare me dit à l'oreille : Vous voyez d'un sang-froid de Pénélope le tourment de ce pauvre diable, comme si vous n'en étiez pas la cause. Je suis sûr que c'est vous qui lui faites tourner la tête.

Lorsque nous fûmes rentrés, j'allai dans mon appartement, et je dis à Rousseau de me suivre. Quittez, me dit il, lorsque nous fûmes seuls, cet air froid et imposant avec lequel vous m'avez reçu; il me glace : en vérité, c'est me battre à terre. N'êtes-vous pas trop heureux, lui dis-je, que je veuille bien vous recevoir et vous entendre, après un procédé aussi indigne qu'absurde?

Je ne saurais vous rendre le détail de cette explication. Il s'est jeté à mes genoux avec toutes les marques du plus violent désespoir; il n'a pas hésité à convenir de ses torts : sa vie, m'a-t-il juré, ne suffira pas à son gré pour les réparer. Il a été abusé, dit-il encore, par l'assurance qu'on lui avait donnée que j'avais une passion invincible pour le marquis de Saint-Lambert. C'est, lui ai-je répondu, un premier tort de l'avoir cru, et c'en est un impardonnable d'avoir supposé que je fusse capable d'une infamie, pour me venger d'une prétendue passion malheureuse.

Il a cherché à me faire l'apologie de sa conduite avec la comtesse; mais je n'ai voulu rien entendre sur cet article : Je n'aime point, lui ai-je dit, à m'entretenir sans nécessité des affaires des autres, et je n'ai pas besoin de leur témoignage pour les croire honnêtes : il m'en coûterait trop de les voir autrement, pour laisser l'entrée aux soupçons contre eux dans mon cœur. J'ai repassé ensuite tous ses torts avec ses amis; vous pensez bien que je ne vous ai point oublié. Le résultat de notre conversation a été de lui promettre d'oublier ceux qu'il venait d'avoir avec moi, si je le voyais à l'avenir s'en souvenir assez, pour ne plus faire injure à tous ses amis. Il me paraît déterminé à quitter ce pays-ci, et à s'en retourner dans sa patrie. Il annonce ce projet hautement; il m'a même ajouté qu'il partirait aussitôt qu'il serait lavé des horreurs qu'on lui impute.

Ce qui m'étonne, c'est que depuis plusieurs jours je n'ai entendu parler ni de la comtesse, ni du marquis. Je ne sais si je dois aller au-devant d'eux ou les voir venir. Je crois que je prendrai le parti de me tenir tranquille.

Bonjour, mon ami, il fait une chaleur à mourir, et j'ai mille petits tracas domestiques qui me privent de causer plus longtemps ce soir.

MADAME D'ÉPINAY A M. GRIMM.

Rousseau est retourné à l'Ermitage le lendemain de la dernière lettre que je vous ai écrite. Thérèse est venue me voir depuis. Elle prétend qu'il se donne force *meâ culpâ* sur la conduite qu'il avait tenue envers moi. Depuis le sévère arrêt que madame d'Houdetot lui a prononcé, il lui a écrit deux grandes épîtres auxquelles elle n'a pas répondu ; et hier, dit toujours Thérèse, la comtesse lui a mandé de venir la consoler du départ de Saint-Lambert. Il n'a pas trouvé la plaisanterie bonne. On ne sait ce qu'il aura répondu. Je suis persuadée qu'il n'y a pas un mot de vrai à tout cela : ce sont des contes de pure invention de Thérèse ; mais à quoi bon cependant, et quel serait son but ?

La comtesse a passé hier au soir un moment ici pour la première fois depuis un siècle. Elle avait les yeux gros comme des poings, grand mal à la tête, et ne cessait de se lamenter sur l'injustice des hommes, sur l'inconvénient des gens qui font du noir. Cela ne finissait pas. Le Syndic prétend que la fin de l'orage qui me menaçait pourrait bien être tombée sur elle.

J'oubliais de vous dire que j'ai recommencé le lait depuis deux jours, et je m'en trouve fort bien.

Le lendemain.

Rousseau est malade. J'ai envoyé seulement savoir de ses nouvelles sans lui écrire, il m'a répondu quatre mots qui marquent la fermentation de sa bile, mais où il n'y a rien qui vaille la peine de vous être dit.

DE ROUSSEAU A MADAME D'ÉPINAY.

Je vous remercie de votre souvenir. Je ne souffris jamais tant de mes maux que je fais depuis quelques jours : tout le monde, à commencer par moi-même, m'est insupportable. Je porte dans le corps toutes les douleurs qu'on peut sentir, et dans l'âme les angoisses de la mort. J'allai hier à Aubonne, espérant quelque soulagement de la marche et quelque plaisir de la gaieté de madame d'Houdetot. Je l'ai trouvée malade, et j'en suis revenu encore plus malade moi-même que je n'étais allé. Il faut absolument que je me séquestre de la société et vive seul jusqu'à ce que ceci finisse de manière ou d'autre. Soyez sûre qu'au premier jour de trêve je ne manquerai pas de vous aller voir. Mille respects, s'il vous plaît, à madame d'Esclavelles, et amitiés à ces messieurs. Je vous conjure tous de me pardonner mes maussaderies; croyez qu'à ma place chacun de vous serait dans son lit et penserait n'en point relever.

DE M. GRIMM A MADAME D'ÉPINAY.

Le 27 juillet.

Les ennemis sont bien battus, madame, et nous nous portons tous à merveille. Il n'y a de gens de notre connaissance, que messieurs de L*** et de C*** de tués. Nous avons pris douze pièces de canon. Si je ne vous écris pas de quelques jours, n'ayez, je vous en supplie, aucune inquiétude : nous sommes dans le désordre de la victoire. Vos lettres, s'il m'en arrive, me seront d'une grande consolation.

Voilà qui va abréger notre campagne. Faites part de nos nouvelles à nos amis.

Mes respects et mes bénédictions, s'il vous plaît, à qui il appartient. O vous tous qui aimez le pathétique, écoutez. Trente heures après l'action, un officier trouve sur le champ de bataille un soldat blessé. *Mon général,* lui dit-il, *est-ce que vous ne me ferez pas emporter? ce n'est pas que je me plaigne, mais j'en ai assez.* En même temps il découvre sa poitrine, et lui montre cinq coups de fusil qu'il avait reçus. Voilà un des traits de nos soldats : on en entend sans cesse de cette force.

DE MADAME D'ÉPINAY A M. GRIMM.

Dieu vous entende, mon tendre ami, quand vous dites que je vous reverrai bientôt : hélas ! je n'ose l'espérer. Tout le monde soutient que la guerre durera, et vous ne vous expliquez point sur vos espérances ; je n'y comprends rien, et j'attends du temps la décision de mon sort.

Pour cette fois il semble que ce soit tout de bon que Rousseau ait rompu avec la comtesse. Il lui avait écrit, lettre sur lettre : elle s'était d'abord obstinée à ne lui pas répondre ; elle lui écrit à la fin un billet de quatre lignes pour annoncer qu'elle n'en écrirait ni n'en recevrait d'autres à l'avenir. Le lendemain du jour où cet arrêt lui fut signifié, la fièvre le prit avec le délire. Thérèse, tout effrayée, m'en avertit ; je lui envoyai le petit docteur qui était ici, et qui m'assura que cet état n'aurait pas de suite, à ce qu'il espérait. Cela me tranquillisa, et me donna le courage de résister aux instances qu'il me fit le lendemain pour aller le voir ; j'étais un peu incommodée, ce fut mon excuse. J'ai bien fait de toute façon, car la bonne vieille m'a dit depuis qu'il était résolu à me tout confier. Sur mon refus, il manda M. Diderot, qui vint sur-le-champ le trouver à l'Ermitage. Je ne sais ce qui se sera passé entre eux ; mais je présume qu'il vous serait facile de le savoir de M. Diderot. Puisque nous sommes sur le compte de Rousseau, je veux avoir une explication en règle à ce sujet, répondre par ordre à vos questions, mon ami, et n'en plus parler ensuite.

Vous dites donc que j'ai mal fait de lui avoir demandé s'il avait du chagrin ; et qu'il est tout simple qu'il ait supposé que je me moquais de lui... Mais, mon ami, je ne le lui ai pas demandé, ni ne lui ai offert de le consoler ; relisez mon billet. Il me semble, d'ailleurs, que j'aurais été trèsfondée à le faire, puisqu'il était parti brusquement après plusieurs jours de tristesse et de mauvaise humeur. Si, depuis sa lettre, je ne l'ai pas traité comme à l'ordinaire, j'avoue que ce n'est pas par ressentiment, car je n'en ai aucun, attendu qu'il n'a pas eu un instant de soupçon réel contre moi; cela ne se peut pas, j'en suis sûre, et je suis également certaine qu'il ne se serait pas permis de m'accuser auprès de personne. C'est une fausseté de sa part, à la vérité ; mais une fausseté que lui a sans doute suggérée sa folie, pour se brouiller, et par conséquent être quitte de la reconnaissance avec moi, et partir pour son pays, afin d'y publier que tous ses amis l'avaient chassé de celui-ci à force de mauvais procédés. C'est un moyen presque sûr d'être bien accueilli des hommes, que d'avoir à se plaindre de leurs semblables. La folie de celui-ci me fait pitié, et sa fausseté m'inspire le plus profond mépris. Vous voyez que je le traite bien plus mal que vous ne me le conseillez ; car vous croyez bien que je ne saurais marquer de l'amitié à celui que je méprise; mais je ne saurais davantage marquer du ressentiment à un fou. Je m'en tiens donc à l'indifférence.

Il a été fort mal; je lui ai procuré tous les secours qui ont dépendu de moi; mais je n'ai pas été moi-même le voir. Il y a trois jours qu'il s'est traîné ici; la seconde nuit qu'il y fut, il pensa mourir. J'ai envoyé chercher ses gouverneuses : il est un peu mieux aujourd'hui ; mais il me fait pitié ; depuis la conversation que j'ai eue hier avec lui, j'avoue que l'indifférence fait place à ce sentiment qui n'est guère plus flatteur. Il n'est pas encore en état de retourner à l'Ermitage.

C'est hier, l'après-midi, qu'étant seul avec moi, il me dit tout en sanglotant, que, si je n'avais pas pitié de lui, il n'avait d'autre ressource que son désespoir, et qu'il se donnerait la mort. Mon premier mouvement l'emporta, et je lui répondis : Mais vous feriez fort bien, si vous ne vous sentez pas le courage d'être vertueux. Il resta pétrifié, et moi aussi ; ce propos était dur, mais il était lâché, et il n'y avait pas moyen de courir après. Je l'adoucis le plus que je pus, en lui montrant que je n'attribuais ses erreurs qu'à sa mauvaise tête, et je soutins thèse pour son cœur. Je fis semblant de croire qu'il lui était possible de reprendre à l'avenir un ton de franchise et de droiture, et je lui rendis le courage qu'il semblait avoir perdu. Je le consolai ; si c'est un tort, je m'en confesse : mais le moyen de voir quelqu'un dans la peine, et de conserver son sang-froid ou de le laisser sans consolation, cela n'est pas en moi.

Je vais après-demain à Paris pour passer quelques jours avec madame d'Holbach ; on m'apportera tous les jours mon lait de la campagne ; au moyen de quoi mon régime ne sera pas dérangé. Je mettrai cette lettre à la poste en arrivant, et j'espère d'ici là y ajouter encore quelques mots.

Rousseau est retourné ce matin à l'Ermitage. Cet homme a une confiance qui serait trop absurde et trop impertinente, si elle ne partait pas d'une conscience sans reproche. Vous vous souvenez bien que je le priai, lorsqu'il partit pour faire son établissement à l'Ermitage, de demander à M. Latour, qui a fait son portrait, de le faire copier pour moi. Il me dit, un jour de cet été que je lui rappelai cette promesse, que M. Latour lui avait répondu qu'il le copierait lui-même et le lui porterait. Rousseau accepta, et je convins avec lui qu'il ferait au peintre une petite galanterie que je payerais. Ce matin, en prenant congé de moi, il me montra une lettre de son ami qui lui annonce ce portrait dans trois ou quatre jours : Comme vous ne serez pas ici, me dit-il, dans quel endroit de votre chambre voulez-vous que je le fasse placer? Chez vous, lui ai-je dit; je ne refuse pas votre portrait, mais ne vous pressez pas de l'apporter : il faut voir si vous méritez que je l'accepte. Il resta un peu étourdi de ma réponse. Malgré cela, je le traite moins mal depuis quelques jours, car il est certain qu'il me fait pitié.

DE MADAME D'ÉPINAY A M. GRIMM.

D'Epinay.

Je suis de retour à Epinay, mon cher ami; ma santé me l'a permis, et j'y attends impatiemment la nouvelle de votre arrivée : je la regarde comme le sceau de mon rétablissement.

Mademoiselle le Vasseur est venue ce matin savoir de nos nouvelles de la part de Rousseau, à qui j'avais fait dire hier mon retour. Il y a je ne sais quoi en l'air. M. Diderot est allé deux fois cette semaine à l'Ermitage; et le résultat de toutes ces conférences a été une lettre de huit pages que Rousseau a écrite à Saint-Lambert. On ignore ce qu'elle contient; on croit seulement que cette lettre a été conseillée par M. Diderot. Mademoiselle le Vasseur a entendu qu'il disait à Rousseau, en partant : « Croyez-moi, écrivez au marquis : je crois que vous ne pouvez pas vous en dispenser; mais écrivez comme je vous ai dit, et je vous promets que vous vous en trouverez bien. » Il a vu aussi la comtesse chez madame de Verdelin. Ils ont eu une longue conversation dont l'ermite est sorti en larmes. Il dit que l'année ne se passera pas qu'il n'ait revu sa patrie.

Billet de M. Grimm à madame d'Epinay.

Ma tendre amie, j'arrive, et je ne réponds pas à vos deux dernières lettres que je viens de recevoir; je vous en remerrie. Jeudi au soir ou, au plus tard, vendredi matin, je serai aux pieds de tout ce qui m'est cher. Si votre santé ne vous permettait pas de venir à Paris, écrivez-moi un mot, et que j'y trouve mes clefs. Adieu, ma tendre amie. J'arrive.... Entendez-vous que j'arrive?

DE MADAME D'ÉPINAY A M. GRIMM.

Nous espérons bien être à Paris avant vous, mon tendre ami, mais il faut pourtant que je vous écrive ; c'est un besoin pour mon cœur. D'ailleurs ma santé peut me retenir ici malgré moi. Il est inutile de vous cacher davantage combien elle est faible et languissante, vous ne le verrez que trop. Cependant il est réel que la seule nouvelle de votre arrivée m'a fait un bien sensible. Je suis infiniment mieux depuis l'instant que j'en ai été sûre. Ma mère en est rajeunie, mes enfants sont plus sages, et Linant un peu plus bête. Voilà l'effet des secousses subites données à l'âme.

Rousseau a de nouveau entamé ce matin le chapitre de ses torts avec moi. Vous saurez à votre retour le détail de cette conversation. Je crois seulement devoir vous prévenir, en attendant, des dispositions de l'ermite à votre égard : j'ai traité plus d'une fois ce sujet avec lui. Il m'a répondu qu'il ne voulait pas mourir injuste envers vous ; qu'il se reconnaissait des torts qu'il avait aggravés en n'osant les réparer, et qu'il attendait impatiemment votre retour pour se mettre à la merci de votre générosité. Aidez-moi, aidez-moi, m'a-t-il dit d'un air pénétré, à retrouver un ami qui n'a jamais cessé de m'être cher. Je lui ai promis de vous engager à l'écouter. Je n'ai rien promis de plus ; c'est à vous de faire le reste. Mon pénitent noir (car ce n'est sûrement pas un pénitent blanc) jure qu'il met son bonheur à vous faire oublier ses torts. Plus nous lui connaissons d'orgueil, plus sa démarche me paraît sincère ; mais il a besoin d'être soutenu et encouragé. Je ne vous demande que ce que vous ferez sûrement si vous êtes content de lui au premier abord ; si vous ne l'êtes pas, je ne demande rien.

Dès l'instant que M. Grimm fut de retour, madame d'Epinay reprit son journal.

Suite du Journal:

Ma santé m'alarme et m'empêche de jouir depuis huit jours du plus grand des biens, celui de revoir M. Grimm au milieu de nous. Il est arrivé dans la meilleure santé du monde. Nous avons tous été à sa rencontre. Ma mère fut, ce jour-là, la première levée, mais par une fatalité singulière je ne me suis jamais, je crois, si mal portée. Dès le matin j'eus des palpitations violentes, il fallait tout le désir que j'avais de revoir M. Grimm pour me donner la force de me traîner; aussi fut-il frappé de mon changement. Nous avons passé cette première soirée chez ma mère, et le lendemain tout le jour chez le baron d'Holbach : nous sommes revenus deux jours après à Epinay ; Rousseau nous y attendait. M. Grimm, que j'avais prévenu qu'il l'y trouverait, me prédit que leur explication se passerait en bavardage, et que Rousseau ne dirait pas un mot de ce qu'il devait dire. Au reste, avait-il ajouté, s'il fait un pas, j'en ferai quatre, vous y pouvez compter.

M. Grimm avait bien deviné. Rousseau courut à lui en lui tendant la main, non comme quelqu'un qui a des torts et qui cherche à les réparer, mais comme un homme généreux qui tend la main à un coupable et qui pardonne. M. Grimm le reçut avec le même ton qu'il avait pris depuis

19

longtemps avec lui. Au bout d'une demi-heure il se retira
dans son appartement et y fut assez longtemps ; Rousseau
n'avait pas l'air à son aise. Il se fait tard, me dit-il tout d'un
coup, Grimm ne descend pas, si je l'allais trouver? qu'en
dites-vous, madame? — Tout comme il vous plaira, lui dis-je,
mais si c'est avec la disposition où vous étiez lorsqu'il est
arrivé, avec l'air de protection...... — Par Dieu ! madame,
vous êtes d'une tyrannie inconcevable ; voulez-vous que j'affiche mes torts et mon pardon? cela ne me va point. — J'ai
cru, monsieur, que c'était le rôle qui vous convenait après
avoir affiché votre injustice. Est-ce dans le silence de votre
cabinet que vous l'avez accusé de vous avoir fait perdre le
pain que vous vous efforciez de gagner? est-ce au fond de
votre cœur que vous l'avez soupçonné de vous décrier?.......
Il me tourna le dos brusquement et s'en alla dans le jardin. M. Grimm rentra; et ne voyant plus Rousseau, il me
demanda en riant, si j'étais contente de sa réception. — Non
assurément, lui dis-je. Il me plaisanta sur la crédulité que
j'avais mise à son repentir. Je parierais, ajouta-t-il, qu'il ne
se reproche pas davantage l'injure qu'il vous a faite. Le
soir Rousseau fut cependant trouver M. Grimm dans son
appartement lorsque tout le monde fut retiré : il le compli-
menta sur son retour, il le questionna sur son voyage ; puis
en se retirant il lui prit la main en disant : Ah çà, mon cher
Grimm, vivons désormais en bonne intelligence et oublions
réciproquement ce qui s'est passé. Grimm se mit à rire : Je
vous jure, lui dit-il, que ce qui s'est passé de votre part est
le moindre de mes soucis.

Ils se séparèrent après cette belle explication, et Rousseau
n'en eut pas moins le front de me dire le lendemain : Vous
devez être contente, madame, et Grimm doit l'être aussi, je
me suis assez humilié pour vous complaire à tous les deux ;
mais si cela doit me rendre le cœur de mon ami, je ne m'en

réponds pas. Que l'on juge quel a été mon étonnement, en apprenant le détail de cette prétendue humiliation.

La satisfaction que j'éprouve du retour de M. Grimm ne sert qu'à m'alarmer davantage sur mon état. Je sens chaque jour mes forces s'affaiblir; j'ai des moments d'anéantissement, j'en ai d'autres de souffrance qui ne me prouvent que trop que j'ai quelque cause inconnue de destruction prochaine. Il m'arrive souvent d'avoir des douleurs de tête assez vives pour me donner le délire; et ces accès sont suivis de plusieurs jours de langueur. Hélas! ma mère, mes enfants, M. Grimm, vous serez bien plus à plaindre que moi si mes pressentiments se vérifient! Jamais je n'ai tant tenu à la vie; j'aurais, je crois, beaucoup de peine à me résigner s'il fallait la perdre à présent. Pourquoi faut-il que le chagrin et la crainte soient toujours si proches du bonheur?

J'ai cédé enfin aux persécutions que m'ont faites ma mère et M. Grimm pour que je voie Tronchin. Je commencerai pourtant par lui envoyer l'histoire des maux qui m'ont accablée depuis qu'il est retourné à Genève; et s'il juge qu'il est indispensable que je fasse le voyage, il faudra bien m'y décider.

A mon retour à Paris dont j'avais été éloigné pendant plusieurs mois, je ne tardai pas à aller trouver madame d'Épinay. Je fus effrayé de son changement et de sa maigreur; mais ce qui me frappa le plus, ce fut un certain tiraillement convulsif qui avait allongé ses traits de manière à la rendre méconnaissable.

Pour madame d'Épinay, elle me parut très-alarmée de sa position, et d'autant plus qu'elle n'attendait aucun soulagement de M. Tronchin. Ceux qui ne vivaient point habituellement avec elle ne concevaient rien à son état; de temps à autre, on entendait dire qu'elle était fort mal, et quatre jours après, on la rencontrait dans la meilleure santé. C'est ce qui avait fait dire un jour à Duclos dans une société assez nombreuse : « Je sais le mot de cette énigme, et je le sais de bonne part ; elle devient folle, Grimm la tyrannise. Je le lui avais prédit, elle ne m'a pas voulu croire ; car elle n'a jamais eu de tête et n'en aura jamais. »

Suite du Journal de madame d'Epinay.

J'ai reçu la réponse de M. Tronchin ; si elle ne me console pas beaucoup, elle me donne dans ses lumières et dans sa prudence plus de confiance que je n'en avais. Il y a certainement, dit-il, une cause immédiate aux fréquents dérangements de ma santé ; mais quand même il prendrait sur lui de prononcer de si loin sur cette cause, jamais il n'oserait entreprendre d'y remédier sans m'avoir sous ses yeux. Il dit encore que mon état exige les plus grands ménagements ; il ne le croit pas dangereux, surtout si l'on n'y fait rien : un seul remède mal placé peut produire les effets les plus funestes. Il finit par m'exhorter à n'en faire aucun. Je suivrai cet avis ; j'y suis bien résolue.

Il n'y a point de guérison pour moi ; mais il y a un tourment certain dans la persécution que ma mère et tous mes amis me font déjà pour m'engager à aller passer quelques mois à Genève. M. de Jully m'écrit et m'en presse ; enfin M. Grimm ne peut s'absenter, le prince le retient, mais il me promet de venir incessamment me rejoindre. Ma mère, quoique combattue par la crainte qu'on ne blâme dans le monde ce voyage, se joint néanmoins à tous mes amis pour m'y déterminer. Ils me sollicitent en vain : puis-je prendre sur moi de quitter tant de gens qui me sont chers? peut-être pour ne plus les revoir! A peine réunie à M. Grimm dont je suis séparée depuis six mois!..... Puis-je quitter ma mère à son âge?... Mes enfants; puis-je abandonner leurs intérêts déjà si négligés, et qui ne se soutiennent en bon état que par une vigilance continuelle? Ce tableau m'effraye. Tant de sujets d'inquiétude sont au-dessus de mon courage... Cela est décidé, je vais leur déclarer que je ne m'y déterminerai jamais, et je les prierai instamment de ne m'en plus parler; s'il le faut, je le défendrai.

———

Peu de jours après cette décision, madame d'Epinay eut une nouvelle crise plus longue et plus forte que les précédentes. Elle crut cette fois son état si fâcheux, qu'au bout de huit jours que dura cette crise, elle prit subitement et d'elle-même le parti d'aller à Genève, et son mari voulut l'accompagner.

Madame d'Epinay passa les derniers jours qui précédèrent son départ, dans la plus grande agitation, alternativement combattue par la crainte et l'espérance. La douleur que ses amis avaient de la perdre, les témoignages de leur attachement, les efforts qu'ils faisaient pour lui cacher leur peine et pour redoubler son courage; rien n'échappait ni à son esprit, ni à son cœur; mais une scène très-vive, qu'elle eut avec Rousseau, pensa la mettre hors d'état de partir, tant fut grande l'impression que produisit sur elle la fausseté de cet homme. Pendant les derniers jours qu'elle avait passés à la campagne, Rousseau avait paru redoubler d'attachement pour elle. La veille du jour où elle quitta Epinay, tandis qu'ils étaient seuls ensemble, on apporta à madame d'Epinay ses lettres : il s'en trouva une pour Rousseau, adressée chez elle ; elle la lui remit.

La lecture de cette lettre causa à celui-ci un mouvement de dépit si violent, que se croyant seul, il se frappa la tête de

ses deux poings, en jurant. Qu'avez-vous? lui dit-elle ; quelle nouvelle vous met dans cet état ? — Mordieu ! dit-il, en jetant à terre la lettre qu'il venait de déchirer de ses dents, ce ne sont pas là des amis, ce sont des tyrans ! Quel ton impérieux prend ce Diderot ! Je n'ai que faire de leurs conseils. Madame d'Epinay ramassa la lettre. « J'apprends, écrivait Di-
» derot, que madame d'Epinay part pour Genève, et je n'en-
» tends pas dire que vous l'accompagniez. Ne voyez-vous
» pas que si elle a avec vous les torts que vous lui sup-
» posez, c'est la seule manière de vous acquitter de tout ce
» que vous lui devez, et de pouvoir rompre ensuite décem-
» ment avec elle. Si vous n'en faites rien et que vous la lais-
» siez partir dans l'état où vous la voyez, étant aussi malin-
» tentionnée qu'elle l'est pour vous, elle vous en fera un
» tort dont vous ne vous laverez jamais. Et puis, ne crai-
» gnez-vous point qu'on interprète mal votre conduite, et
» qu'on ne vous soupçonne ou d'ingratitude ou d'un autre
» motif? Je sais bien que vous aurez toujours pour vous votre
» conscience ; mais cela suffit-il seul, et est-il permis de né-
» gliger le témoignage des autres hommes ? »

Qu'est-ce que cette supposition, demanda madame d'Epinay? par quelle raison M. Diderot croit-il que je sois malintentionnée pour vous? quels sont mes torts avec vous, s'il vous plaît?

Rousseau revint comme d'un rêve, et resta interdit de l'imprudence que la colère venait de lui faire commettre. Il arracha la lettre des mains de madame d'Epinay ; et enfin, pressé de lui répondre : C'est, lui dit-il, la suite de ces anciennes inquiétudes.... mais vous m'avez dit qu'elles n'étaient pas fondées, je n'y pense plus, vous le savez bien. Est-ce que réellement cela vous ferait plaisir que j'allasse à Genève?....
— Et vous vous êtes permis, lui dit madame d'Epinay, de m'accuser auprès de M. Diderot? — Je l'avoue, reprit-il, je vous en

demande pardon. Il vint me voir alors, j'avais le cœur oppressé, je ne pus résister à l'envie de lui confier ma peine. Le moyen d'avoir de la réserve avec celui qui nous est cher ! — Vous trouvez donc qu'il en coûte moins, monsieur, de soupçonner son amie et de l'accuser sans vraisemblance et sans certitude? — Si j'avais été sûr, madame, que vous eussiez été coupable, je me serais bien gardé de le dire, j'en aurais été trop humilié, trop malheureux. — Est-ce aussi la raison, monsieur, qui vous a empêché depuis de dissuader M. Diderot? — Sans doute, vous n'étiez pas coupable, je n'en ai pas trouvé l'occasion, et cela devenait indifférent.

Madame d'Epinay indignée, voulut le chasser de son appartement. Il tomba à ses genoux et lui demanda grâce, en l'assurant qu'il allait écrire sur-le-champ à M. Diderot pour la justifier. Tout comme il vous plaira, lui dit-elle ; rien de votre part ne peut plus m'affecter. Vous ne vous contentez pas de me faire la plus mortelle injure ; vous me jurez tous les jours que votre vie ne suffira pas pour la réparer, et en même temps vous me peignez aux yeux de votre ami comme une créature abominable ; vous souffrez qu'il garde cette opinion, et vous croyez que tout est dit en lui mandant aujourd'hui que vous vous êtes trompé. — Je connais Diderot, lui répondit-il, et la force qu'ont sur lui les premières impressions ; j'attendais que j'eusse quelques preuves pour vous justifier. — Monsieur, reprit-elle, sortez, votre présence me fait mal : je suis trop heureuse de partir, je ne pourrais prendre sur moi de vous revoir. Vous pouvez dire à tous ceux qui vous le demanderont, que je n'ai point désiré que vous vinssiez avec moi, parce qu'il ne pouvait jamais nous convenir de voyager ensemble, dans l'état où votre santé et la mienne sont réduites. Allez, et que je ne vous revoie pas.

Il sortit furieux. Madame d'Epinay me fit appeler, ainsi que M. Grimm, avec qui je me promenais ; nous la trouvâmes absolument épuisée par l'impression que venait de lui faire la duplicité de cet homme. Elle convint qu'elle se l'était attirée par la facilité qu'elle avait eue de lui pardonner si promptement ses dernières extravagances. M. Grimm se proposa de voir Diderot en arrivant à Paris. Quant à Rousseau, il resta dans sa chambre le soir, et ne reparut que le lendemain, au moment du départ de madame d'Epinay. Alors il l'aborda en lui disant : Je crois, madame, devoir vous charger vous-même de la lettre que j'écris à Diderot; j'espère vous prouver, avec le temps, que je ne suis pas si coupable qu'on pourrait le penser. Cette lettre contient tout ce qu'il me convient de dire ; j'aurais dû l'écrire plus tôt, cela est vrai, et je le mande. Il me reste à vous prier de me laisser à l'Ermitage jusqu'à votre retour, ou du moins jusqu'au printemps. — Vous en êtes le maître, monsieur, lui répondit-elle, tant que vous vous y trouverez bien. Elle prit la lettre, et monta en voiture.

La lettre fut envoyée à M. Diderot, et M. Grimm fut le voir le lendemain. Lorsqu'il entra en explication, Diderot se mit à rire : Qu'appelez-vous, lui dit-il, que me parlez-vous de justification. Lisez donc, et cessez d'être dupe une fois en votre vie, si vous pouvez. « De quoi vous avisez-
» vous, mandait Rousseau, d'envoyer chez madame d'E-
» pinay les lettres que vous m'écrivez? Je vous ai dit vingt
» fois que toutes celles qui passaient par ses mains étaient
» ouvertes; celle-ci l'a été comme les autres, et me cause
» avec elle une tracasserie abominable. Il a fallu avoir des
» explications, essuyer de faux reproches : cette femme a la
» rage d'être bien avec vous; elle ne me pardonnera jamais de
» vous avoir parlé vrai. Vous avez beau dire, elle et moi
» nous sommes quittes, et je ne sens pas la nécessité de la
» suivre ; je n'en ai pas la possibilité, et je vous réponds
» qu'elle ne s'en soucie guère. »

On peut concevoir l'effet que la lecture de cette lettre produisit sur M. Grimm. Il eut beau dire à Diderot la vérité des faits, il ne put le dissuader de sa prévention ; mais il exigea de lui le silence, et ils convinrent de se communiquer mutuellement tout ce qu'ils découvriraient jusqu'à ce que l'on vît un résultat à la conduite de Rousseau, et qu'on eût découvert le motif qui le faisait agir.

Madame d'Epinay ignora cette nouvelle preuve de la duplicité de Rousseau. Elle passa, avec sa famille et ses amis, les quatre derniers jours qui précédèrent son voyage. Son départ fut différé de vingt-quatre heures par une légère indisposition arrivée à son fils. Cependant, madame la comtesse d'Houdetot, qui était venue à Paris pour la voir, retourna sur-le-champ à sa campagne, dans l'idée qu'elle pourrait peut-être déterminer Rousseau à partir avec sa belle-sœur. Elle ignorait ce qui venait de se passer entre eux ; elle crut rendre service à l'un et à l'autre, et ne communiqua son projet à personne. Il n'eut d'autre effet que d'engager Rousseau à écrire à madame d'Epinay la lettre qu'on verra ci-après.

Madame d'Epinay, la veille de son départ, quitta, l'après-dînée, sa mère et sa fille, sans avoir le courage de leur dire adieu. Elle passa sa soirée avec M. Grimm et moi. Lorsque j'arrivai chez elle, je les trouvai l'un et l'autre fort émus ; j'en ignorais le sujet, je l'ai su depuis, et je dois en dire un mot pour l'intelligence de quelques lettres qui suivent.

Madame d'Épinay, par une suite de son caractère, était encore plus honteuse d'avoir été la dupe de Rousseau, que piquée des torts qu'il avait avec elle. Elle pensait qu'il s'en suivrait une rupture qu'elle ne pouvait éviter sans se manquer à elle-même. Elle voyait Rousseau sans ressources, et voulait trouver un moyen de pourvoir à son sort sans se compromettre. Elle passa une partie de cette après-dînée à écrire ses intentions à cet égard pour me les remettre ; mais craignant que M. Grimm ne blâmât cet excès de générosité, elle voulait lui en faire mystère. Il entra dans son appartement sans être annoncé ; sa présence interdit madame d'Epinay, elle serra ses papiers avec une sorte de précipitation et d'embarras qui n'échappèrent point à M. Grimm. Vous m'avez troublée, lui dit-elle ; je vous avoue que je désirerais ne vous pas montrer ce que j'écris, mais si ce mystère vous fait de la peine, vous m'affligerez beaucoup. — Non assurément, répondit M. Grimm, je suis trop sûr de mériter votre confiance, et j'ai trop de sujets de croire que je l'ai tout entière, pour me blesser de ce qu'il vous convient de me taire quelque chose : cependant permettez-moi de vous faire observer qu'il y a des circonstances où un mystère de ce genre pourrait vous être préjudiciable sans que vous puissiez le prévoir. Si ce que vous écrivez ne regarde pas Rousseau, je n'ai rien à vous demander ; mais s'il est question de lui directement ou indirectement, j'exige que vous ne fassiez rien, sans que j'en sois instruit auparavant. — Mon ami, lui répondit madame d'Epinay, cela le regarde, mais je ne puis absolument vous dire ce que c'est ; je vous en prie, ne l'exigez pas de moi.

Sur cette réponse, M. Grimm, qui connaissait tout ce qui pouvait résulter de fâcheux pour madame d'Epinay d'une fausse démarche, argumenta avec vivacité et fut même jusqu'à lui rappeler qu'elle s'était plus d'une fois mal trouvée de n'avoir pas été franche avec lui : ce reproche lui fut sensible, et elle finit par lui avouer son projet. Il fut aisé à M. Grimm de lui prouver qu'elle ne pouvait plus faire de bien à Rousseau sans inconvénient pour elle. Allons au jour le jour, lui dit-il, et donnez-moi votre parole de ne rien faire à son égard sans que j'en sois instruit. Elle le lui promit, jeta au feu son écrit, et nous passâmes le reste de la soirée aussi doucement que la circonstance d'une séparation si fâcheuse pouvait le permettre.

DE ROUSSEAU A MADAME D'ÉPINAY.

J'apprends, madame, que votre départ est différé et votre fils malade (1). Je vous prie de me donner de ses nouvelles et des vôtres. Je voudrais bien que votre voyage fût rompu, mais par le rétablissement de votre santé et non par le dérangement de la sienne.

Madame d'Houdetot me parla mardi beaucoup de ce voyage et m'exhorta à vous accompagner, presque aussi vivement qu'avait fait Diderot. Cet empressement à me faire partir, sans considération pour mon état, me fit soupçonner une espèce de ligue dont vous étiez le mobile. Je n'ai ni l'art ni la patience de vérifier les choses et ne suis pas sur les lieux, mais j'ai le tact assez sûr, et je suis très-certain que le billet de Diderot ne vient pas de lui. Je ne disconviens pas que ce désir de m'avoir avec vous, ne soit obligeant et ne m'honore; mais outre que vous m'aviez témoigné ce désir avec si peu de chaleur, que vos arrangements de voiture étaient déjà pris, je ne puis souffrir qu'une amie emploie l'autorité d'autrui pour obtenir ce que personne n'eût mieux obtenu qu'elle. Je trouve à tout cela un air de tyrannie et d'intrigue qui m'a donné de l'humeur, et je ne l'ai peut-être que trop exhalée, mais seulement avec votre ami et le mien. Je n'ai pas oublié ma promesse, mais on n'est pas le maître de ses pensées, et tout ce que je puis faire est de vous dire la mienne en cette occasion, pour être désabusé si j'ai tort. Soyez sûre qu'au lieu de tous ces détours, si vous eussiez insisté avec amitié, que vous m'eussiez dit que vous le désiriez fort et

(1) Voyez la première réponse de Grimm à la longue lettre de Rousseau (*Confessions*, liv. IX).

que je vous serais utile, j'aurais passé par-dessus toute autre considération, et je serais parti.

J'ignore comment tout ceci finira, mais quoi qu'il arrive, soyez sûre que je n'oublierai jamais vos bontés pour moi, et que quand vous ne voudrez plus m'avoir pour esclave, vous m'aurez toujours pour ami.

Avant le départ de madame d'Épinay, M. Grimm reçut de M. Rousseau la lettre qu'on va lire. Il l'envoya à M. Diderot ; et ce fut là l'époque où ce dernier commença à revenir des préventions qu'on s'était efforcé de lui donner contre une femme si digne de son estime. J'avais prié M. Grimm de me tenir au courant de la conduite de cet homme : il m'envoya ses lettres ; et nous convînmes de ne point montrer celle-ci à madame d'Épinay.

DE ROUSSEAU A M. GRIMM.

Le lundi 29.

Dites-moi, Grimm, pourquoi tous mes amis prétendent que je dois suivre madame d'Épinay ? Ai-je tort ? Ou seraient-ils tous séduits ? Auraient-ils tous cette basse partialité toujours prête à prononcer en faveur du riche, et à surcharger la misère de cent devoirs inutiles qui la rendent plus inévitable et plus dure ? Je ne veux m'en rapporter là-dessus qu'à vous seul. Quoique sans doute prévenu comme les autres, je vous crois assez équitable pour vous mettre à ma place, et pour juger de mes vrais devoirs. Écoutez donc mes raisons, mon ami, et décidez du parti que je dois prendre, car, quel que soit votre avis, je vous déclare qu'il sera suivi sur-le-champ.

Qu'est-ce qui peut m'obliger à suivre madame d'Epinay ? L'amitié, la reconnaissance, l'utilité qu'elle peut retirer de moi. Examinons tous ces points.

Si madame d'Épinay m'a témoigné de l'amitié, je lui en ai témoigné davantage. Les soins ont été mutuels, et du moins aussi grands de ma part que de la sienne. Tous deux malades, je ne lui dois plus qu'elle ne me doit, qu'au cas que le plus souffrant soit obligé de garder l'autre. Parce que mes maux sont sans remède, est-ce une raison de les compter pour rien? Je n'ajouterai qu'un mot : elle a des amis moins malades, moins pauvres, moins jaloux de leur liberté, moins pressés de leur temps, et qui lui sont du moins aussi chers que moi. Je ne vois pas qu'aucun d'eux se fasse un devoir de la suivre. Par quelle bizarrerie en sera-ce un pour moi seul, qui suis le moins en état de le remplir? Si madame d'Épinay m'était chère au point de renoncer à moi pour l'amuser, comment lui serais-je assez peu cher moi-même pour qu'elle achetât aux dépens de ma santé, de ma vie, de ma peine, de mon repos et de toutes mes ressources, les soins d'un complaisant aussi maladroit. Je ne sais si je devais offrir de la suivre, mais je sais bien qu'à moins d'avoir cette dureté d'âme que donne l'opulence, et dont elle m'a toujours paru loin, elle ne devait jamais l'accepter.

Quant aux bienfaits, premièrement je ne les aime point, je n'en veux point, et je ne sais aucun gré de ceux qu'on me fait supporter par force. J'ai dit cela nettement à madame d'Épinay avant d'en recevoir aucun d'elle; ce n'est pas que je n'aime à me laisser entraîner comme un autre à des liens si chers, quand l'amitié les forme ; mais dès qu'on veut trop tirer la chaîne, elle rompt, et je suis libre. Qu'a fait pour moi madame d'Épinay? Vous le savez tous mieux que personne, et j'en puis parler librement avec vous : elle a fait bâtir à mon occasion une petite maison à l'Ermitage, m'a engagé d'y loger, et j'ajoute avec plaisir qu'elle a pris soin d'en rendre l'habitation agréable et sûre.

Qu'ai-je fait de mon côté pour madame d'Epinay ? Dans le temps que j'étais prêt à me retirer dans ma patrie, que je le désirais vivement, et que je l'aurais dû, elle remua ciel et terre pour me retenir. A force de sollicitations, et même d'intrigues, elle vainquit ma trop juste et longue résistance : mes vœux, mon goût, mon penchant, l'improbation de mes amis, tout céda dans mon cœur à la voix de l'amitié, je me laissai entraîner à l'Ermitage. Dès ce moment j'ai toujours senti que j'étais chez autrui, et cet instant de complaisance m'a déjà donné de cuisants repentirs. Mes tendres amis, attentifs à m'y désoler sans relâche, ne m'ont pas laissé un moment de paix, et m'ont fait souvent pleurer de douleur de n'être pas à cinq cents lieues d'eux. Cependant, loin de me livrer aux charmes de la solitude, seule consolation d'un infortuné accablé de maux, et que tout le monde cherche à tourmenter, je vis que je n'étais plus à moi. Madame d'Épinay, souvent seule à la campagne, souhaitait que je lui tinsse compagnie : c'était pour cela qu'elle m'avait retenu. Après avoir fait un sacrifice à l'amitié, il en fallut faire un autre à la reconnaissance. Il faut être pauvre, sans valet, haïr la gêne, et avoir mon âme, pour savoir ce que c'est pour moi que de vivre dans la maison d'autrui. J'ai pourtant vécu deux ans dans la sienne, assujetti sans relâche avec les plus beaux discours de liberté, servi par vingt domestiques, et nettoyant tous les matins mes souliers, surchargé de tristes indigestions, et soupirant sans cesse après ma gamelle. Vous savez aussi qu'il m'est impossible de travailler à de certaines heures, qu'il me faut la solitude, les bois et le recueillement ; mais je ne parle point du temps perdu, j'en serai quitte pour mourir de faim quelques mois plus tôt. Cependant, cherchez combien d'argent vaut une heure de la vie et du temps d'un homme ; comparez les bienfaits de madame d'Épinay avec mon pays sacrifié et deux ans d'esclavage, et dites-moi qui d'elle ou de moi a le plus d'obligations à l'autre.

Venons à l'article de l'utilité. Madame d'Épinay part dans une bonne chaise de poste, accompagnée de son mari, du gouverneur de son fils, et de cinq ou six domestiques. Elle va dans une ville peuplée et pleine de société, où elle n'aura que l'embarras du choix ; elle va chez M. Tronchin, son médecin, homme d'esprit, homme considéré, recherché ; elle va dans une famille pleine de mérite, où elle trouvera des ressources de toute espèce pour sa santé, pour l'amitié, pour l'amusement. Considérez mon état, mes maux, mon humeur, mes moyens, mon goût, ma manière de vivre, plus forte désormais que les hommes et la raison même ; voyez, je vous prie, en quoi je puis servir madame d'Épinay dans ce voyage, et quelles peines il faut que je souffre sans lui être jamais bon à rien. Soutiendrai-je une chaise de poste ? Puis-je espérer d'achever si rapidement une si longue route sans accident ? Ferai-je à chaque instant arrêter pour descendre, ou accélérerai-je mes tourments et ma dernière heure pour m'être contraint ? Que Diderot fasse bon marché tant qu'il voudra de ma vie et de ma santé, mon état est connu, les célèbres chirurgiens de Paris peuvent l'attester, et soyez sûr qu'avec tout ce que je souffre, je ne suis guère moins ennuyé que les autres de me voir vivre si longtemps. Madame d'Épinay doit donc s'attendre à de continuels désagréments, à un spectacle assez triste, et peut-être à quelques malheurs dans la route. Elle n'ignore pas qu'en pareil cas j'irais plutôt expirer secrètement au coin d'un buisson, que de causer les moindres frais et retenir un seul domestique ; et moi je connais trop son bon cœur pour ignorer combien il lui serait pénible de me laisser dans cet état. Je pourrais suivre la voiture à pied comme le veut Diderot ; mais la boue, la pluie, la neige me retarderont beaucoup dans cette saison. Quelque fort que je coure, comment faire vingt-cinq lieues par jour ; et si je laisse aller la chaise, de quelle utilité serai-je à la personne qui va dedans ? Arrivé à Genève, je passerai les jours enfermé avec madame d'Épinay ; mais, quelque zèle que j'aie pour tâcher de l'amuser, il est impossible qu'une vie si casanière et si contraire à mon tempérament n'achève de m'ôter la santé, et ne me plonge au moins dans une mélancolie dont je ne serai pas le maître.

Quoi qu'on fasse, un malade n'est guère propre à en garder un autre, et celui qui n'accepte aucun soin quand il souffre, est dispensé d'en rendre aux dépens de sa santé. Quand nous sommes seuls et contents, madame d'Épinay ne parle point, ni moi non plus ; que sera-ce quand je serai triste et gêné ? je ne vois point encore là beaucoup d'amusement pour elle. Si elle tombe des nues à Genève, j'y en tomberai beaucoup plus, car avec de l'argent on est bien partout ; mais le pauvre n'est chez lui nulle part. Les connaissances que j'y ai ne peuvent lui convenir ; celles qu'elle y fera me conviendront encore moins. J'aurai des devoirs à remplir qui m'éloigneront d'elle, ou bien l'on me demandera quels soins si pressants me les font négliger et me retiennent sans cesse dans sa maison ; mieux mis, j'y pourrais passer pour son valet de chambre. Quoi donc ! un malheureux accablé de maux, qui se voit à peine des souliers à ses pieds, sans habits, sans argent, sans ressources, qui ne demande à ses chers amis que de le laisser misérable et libre, serait nécessaire à madame d'Épinay, environnée de toutes les commodités de la vie, et qui traîne dix personnes après elle ? Fortune ! vile et méprisable fortune ! si dans ton sein l'on ne peut se passer du pauvre, je suis plus heureux que ceux qui te possèdent, car je puis me passer d'eux.

C'est qu'elle m'aime, dira-t-on ; c'est son ami dont elle a

besoin. Oh! que je connais bien tous les sens de ce mot amitié! C'est un beau nom qui sert souvent de salaire à la servitude; mais où commence l'esclavage, l'amitié finit à l'instant. J'aimerai toujours à servir mon ami, pourvu qu'il soit aussi pauvre que moi : s'il est plus riche, soyons libres tous deux, ou qu'il me serve lui-même, car son pain est tout gagné, et il a plus de temps à donner à ses plaisirs.

Il me reste à vous dire deux mots de moi. S'il est des devoirs qui m'appellent à la suite de madame d'Épinay, n'en est-il point de plus indispensables qui me retiennent, et ne dois-je rien qu'à la seule madame d'Épinay sur la terre? Assurez-vous qu'à peine serais-je en route, Diderot, qui trouve si mauvais que je reste, trouvera bien plus mauvais que je sois parti, et y sera beaucoup mieux fondé. Il suit, dira-t-il, une femme riche, bien accompagnée, qui n'a pas le moindre besoin de lui, et à laquelle, après tout, il doit peu de chose, pour laisser ici dans la misère et l'abandon des personnes qui ont passé leur vie à son service, et que son départ met au désespoir. Si je me laisse défrayer par madame d'Épinay, Diderot m'en fera aussitôt une nouvelle obligation qui m'enchaînera pour le reste de mes jours. Si jamais j'ose un moment disposer de moi : Voyez cet ingrat, dira-t-on; elle a eu la bonté de le conduire dans son pays, et puis il l'a quittée. Tout ce que je ferai pour m'acquitter avec elle augmentera la reconnaissance que je lui devrai, tant c'est une belle chose d'être riche pour dominer et changer en bienfaits les fers qu'on nous donne. Si, comme je le dois, je paie une part des frais, où rassembler si promptement tant d'argent? à qui vendre le peu d'effets et le peu de livres qui me restent? Il ne s'agit plus de m'envelopper tout l'hiver dans une vieille robe de chambre. Toutes mes hardes sont usées; il faut le temps de les raccommoder ou d'en racheter d'autres; mais quand on a dix habits de rechange, on ne songe guère à cela. Pendant ce voyage, dont je ne sais pas la durée, je laisserai ici un ménage qu'il faut entretenir. Si je laisse ces femmes à l'Ermitage, il faut, outre les gages du jardinier, payer un homme qui les garde, car il n'y a pas d'humanité à les laisser seules au milieu des bois. Si je les emmène à Paris, il leur faut un logement ; et que deviendront les meubles et papiers que je laisse ici? Il me faut, à moi, de l'argent dans ma poche ; car qu'est-ce que c'est que d'être défrayé dans la maison d'autrui, où tout va toujours bien, pourvu que les maîtres soient servis? c'est dépenser beaucoup plus que chez soi pour être contrarié toute la journée, pour manquer de tout ce qu'on désire, pour ne rien faire de ce qu'on veut, et se trouver ensuite fort obligé à ceux chez qui l'on a mangé son argent. Ajoutez à cela l'indolence d'un malade paresseux, accoutumé à tout laisser traîner et à ne rien perdre, à trouver autour de lui ses besoins, ses commodités sans les demander, et dont l'équipage, la fortune et le silence invitent également à le négliger. Si le voyage est long et que mon argent s'épuise, mes souliers s'usent, mes bas se percent ; s'il faut blanchir son linge, se faire la barbe, accommoder sa perruque, etc., etc., il est triste d'être sans un sou ; et s'il faut que j'en demande à madame d'Épinay à mesure que j'en aurai besoin, mon parti est pris, qu'elle garde bien ses meubles ; car, pour moi, je vous déclare que j'aime mieux être voleur que mendiant.

Je crois voir d'où viennent tous les bizarres devoirs qu'on m'impose ; c'est que tous les gens avec qui je vis me jugent toujours sur leur sort, et jamais sur le mien, et veulent qu'un homme qui n'a rien vive comme s'il avait six mille livres de rente et du loisir de reste.

Personne ne sait se mettre à ma place, et ne veut voir que je suis un être à part, qui n'a point le caractère, les maximes, les ressources des autres, et qu'il ne faut point juger sur leurs règles. Si l'on fait attention à ma pauvreté, ce n'est pas pour respecter son dédommagement, qui est la liberté, mais pour m'en rendre le poids plus insupportable. C'est ainsi que le philosophe Diderot, dans son cabinet, au coin d'un bon feu, dans une bonne robe de chambre bien fourrée, veut que je fasse vingt-cinq lieues par jour, en hiver, à pied, dans les boues, pour courir après une chaise de poste, parce qu'après tout, courir et se crotter est le métier d'un pauvre. Mais, en vérité, madame d'Epinay, quoique riche, mérite bien que J. J. Rousseau ne lui fasse pas un pareil affront. Ne pensez pas que le philosophe Diderot, quoi qu'il en dise, s'il ne pouvait supporter la chaise, courût de sa vie après celle de personne; cependant il y aurait du moins cette différence qu'il aurait de bons bas drapés, de bons souliers, une bonne camisole; qu'il aurait bien soupé la veille, et se serait bien chauffé en partant, au moyen de quoi l'on est plus fort pour courir, que celui qui n'a pas de quoi payer ni le souper, ni la fourrure, ni les fagots. Ma foi, si la philosophie ne sert pas à faire ces distinctions, je ne vois pas trop à quoi elle est bonne.

Pesez mes raisons, mon cher ami, et dites-moi ce que je dois faire. Je veux remplir mon devoir; mais dans l'état où je suis, qu'ose-t-on exiger de plus? Si vous jugez que je doive partir demain, prévenez-en madame d'Epinay, puis envoyez-moi un exprès, et soyez sûr que, sans balancer, je pars à l'instant pour Paris en recevant votre réponse.

Quant au séjour de l'Ermitage, je sens fort bien que je n'y dois plus demeurer, même en continuant de payer le jardinier, car ce n'est pas un loyer suffisant; mais je crois devoir à madame d'Epinay de ne pas quitter l'Ermitage d'un air de mécontentement, qui supposerait de la brouillerie entre nous. J'avoue qu'il me serait dur de déloger aussi dans cette saison, qui me fait déjà sentir aussi cruellement ses approches ; il vaut mieux attendre au printemps, où mon départ sera plus naturel, et où je suis résolu d'aller chercher une retraite inconnue à tous ces barbares tyrans qu'on appelle amis.

DE M. GRIMM A M. DIDEROT.

Samedi 5.

Tenez, mon ami, lisez et apprenez enfin à connaître l'homme. Vous trouverez ci-joint une pièce d'éloquence, que m'adressa Rousseau avant le départ de madame d'Epinay ; j'avais évité d'y répondre directement, sentant bien que ce que j'avais à lui dire occasionnerait nécessairement une rupture et un éclat ; mais il m'y force aujourd'hui, en me pressant de lui répondre ; et avec un homme de ce caractère, il ne faut pas tergiverser. Je me garderai bien de communiquer sa lettre à madame d'Epinay ; je craindrais, dans l'état où elle est, qu'une ingratitude aussi monstrueuse ne lui fît une trop forte impression ; mais je ne lui cacherai pas cependant qu'elle n'a plus rien à ménager avec un si grand fourbe. Je vous envoie aussi la copie de la seconde réponse que je lui ai faite, et que je viens de lui envoyer par un exprès. Je vais courir pour votre affaire ; je ne fermerai ma lettre qu'en rentrant ce soir, et je vous manderai le résultat de ma visite. Bonjour, mon cher Diderot. A quels hommes, grand Dieu, donne-t-on, dans le monde, le nom de philosophes !

Réponse de M. Grimm à M. Rousseau.

Samedi 5.

J'ai fait ce que j'ai pu pour éviter de répondre positivement à l'horrible apologie que vous m'avez adressée. Vous me pressez, je ne consulte plus que ce que je me dois à moi-même et ce que je dois à mes amis, que vous outragez.

Je n'ai jamais cru que vous dussiez faire le voyage de Genève avec madame d'Epinay ; quand le premier sentiment vous aurait engagé à vous offrir, elle, de son côté, devait vous en empêcher, en vous rappelant ce que vous devez à votre situation, à votre santé, et à ces femmes, que vous avez entraînées dans votre retraite : voilà mon opinion. Vous n'avez pas eu le premier sentiment, et je n'en ai point été scandalisé. Il est vrai qu'ayant appris, à mon retour de l'armée, que, malgré toutes mes représentations, vous aviez voulu partir pour Genève, il y a quelque temps, je n'ai plus été étonné de la surprise de mes amis de vous voir rester, lorsque vous aviez une occasion si naturelle et si honnête pour partir. Je ne connaissais pas alors votre monstrueux système : il m'a fait frémir d'indignation ; j'y vois des principes si odieux, tant de noirceur et de duplicité.... Vous osez me parler de votre esclavage, à moi qui, depuis plus de deux ans, suis le témoin journalier de toutes les marques de l'amitié la plus tendre et la plus généreuse que vous avez reçues de cette femme.... Si je pouvais vous pardonner, je me croirais indigne d'avoir un ami. Je ne vous reverrai de ma vie, et je me croirai heureux si je puis bannir de mon esprit le souvenir de vos procédés : je vous prie de m'oublier et de ne plus troubler mon âme. Si la justice de cette demande ne vous touche pas, songez que j'ai entre les mains votre lettre, qui justifiera, aux yeux de tous les gens de bien, l'honnêteté de ma conduite.

Réponse de Rousseau à M. Grimm.

Je me refusais à ma juste défiance : j'achève trop tard de vous connaître. Voilà donc la lettre que vous vous êtes donné le loisir de méditer ; je vous la renvoie, elle n'est pas pour moi. Vous pouvez montrer la mienne à toute la terre et me haïr ouvertement ; ce sera, de votre part une fausseté de moins.

Billet de M. Grimm à M. Diderot.

J'ai couru en vain, les planches ne sont pas prêtes, et je ne suis pas plus avancé qu'en sortant de chez moi ; l'homme qu'il m'était le plus essentiel de voir était allé à la campagne et n'en revient que demain. Travaillez toujours, mon ami : allez votre chemin et j'aurai soin du reste.

Rousseau m'a renvoyé ma lettre avec un billet que je vous envoie. En vérité l'impudence de cet homme me confond. En quel homme madame d'Epinay avait-elle mis sa confiance ! Voici aussi une lettre qu'il lui a écrite avant son départ et qu'elle m'a laissée. Je vais achever la lecture de votre manuscrit pour remettre le calme dans mon âme. Voilà deux jours que nous n'avons point de nouvelles de notre voyageuse, j'en suis en peine, nous n'en savons encore que de la première journée ; elle en avait assez bien soutenu la fatigue ; il faut espérer que le reste de son voyage se passera bien : mais j'ai l'âme troublée ; et vous savez si je suis payé pour croire aux pressentiments.

DE M. GRIMM A MADAME D'ÉPINAY.

Je reçois une lettre de Mont-Luel, qui me tranquillise un peu. Au nom de Dieu, écrivez-moi aussitôt votre arrivée, car je ne serai tranquille que lorsque je verrai votre écriture datée de Genève. Il me prend des humeurs terribles contre M. d'Épinay ; c'est lui qui vous a retardée et fatiguée en pure perte. Songez, ma chère amie, qu'il y a des inconvénients partout, et que c'est à vous à les éviter : on dit que M. Tronchin est distrait, et qu'il ne pensera pas à vous prévenir de ceux de Genève. J'ai déjà entendu parler d'un vent de bise, qui me fait tourner la tête : il faut bien vous en garantir.... Il ne tiendrait qu'à moi de vous en écrire quatre pages, mais j'espère que j'aurai le courage de résister à cette tentation ; et, pour n'y pas succomber, je vais tâcher de vous parler d'autre chose.

Vous saurez donc que, quelques jours avant votre départ, j'ai reçu une lettre de Rousseau, pour justifier la répugnance qu'il marquait à vous suivre : elle est le comble de la folie et de la méchanceté ; c'est pourquoi je n'ai pas voulu vous la faire lire au moment de notre séparation. Je lui ai répondu comme il le méritait, et comme vous auriez toujours dû faire. Il m'a renvoyé ma lettre, de sorte que voilà rupture ouverte et bien prononcée entre nous. J'ai saisi cette occasion pour le démasquer aux yeux de Diderot. Je lui ai aussi envoyé la lettre qu'il vous a écrite le jour de votre départ. Ces pièces ont, au moins, servi à vous justifier en partie ; et Rousseau lui-même, sans le vouloir, a fait le reste. Il y a apparence qu'il quittera l'Ermitage ; et il est à croire qu'il vous prépare un beau manifeste pour se justifier. Mon avis est que vous le laissiez faire, et que vous ne répondiez point ; mais les circonstances vous guideront mieux que moi. Tout ce que je désire, c'est qu'il ne tourmente plus mes amis ; il deviendra d'ailleurs tout ce qu'il pourra : au reste, vous n'êtes point la seule qui soyez dans le cas de vous plaindre de lui. Non-seulement cet homme est méchant, mais certainement il a perdu le sens. Je ne sais si vous vous rappelez que l'on vous a dit, cet automne, que Diderot lui avait conseillé d'écrire à M. de Saint-Lambert ; voici pour quel sujet. Rousseau avait mandé Diderot à l'Ermitage. Celui-ci y alla et le trouva dans un état déplorable. Rousseau lui confia qu'il avait, en effet, la plus grande passion pour la comtesse d'Houdetot, mais que ses principes n'étant pas de s'y livrer, quand même il en serait écouté, il était assez sûr de lui pour ne rien redouter de malhonnête de son amour. Le sujet de mon tourment, lui dit-il, celui qui déchire mon âme, c'est que le marquis de Saint-Lambert soupçonne si fortement ma passion, qu'il est jaloux de moi, de moi, qui suis son ami (quelle opinion en a-t-il donc conçue?) et qu'il tourmente la comtesse à mon égard, au point de croire qu'elle partage mes sentiments, tandis que je ne me suis jamais permis de les lui faire connaître, qu'elle les ignore et qu'elle les ignorera toujours. C'est madame d'Épinay, a-t-il ajouté, qui a mis le trouble parmi nous, par son inépuisable coquetterie et ses intrigues.

Je ne vois qu'une seule conduite honnête à tenir, répondit Diderot, c'est d'écrire au marquis, de lui faire l'aveu de votre passion, de lui protester que la comtesse l'ignore, de la justifier à ses yeux, et de lui montrer la résolution où vous êtes d'étouffer les sentiments nés dans votre cœur malgré vous.

Ce conseil transporta Rousseau de reconnaissance. Il jura de le suivre, et quelques jours après, il manda à Diderot qu'il l'avait suivi, que sa lettre était partie, et la sécurité rentrée dans son cœur.

Il a cessé en effet pendant huit jours de voir la comtesse, s'est dit heureux de la victoire qu'il avait remportée sur lui, et n'a pas manqué cependant depuis de saisir, pour la voir, toutes les occasions où elle ne pouvait le fuir.

Quelques jours après votre départ, Diderot rencontre Saint-Lambert chez le baron d'Holbach. On parle de Rousseau. Le marquis laisse échapper quelques mots de mépris; Diderot, qui le connaît honnête et généreux, est étonné de son injustice : il le prend à part pour lui en demander la raison. Le marquis semble éviter l'explication. Diderot, avec sa franchise ordinaire, lui dit à la fin, qu'après la lettre que lui a écrite Rousseau, il devait s'attendre à un traitement plus doux. — De quelle lettre me parlez-vous? lui répond le marquis, je n'en ai reçu qu'une, à laquelle on ne répond qu'avec des coups de bâton (1). Le philosophe reste pétrifié : ils s'expliquent, et parviennent à s'entendre. En un mot, le marquis apprend à Diderot que cette lettre ne contient qu'un long sermon sur la nature de la liaison qui est entre Saint-Lambert et la comtesse d'Houdetot ; lui en fait honte, et le peint comme un scélérat qui abuse de la confiance que le comte d'Houdetot a en lui. Vous remarquerez que la comtesse a entre les mains plus de vingt lettres de Rousseau, plus passionnées les unes que les autres, qu'elle a communiquées à Saint-Lambert, tandis que Rousseau avait juré à Diderot qu'il mourrait plutôt que de faire à la comtesse l'aveu de sa passion. Le philosophe, tout étourdi de cette découverte, écrivit le lendemain à Rousseau pour lui reprocher de l'avoir joué : il ne répondit point ; ce qui fit prendre à Diderot son parti d'aller le trouver hier afin de s'expliquer avec lui. Le soir, à son retour, il m'écrivit la lettre dont je vous envoie copie, car elle est belle et mérite d'être conservée. Ce matin, il est venu me voir, et m'a conté le détail de sa visite. Rousseau était seul au fond de son jardin ; du plus loin qu'il aperçut Diderot, il lui cria d'une voix de tonnerre, et le visage allumé : « Que venez-vous faire ici ? — Je viens savoir, lui » répondit le philosophe, si vous êtes fou ou méchant. — Il y » a quinze ans, reprit Rousseau, que vous me connaissez ; » vous savez que je ne suis pas méchant, et je vais vous » prouver que je ne suis pas fou : suivez-moi. » Il le mène aussitôt dans son cabinet, ouvre une cassette remplie de papiers, en tire une vingtaine de lettres, qu'il eut cependant l'air de trier sur les autres papiers : Tenez, dit-il, voilà des lettres de la comtesse, prenez au hasard, et lisez ma justification. La première sur laquelle Diderot tombe, il y lit très-

---

(1) Rousseau parle cependant d'une réponse de Saint-Lambert, datée de Wolfenbutel.

clairement les reproches les plus amers que lui fait la comtesse d'abuser de sa confiance, pour l'alarmer sur ses liaisons avec le marquis, tandis qu'il ne rougit pas d'employer les pièges, la ruse et les sophismes les plus adroits pour la séduire. Ah! certes, vous êtes fou, s'écria Diderot, de vous être exposé à me laisser lire ceci; lisez donc vous-même; cela est clair. Rousseau pâlit, balbutia, puis entra dans une fureur inconcevable, fit une sortie contre le zèle indiscret des amis, et ne convint jamais qu'il eût tort. Connaissez-vous rien de comparable à cette folie? C'est à l'indignation qu'elle a causée à Diderot que nous devons la connaissance de tous ces détails; je suis sûr qu'il ne se serait jamais permis d'en parler s'il ne se trouvait lui-même forcé de se justifier. Aujourd'hui, Rousseau lui fait un crime de s'être expliqué avec le marquis, et l'accuse hautement d'avoir révélé son secret; ce qui est encore bien gauche, car il le force à le divulguer pour éviter de passer pour un traître. Voilà cet homme qui faisait un code de l'amitié : il y a à lui pardonner toute la journée; et il ne passe rien aux autres. Je ne veux plus penser à lui.

DE M. DIDEROT A M. GRIMM.

Le 5 au soir.

Cet homme est un forcené. Je l'ai vu, je lui ai reproché, avec toute la force que donnent l'honnêteté et une sorte d'intérêt qui reste au fond du cœur d'un ami qui lui est dévoué depuis longtemps, l'énormité de sa conduite; les pleurs versés aux pieds de madame d'Épinay, dans le moment même où il la chargeait près de moi des accusations les plus graves; cette odieuse apologie qu'il vous a envoyée, et où il n'y a pas une seule des raisons qu'il avait à dire; cette lettre projetée pour Saint-Lambert, qui devait le tranquilliser sur des sentiments qu'il se reprochait, et où, loin d'avouer une passion, née dans son cœur malgré lui, il s'excuse d'avoir alarmé madame d'Houdetot sur la sienne. Que sais-je encore? Je ne suis point content de ses réponses; je n'ai pas eu le courage de le lui témoigner; j'ai mieux aimé lui laisser la misérable consolation de croire qu'il m'a trompé. Qu'il vive! Il a mis dans sa défense un emportement froid qui m'a affligé. J'ai peur qu'il ne soit endurci.

Adieu, mon ami; soyons et continuons d'être honnêtes gens : l'état de ceux qui ont cessé de l'être me fait peur. Adieu, mon ami; je vous embrasse bien tendrement......... Je me jette dans vos bras comme un homme effrayé; je tâche en vain de faire de la poésie, mais cet homme me revient tout à travers mon travail; il me trouble, et je suis comme si j'avais à côté de moi un damné : il est damné, cela est sûr. Adieu, mon ami...... Grimm, voilà l'effet que je ferais sur vous, si je devenais jamais un méchant : en vérité, j'aimerais mieux être mort. Il n'y a peut-être pas le sens commun dans tout ce que je vous écris, mais je vous avoue que je n'ai jamais éprouvé un trouble d'âme si terrible que celui que j'ai.

Oh! mon ami, quel spectacle que celui d'un homme méchant et bourrelé! Brûlez, déchirez ce papier, qu'il ne retombe plus sous vos yeux; que je ne revoie plus cet homme-là, il me ferait croire au diable et à l'enfer. Si je suis jamais forcé de retourner chez lui, je suis sûr que je frémirai tout le long du chemin : j'avais la fièvre en revenant. Je suis fâché de ne lui avoir pas laissé voir l'horreur qu'il m'inspirait, et je ne me réconcilie avec moi qu'en pensant, que vous, avec toute votre fermeté, vous ne l'auriez pas pu à ma place : je ne sais pas s'il m'aurait tué. On entendait ses cris jusqu'au bout du jardin; et je le voyais! Adieu, mon ami, j'irai demain vous voir; j'irai chercher un homme de bien, auprès duquel je m'asseye, qui me rassure, et qui chasse de mon âme je ne sais quoi d'infernal qui la tourmente et qui s'y est attaché. Les poëtes ont bien fait de mettre un intervalle immense entre le ciel et les enfers. En vérité, la main me tremble.

DE MADAME D'ÉPINAY A M. GRIMM.

De Genève, le 12.

Me voici enfin arrivée à bon port, mon tendre ami, mais je ne sais pas encore où je suis, et je ne puis vous rien dire de tout ce que je voudrais. M. de Jully est venu au-devant de nous, et m'a accablée d'amitiés. L'appartement qu'il m'a choisi est assez joli, mais très-petit ; et je serai mal à l'aise jusqu'au départ de M. d'Epinay, qui aura lieu, je crois, à la fin de cette semaine. Il loge dans un petit cabinet où l'on ne peut entrer que par ma chambre ; il y est sans cesse, et vous savez la manie que j'ai de ne savoir pas même mettre l'adresse d'une lettre lorsque je sens du monde autour de moi. Il m'a pris un serrement de cœur fort étrange en entrant dans Genève. Il me semble que le lieu où je viens chercher la santé aurait dû me faire une toute autre impression. Je n'ai jamais pu prendre sur moi de l'envisager autrement que comme le lieu d'exil qui allait, au moins pour six mois, me séparer de vous. Me voici en sûreté pour ma vie, étant entre les mains d'un homme étonnant, pour les soins et l'intérêt qu'il me marque. Tout ce qu'il m'a dit de touchant m'a enfin fait verser des larmes : je n'en avais pu répandre une depuis mon départ de Paris.

J'ai trouvé ici une lettre de mon concierge, qui me marque que Rousseau lui a fait dire de reprendre les meubles de l'Ermitage, parce qu'il va en sortir. Je lui réponds tout simplement : « Si M. Rousseau quitte l'Ermitage, retirez-en » les meubles le lendemain qu'il en sera sorti, et pas avant.

» Vous verrez M. Grimm vous saurez de lui ce que de-
» viennent les dames le Vasseur, et si elles ont besoin de
» quelques-uns de mes effets, vous leur laisserez ce que
» M. Grimm vous dira de leur donner. Vous porterez le sur-
» plus chez ma mère. »

Mandez-moi ce que deviennent ces femmes, je vous prie de ne pas les laisser manquer ; je vous en tiendrai compte, et je dirai bon à tout ce que vous ferez, surtout pour la vieille mère le Vasseur.... Mon oncle prétend qu'il ne faut pas que j'écrive beaucoup, ni que je m'applique.

Le lendemain.

J'ai été interrompue hier par des visites : je vous parlerai une autre fois de tous ces gens-là... Tâchez, je vous prie, que je ne sois jamais deux ordinaires sans avoir de nouvelles de vous, ou de ma mère ou de Pauline. Une chose cruelle, c'est que la neige retarde presque toujours le courrier pendant l'hiver. Oh ! quel pays que celui où mon repos dépendra du temps qu'il fait ! Comment ai-je pu me séparer de vous ? Quelle folie de prétendre guérir, quand j'ai laissé à plus de cent lieues de moi mon bonheur, ma tranquillité, et la plus précieuse partie de moi-même ! Ah ! que n'avez-vous eu plutôt l'idée de m'accompagner ? Quelle différence !... Mais la douceur de vous avoir près de moi serait prête de finir, et il ne me resterait que le regret de nous séparer. Toute ma consolation sera donc dans vos lettres : vous ne m'en laisserez pas manquer, n'est-ce pas, mon tendre ami ?... En voici une ; je la lis, et j'ajoute quatre mots pour faire partir celle-ci.

O mon ami, quel monstre que ce Rousseau ! Je n'en reviens pas. La lettre de Diderot est admirable. Le courrier va partir ; je n'ai que le temps de vous prier de dire de mes nouvelles à ma mère : je lui écrirai par le prochain courrier. Je me porte bien ; j'ai dormi à merveille cette nuit.

J'oubliais de vous dire que M. de Voltaire est venu au-devant de moi. Il voulait nous retenir à dîner ; mais, quoique je fusse assez bien pour y rester, j'étais pressée de me reposer et d'arriver.

DE ROUSSEAU A MADAME D'ÉPINAY.

Si l'on mourait de douleur, je ne serais pas en vie ; mais enfin j'ai pris mon parti. L'amitié est éteinte entre nous, madame ; mais celle qui n'est plus, garde encore des droits que je sais respecter. Je n'ai point oublié vos bontés pour moi, et vous devez compter de ma part sur toute la reconnaissance qu'on peut avoir pour quelqu'un qu'on ne doit plus aimer. Toute autre explication serait inutile. J'ai pour juge ma conscience et vous renvoie à la vôtre.

J'ai voulu quitter l'Ermitage et je le devais, mais on prétend qu'il faut que j'y reste jusqu'au printemps, et puisque mes amis le veulent, je resterai si vous y consentez.

Réponse de madame d'Epinay à M. Rousseau.

Le 4 décembre.

Après vous avoir donné pendant plusieurs années toutes les marques possibles d'amitié et d'intérêt il ne me reste qu'à vous plaindre. Vous êtes bien malheureux. Je désire que votre conscience soit aussi tranquille que la mienne : cela pourrait être nécessaire au repos de votre vie.

Puisque vous voulez quitter l'Ermitage, et que vous le deviez, je suis étonnée que vos amis vous aient retenu : pour moi, je ne consulte jamais les miens sur mes devoirs, et je n'ai plus rien à vous dire sur les vôtres.

DE ROUSSEAU A MADAME D'ÉPINAY.

Rien n'est si simple, madame, et si nécessaire que de sortir de votre maison quand vous n'approuvez pas que j'y reste. Sur votre refus de consentir que je passasse à l'Ermitage le reste de l'hiver, je l'ai donc quitté le 15 décembre. Ma destinée était d'y habiter malgré mes amis et malgré moi, et d'en déloger de même.

Je vous remercie du séjour que vous m'avez engagé d'y faire, et je vous en remercierais de meilleur cœur si je l'avais payé moins cher. Au reste, vous avez raison de me trouver malheureux, personne au monde ne sait mieux que vous combien je dois l'être. Si c'est un malheur de se tromper dans le choix de ses amis, c'en est un non moins cruel de revenir d'une erreur si douce.

Votre jardinier est payé jusqu'au 1er janvier.

Réponse de madame d'Epinay à Rousseau.

Genève, le 17 janvier.

Je n'ai reçu votre lettre du 17 décembre, monsieur, qu'hier. On me l'a envoyée dans une caisse remplie de différentes choses, qui a été tout ce temps en chemin. Je ne répondrai qu'à l'apostille ; quant à la lettre, je ne l'entends pas bien ; et si nous étions dans le cas de nous expliquer, je voudrais bien mettre tout ce qui s'est passé sur le compte d'un malentendu. Je reviens à l'apostille. Vous pouvez vous rappeler, monsieur, que nous étions convenus que les gages du jardinier de l'Ermitage passeraient par vos mains, pour lui mieux faire sentir qu'il dépendait de vous, et pour vous éviter des scènes aussi ridicules et indécentes qu'en avait fait son prédécesseur. La preuve en est, que les premiers quartiers de ses gages vous ont été remis, et que j'étais convenue avec vous, peu de jours avant mon départ, de vous faire rembourser vos avances. Je sais que vous en fîtes d'abord difficulté : mais ces avances, je vous avais prié de les faire ; il était simple de m'acquitter, et nous en convînmes. Cahouet m'a marqué que vous n'avez pas voulu recevoir cet argent. Il y a assurément du quiproquo là-dedans. Je donne ordre qu'on vous le rapporte ; et je ne vois pas pourquoi vous voudriez payer mon jardinier, malgré nos conventions, et au delà même du terme que vous avez habité l'Ermitage. Je compte donc, monsieur, que, vous rappelant tout ce que j'ai l'honneur de vous dire, vous ne refuserez pas d'être remboursé de l'avance que vous avez bien voulu faire pour moi.

DE M. GRIMM A MADAME D'ÉPINAY.

Je ne puis finir la journée, ma tendre amie, sans me plaindre un peu de mon sort et de ma solitude. Ah ! que le bonheur gâte vite, et qu'il est difficile de s'accoutumer à la peine !

Vous devez avoir appris que Rousseau a quitté l'Ermitage. Thérèse ne sait où donner de la tête ; elle a fait pour plus de quinze louis de dettes dans le canton. La comtesse compte en payer une partie ; quant à nous, c'est bien assez d'être chargés de la vieille.....

Je reçois votre lettre : si votre sauveur juge le séjour de la campagne nécessaire à votre santé, il n'y a pas à hésiter, il faut le préférer à celui de la ville ; mais, ma tendre amie, je crains que cette habitation ne vous cause bien de la dépense et ne vous mette dans le cas de recevoir souvent plus de monde que vous ne le désirez, et qu'il n'est peut-être nécessaire pour votre tranquillité qui est une condition essentielle de votre régime. Mais campagne ou non, dès que le beau temps sera venu, rien ne pourra m'empêcher d'aller vous retrouver. Je m'étais bien attendu au terme que M. Tronchin met à votre guérison. Il n'y a cependant pas deux partis à prendre, il faut persévérer. Ah! ma chère, ma tendre amie, que je serais heureux d'être libre! de n'avoir plus d'autres soins que de vous plaire et de passer ma vie près de vous!

DE MADAME D'ÉPINAY A M. GRIMM.

Le courrier a manqué deux fois, et je suis dans une grande disette. Il y aura demain huit jours que je n'ai reçu de vos nouvelles, mon tendre ami, aussi je suis un peu triste; à peine ai-je le courage d'écrire : voilà ce que c'est que d'être à plus de cent lieues l'un de l'autre. Je vais cependant faire un effort et tâcher de vous dire ce que je pense de Voltaire, en attendant que j'aie le courage de vous parler de moi et de ce qui me concerne.

Eh bien! mon ami, je n'aimerais pas à vivre de suite avec lui; il n'a nul principe arrêté, il compte trop sur sa mémoire, et il en abuse souvent; je trouve qu'elle fait tort quelquefois à sa conversation : il redit plus qu'il ne dit, et ne laisse jamais rien à faire aux autres. Il ne sait point causer, et il humilie l'amour-propre; il dit le pour et le contre, tant qu'on veut, toujours avec de nouvelles grâces à la vérité, et néanmoins il a toujours l'air de se moquer de tout, jusqu'à lui-même. Il n'a nulle philosophie dans la tête; il est tout hérissé de petits préjugés d'enfant; on les lui passerait peut-être en faveur de ses grâces, du brillant de son esprit et de son originalité, s'il ne s'affichait pas pour les secouer tous. Il a des inconséquences plaisantes, et il est au milieu de tout cela très-amusant à voir Mais je n'aime point les gens qui ne font que m'amuser. Pour madame sa nièce, elle est tout à fait comique. Adieu; le reste à l'ordinaire prochain.

DE ROUSSEAU A MADAME D'ÉPINAY.

Je vois, madame, que mes lettres ont toujours le malheur de vous arriver fort tard. Ce qu'il y a de sûr, c'est que la vôtre du 17 janvier (1) ne m'a été remise que le 17 de ce mois par M. Cahouet; apparemment que votre correspondant l'a retenue durant tout cet intervalle. Je n'entreprendrai pas d'expliquer ce que vous avez résolu de ne pas entendre, et j'admire comment avec tant d'esprit on réunit si peu d'intelligence; mais je n'en devrais plus être surpris, il y a longtemps que vous vous vantez à moi du même défaut.

Mon dessein n'ayant jamais été de recevoir le remboursement des gages de votre jardinier, il n'y a guère d'apparence que je change à présent de sentiments là-dessus. Le consentement que vous objectez était de ces consentements vagues qu'on donne pour éviter des disputes, ou les remettre à d'autres temps, et valent au fond des refus. Il est vrai que vous envoyâtes au mois de septembre 1756 payer par votre cocher le précédent jardinier, et que ce fut moi qui réglai son compte.

Il est vrai aussi que j'ai toujours payé son successeur de mon argent. Quant aux premiers quartiers de ses gages que vous dites m'avoir été remis, il me semble, madame, que vous devriez savoir le contraire : ce qu'il y a de très-sûr, c'est qu'ils ne m'ont pas même été offerts. A l'égard des quinze jours qui restaient jusqu'à la fin de l'année quand je sortis de l'Ermitage, vous conviendrez que ce n'était pas la peine de les déduire. A Dieu ne plaise que je prétende être quitte pour cela de mon séjour à l'Ermitage. Mon cœur ne sait pas mettre

(1) Rousseau dit dans ses *Confessions*, qu'il ne répondit point à cette lettre du 17 janvier, et que là finit sa correspondance avec madame d'Épinay; cependant voici une réponse écrite plus d'un mois après, et bien authentique.

à si bas prix les soins de l'amitié ; mais quand vous avez taxé ce prix vous-même, jamais loyer ne fut vendu si cher.

J'apprends les étranges discours que tiennent à Paris vos correspondants sur mon compte, et je juge par là de ceux que vous tenez peut-être un peu plus honnêtement à Genève. Il y a donc bien du plaisir à nuire ? à nuire aux gens qu'on eut pour amis ? soit. Pour moi, je ne pourrai jamais goûter ce plaisir-là, même pour ma propre défense. Faites, dites tout à votre aise ; je n'ai d'autre réponse à vous opposer que le silence, la patience, et une vie intègre. Au reste, si vous me destinez quelque nouveau tourment, dépêchez-vous ; car je sens que vous pourriez bien n'en avoir pas longtemps le plaisir.

DE MADAME D'ÉPINAY A M. GRIMM.

Je ne sais comment on me trouve, ni ce que vous répondra M. Tronchin si vous lui écrivez, mais je me sens, et je me sens fort mal ; j'ai eu des crampes convulsives, je suis exténuée ; si vous cherchiez un prétexte pour votre voyage, celui-ci ne serait que trop valable. Je fais un effort pour vous prier de venir le plus tôt que vous pourrez. Je crains bien de ne pas jouir longtemps du bonheur de vous être chère : venez, mon cher ami, croyez que je ne vous y engage pas légèrement, ni par effroi déplacé.

DE M. DE JULLY A M. GRIMM.

Je n'ose écrire à mon frère, monsieur, l'état dans lequel se trouve sa femme, et j'ai absolument défendu à Linant d'en dire un seul mot, jusqu'à ce qu'il s'opère un changement que M. Tronchin nous laisse encore espérer, mais dont cependant il ne me répond pas. Les accidents de ma belle-sœur sont, à ce qu'il dit, plus effrayants que dangereux :

j'avoue qu'elle me paraît fort mal. M. Tronchin se contente de laisser agir la nature dans ce moment de crise qu'il regarde comme décisif ou en bien ou en mal; mais, encore une fois, il ne répond de rien : elle s'inquiète, elle se désole; nous tâchons de la rassurer. Je vous avoue que je désirerais fort que vos affaires vous permissent de partir sur-le-champ, je crois que votre présence donnerait à son esprit le calme qui lui est nécessaire. Elle sait que je vous écris; elle m'en a prié, ne pouvant le faire elle-même, mais elle ignore ce que je vous mande. Je crois, monsieur, qu'il faut épargner ces alarmes à madame d'Esclavelles; quelque chose qu'il arrive, je lui écrirai l'ordinaire prochain. Je me hâte de fermer ma lettre et de vous renouveler l'assurance de mon attachement.

DE M. GRIMM A MADAME D'ÉPINAY.

Je reçois la lettre de M. de Jully, et je pars. Après la lettre que je reçois aussi de M. Tronchin, il m'est impossible de me croire menacé du plus grand des malheurs; sans cette lettre je ne serais plus, je crois, en vie. Je viens d'acheter une chaise de poste. Comme je ne pourrai pas partir demain avant midi, quelle que soit ma diligence, j'attendrai la poste qui m'apportera de vos nouvelles du 18; mais demain, à cinq heures du soir, je ne serai plus à Paris : voilà sur quoi vous pouvez compter. J'irai jour et nuit, ainsi mardi ou mercredi j'espère être bien près de vous. Madame votre mère se désole de ne pouvoir aller vous rejoindre. Adieu, ma tendre amie. Je vous porte un cœur déchiré par la douleur et le désespoir. Un moment passé auprès de vous me fera oublier toutes ces peines.

Je descendrai chez vous ou chez M. de Jully.

DE M. DIDEROT A M. GRIMM.

Eh bien! mon ami, êtes-vous arrivé, êtes-vous un peu remis de votre frayeur? Je ne sais pas ce que vous aviez dit à madame d'Esclavelles, mais elle envoya chez moi le surlendemain de votre départ dès les six heures du matin, pour me faire part des nouvelles qu'elle avait reçues de sa fille. Il nous faut un mot de votre main qui remette un peu nos esprits, qui m'apprenne votre arrivée en bonne santé, et qui me dise que madame d'Épinay est mieux. Oh! que je serais content d'elle, de vous, et de moi, si nous en étions quittes pour une alarme. Cependant je sèche d'ennui; que voulez-vous que je fasse avec les autres? je ne sais que leur dire. Je vous envoie le reste de la besogne que vous m'avez laissée. A tout hasard j'ai pris des doubles, et vais tâcher de faire contre-signer cet énorme paquet.

DE M. GRIMM A M. DIDEROT.

Vous avez dû, mon ami, recevoir un mot de moi, que j'avais adressé à madame d'Esclavelles pour vous apprendre mon arrivée. Vous me pardonnerez aisément de ne vous avoir pas écrit depuis. Si l'état de madame d'Épinay n'est pas effrayant pour le moment présent, je vous avoue qu'il n'en est pas moins inquiétant pour l'avenir; il faut toute la confiance que j'ai dans les lumières de M. Tronchin, pour n'en pas concevoir les plus grandes alarmes. L'excès de faiblesse où elle est ne se conçoit pas; il m'est démontré que si elle n'eût pas pris le parti de venir ici, elle n'existerait plus actuellement. Je me félicite à chaque instant d'y être venu; j'ose me flatter que ma présence lui était nécessaire : elle avait totalement perdu le courage; et il est aisé de voir qu'elle avait besoin du secours de l'amitié pour supporter la langueur et l'ennui de son état. Vous imaginez bien que je ne puis rien vous dire encore sur mon retour.

DE VOLTAIRE A MADAME D'ÉPINAY.

Voici probablement, madame, la cinquantième lettre que vous recevez de Genève. Vous devez être excédée des regrets; cependant il faut bien que vous receviez les miens, cela est d'autant plus juste que j'ai profité moins qu'un autre du bonheur de vous posséder. Ceux qui vous voyaient tous les jours ont de terribles avantages sur nous. Si vous aviez voulu nous donner encore un hiver, nous vous aurions joué la comédie une fois par semaine. Nous avons pris le parti de nous réjouir, de peur de périr de chagrin des mauvaises nouvelles qui viennent coup sur coup. J'ai le cœur français, j'aime à donner de bons exemples; mais en vérité tous nos plaisirs sont bien corrompus par votre absence et par celle de notre ami M. Grimm. Quels spectateurs et quels juges nous perdons! Mais, madame, n'est-ce pas une chose honteuse que les Anglais, qui ne croient pas en Jésus-Christ, prennent Surate, et aillent prendre Quebec? Qu'ils dominent sur les mers des deux hémisphères, et que les troupes de Cassel et de Zell battent nos florissantes armées; nos péchés en sont la cause : c'est la philosophie qui attire visiblement la colère céleste sur nous. Il faut que le maréchal de Contade et M. de la Clue aient fourni quelques articles à l'Encyclopédie. Cependant Tronchin fait des miracles; tout est bouleversé, je le canonise pour celui qu'il a opéré sur vous, et je prie Dieu avec tout Genève qu'il vous afflige incessamment de quelque petite maladie qui vous rende à nous.

Vous m'avez refusé inhumainement, madame, la lecture

de vos deux volumes (1); vous n'avez pas eu de confiance en moi, et vous l'avez prodiguée à ceux qui en ont abusé. Vos livres courent Genève, je les ai, et il en court des copies informes. Je suis obligé de vous en avertir, je vous aime et m'intéresse vivement à vous. Ah! madame, ne vous fiez qu'aux solitaires comme moi ou comme Grimm. Ne me trahissez pas, mais tâchez de retirer toutes ces indignes copies tronquées, et même les exemplaires, ou laissez-moi rendre public celui que j'ai entre les mains; il n'y a en vérité que cela pour vous disculper du tort que vous font ces écrits défigurés.

Adieu, madame, l'oncle et la nièce vous adorent et sont à vos pieds.

(*Ici finissent les Mémoires de madame d'Épinay*) (2).

(1) *Mes moments heureux* et les *Lettres à mon fils*.
(2) Il paraît qu'elle était revenue de Genève sans avoir trouvé auprès de Tronchin le remède qu'elle était allée chercher à des maux, auxquels des retours d'anciens symptômes firent juger qu'il y avait malheureusement peu d'espoir de guérison.

Quoique la vie d'une personne souvent malade et sortant rarement de chez elle doive offrir peu d'intérêt, et que madame d'Épinay ait passé les vingt dernières années de la sienne, seulement au milieu d'un petit nombre d'amis, nous regrettons qu'elle ne nous ait pas laissé le tableau d'une existence sur laquelle elle avait su cependant répandre plus d'une sorte d'agréments. Nous l'eussions vue, tantôt achevant l'éducation de ses enfants, les établissant honorablement, et composant pour sa petite-fille un des meilleurs traités de morale à l'usage de l'enfance qui existent, ou bien, prenant la plume de Grimm, continuer en son absence la correspondance littéraire qu'il entretenait avec plusieurs princes d'Allemagne.

Mais avec quel plaisir surtout ne nous serions-nous pas vus admis à ces conversations dans lesquelles brillaient tour à tour la chaleur de Diderot, l'esprit de l'abbé Galiani, et l'urbanité de Saint-Lambert! Le talent avec lequel madame d'Épinay a rendu dans ses Mémoires plu-

LETTRES

DE ROUSSEAU A MADAME D'ÉPINAY.

I

Ce jeudi.

Vous verrez, madame, par ce billet ci-joint que madame de Chenonceaux voudrait avoir pour une heure ou deux le poëme de la Religion naturelle; et comme, dans l'affliction de cette pauvre femme, les moindres services sont des actes d'humanité, j'espère que vous m'aiderez avec plaisir dans celui-ci, en me prêtant le poëme en question, que je me charge de remettre ce soir ou demain matin à votre laquais si vous voulez bien me l'envoyer. J'ai déjà marqué à madame de Chenonceaux que, quant aux vers sur le tremblement de terre, je ne savais où les trouver.

Voici votre air; je vous prie de vouloir bien rembourser à M. Linant ce que je lui dois, jusqu'à ce que je puisse vous

---

sieurs dialogues charmants, doit nous faire regretter qu'elle n'ait pas cherché l'occasion de les reproduire plus souvent.

Diderot était trop ami de Grimm pour ne pas devenir à la fin celui d'une femme qu'il n'avait jugée longtemps que d'après des préventions suggérées plutôt à son esprit qu'à son cœur. Il faut croire qu'il reconnut son tort, et qu'il chercha, autant qu'il fut en lui, à le réparer; car la liaison qui s'établit entre eux ne finit qu'à la mort de madame d'Épinay, arrivée le 17 avril 1783.

Grimm, qui conserva toujours pour madame d'Épinay le plus tendre attachement, a consacré à sa mémoire quelques pages de sa *Correspondance littéraire*. Comme il nous serait impossible, faute de nouveaux renseignements, de dire autre chose, et surtout de le dire mieux que lui, nous renvoyons le lecteur à la *Gazette Littéraire* de Grimm, édition E. Didier, 1854.

rembourser moi-même : ce que je crains bien de ne pouvoir faire samedi, car je ne me sens pas en état de sortir.

Faites-moi dire de vos nouvelles, je vous supplie, et recevez, avec la révérence de l'ours, les respects de l'amitié !

II

Ce vendredi.

J'apprends que vous continuez de souffrir, et j'ai à ressentir vos maux et les miens. Si je sors aujourd'hui, je crains de ne le pouvoir pas demain ; faites-moi donc dire si cela est nécessaire, car Barré ne s'est pas bien expliqué. Je comptais toujours aller dîner avec vous demain, comme vous me l'avez ordonné, et mon projet est d'y aller avant tout le monde. Que si vous avez quelque chose de pressé à me dire, j'irai vous voir aujourd'hui sur les quatre heures, ou bien, si cela peut se communiquer, vous pouvez me le faire dire par mademoiselle le Vasseur.

Faites-moi donner en même temps des nouvelles de mademoiselle d'Épinay. Bonjour, madame. Nous souffrons tous deux, et je suis triste ; avec tout cela, je sens en pensant à vous combien c'est une douce consolation d'avoir un véritable ami : il n'y a plus que cela qui m'attache à la vie.

III

J'ai vu M. de Leyre, et nous sommes convenus qu'il achèverait le mois commencé, et qu'il vous prierait de remercier M. de Saint-Lambert pour la suite ; au surplus, je pense qu'il n'y a que la présence de Conti qui l'ait empêché de profiter de votre offre, et qu'il en profitera si vous la renouvelez.

Quoique mon parti soit bien pris, je suis jusqu'à mon délogement dans un état de crise qui me tourmente ; je désire passionnément de pouvoir aller m'établir de samedi en huit

Si cette accélération demande des frais, trouvez bon que je les supporte ; je n'en ai jamais fait de meilleur cœur, ni de plus utiles à mon repos.

Faites-moi donner des nouvelles de votre santé. J'irai vous voir ce soir ou demain.

IV

Ce jeudi.

J'avais oublié que j'allais dîner aujourd'hui chez le baron, et que par conséquent je ne puis m'aller promener avec vous cette après-midi.

Occupé des moyens de vivre tranquillement dans ma solitude, je cherche à convertir en argent tout ce qui m'est inutile, et ma musique me l'est encore plus que mes livres, de sorte que si vous n'êtes pas excédée des embarras que je vous donne, j'ai envie de vous l'envoyer toute. Vous y choisirez tout ce dont vous pourrez me défaire, et je tâcherai de mon côté de me défaire du reste. Je ne puis vous dire avec combien de plaisir je m'occupe de l'idée de ne plus voir que vous.

V

Ce samedi.

J'ai passé hier au soir chez vous ; vous étiez déjà sortie : vous m'aviez promis de m'envoyer dire de vos nouvelles, et je n'ai vu personne : cela m'inquiète, et je vous prie de me tirer de peine. Ayez la bonté de me renvoyer aussi ce qui vous reste de livres et de musique à moi. Bonjour, madame, je ne puis vous en dire davantage pour ce matin, car je suis horriblement occupé de mon déménagement : ce qui n'arriverait pas, s'il était composé d'objets plus considérables, et que soixante bras s'en occupassent pour moi. Soit dit en réponse à votre étonnement.

VI

Ce dimanche matin.

Je reçus votre lettre, madame, qui me fit un sensible plaisir ; je n'y répondis pas, parce qu'elle était elle-même une réponse, que je ne voulais pas vous donner occasion de vous fatiguer par trop écrire, et que j'étais paresseux moi-même. Comme j'espère vous aller voir cette semaine, j'aurai bientôt la consolation d'achever avec vous cet entretien. Au reste, vous savez que le philosophe m'est venu voir ; autant en a fait hier au soir M. d'Epinay. Voici deux copies du *Salve*, dont une est pour lui et l'autre pour vous. Je vous les envoie avant qu'elles soient davantage enfumées ; ne m'en envoyez pas l'argent, attendu que vous avez oublié de faire la déduction du café sur les manchettes, et que ceci fera, je pense, à peu près l'équivalent. Vous prenez continuellement les eaux ; il me semble qu'il serait bien temps de changer de régime pour reprendre un peu de force, mais

« Je ne suis qu'un soldat, et je n'ai que du zèle. »

et je sens bien que mes ordonnances de médecine ne doivent pas avoir plus d'autorité que mes livres de morale. Adieu, madame, aimez un peu votre pauvre ours, qui sait mieux ce qu'il sent que ce qu'il dit.

VII

Je suis beaucoup mieux aujourd'hui ; mais je ne pourrai cependant vous voir que la semaine prochaine, et j'irai fièrement à pied ; car cet appareil de carrosse me fait mal à l'imagination, comme si je pouvais manquer de jambes pour vous aller voir. Vous ne m'avez rien dit de vous ; j'espère que mademoiselle le Vasseur m'en rapportera de bonnes nouvelles. Bonjour, madame.

VIII

Ce mardi au soir.

Sans madame d'Houdetot, j'aurais été fort en peine de M. Gauffecourt, parce que vous m'en aviez promis des nouvelles tous les jours, et que je n'en ai point reçu jusqu'à ce moment. Me voilà rassuré et consolé, puisqu'elles sont bonnes et les vôtres aussi. En attendant que les remèdes de Tronchin vous soient utiles, vous ne perdez pas votre temps à les prendre, puisqu'ils sont agréables à prendre : c'est un tour d'ami dont les médecins ne s'avisent guère.

Madame le Vasseur est mieux, et vous remercie très-humblement, ainsi que sa fille. Moi, je n'ai que mes indispositions coutumières, un peu rengrégées par l'hiver comme tous les ans; par-dessus tout cela, un mal de dents me désole depuis deux jours. Je vous tiendrai au besoin ce que je vous ai promis; je vous le tiendrais quand je ne vous aurais rien promis, l'amitié que vous me témoignez est digne de cette confiance : mais je ne suis point dans le cas, et j'espère de n'y jamais être. Bonjour, ma bonne amie.

Voilà deux paires de bas en attendant.

Je vous prie de vouloir bien remercier madame d'Houdetot de son billet; j'en avais besoin pour me rassurer sur les suites des fatigues excessives qu'elle avait essuyées en venant.

IX

De l'Ermitage, ce, je ne sais pas le quantième.

Je voudrais bien, ma bonne amie, que vous eussiez été quitte de votre fluxion aussi facilement que moi de mon rhume : il prenait un train assez vif, mais il s'en est allé tout d'un coup, sans que je sache ce qu'il est devenu. Que Dieu donne une bonne fois le même caprice à vos migraines.

Je vous remercie ; je ne me souviens pas de quoi. Ah ! du dinde, dont je ne vous remercie pourtant pas, puisqu'il n'était pas pour moi, mais dont j'ai mangé ou mangerai comme si c'était à moi d'en remercier.

Ce que vous me recommandez était tout à fait superflu. Les échos de mes bois sont discrets ; j'ai pour l'ordinaire peu de choses à leur dire, et de ce peu, je ne leur en dis rien du tout. Le nom de Julie et le vôtre sont les seules choses qu'ils sachent répéter.

Je vous recommande votre santé, votre gaieté et vos comédies. Je vous prie de faire ma cour à la parfaite (1) ; d'embrasser pour moi toute votre famille, et même les ours embrassables : je m'imagine qu'ils le sont tous, hors moi.

J'assure en particulier sa tyrannie (2) de mes respects.

XI

Ce dimanche matin.

Voilà, madame, les prémices de votre Ermitage, à ce que dit le jardinier. Faites-moi dire, je vous supplie, des nouvelles de votre santé et de vos affaires, en attendant que les fêtes se passent, que les chemins s'essuient, et me permettent de vous aller voir. Je fus, mardi, dîner à Aubonne, et pris, en revenant, de la pluie et d'un dérangement, qui l'un et l'autre n'ont pas cessé jusqu'ici. Bonjour, madame, aimez-moi ermite, comme vous m'aimiez ours, autrement, je quitte mon froc et reprends ma peau.

(1) Madame d'Houdetot.
(2) Grimm.

XII

Ce 4 mai.

Bonjour, ma bonne amie. On dit que vous vous portez bien ; et comme je pense que si cela n'était pas, vous m'en auriez fait dire quelque chose, je me fie à cette bonne nouvelle ; on dit aussi que j'aurai bientôt le plaisir de vous revoir, et c'est alors que les beaux jours seront tout à fait revenus, surtout s'il est vrai, comme j'ai lieu de l'espérer, que vous viendrez ici goûter quelques-uns de ceux de l'Ermitage. Bonjour derechef. M. Cahouet, pressé de repartir, me presse, et je finis.

Apportez de l'eau-de-vie et une bouteille qui ait le goulot assez large pour y passer des noix.

XIII

Votre fièvre m'inquiète, car, faible comme vous êtes, vous n'êtes guère en état de la supporter longtemps. J'imagine que si elle continue, M. Tronchin vous ordonnera le quinquina, car, à quelque prix que ce soit, il faut vous débarrasser de ce mauvais hôte. Moi, j'ai fait heureusement mon voyage, mais j'ai actuellement une forte migraine.

Vous ne me dites point si notre ami est enfin décidé sur son départ. J'ai la consolation de l'avoir laissé très en état de faire le voyage ; il n'y a que des gens malintentionnés qui puissent l'en détourner. Donnez-moi, je vous prie, exactement de ses nouvelles et des vôtres. Voici le billet pour M. Tronchin ; je vous prie de le joindre à la consultation, et de la lui envoyer. Je vous demande excuse de vous l'avoir remise ouverte, mais je ne savais pas ce qu'elle contenait. Bonjour, madame.

XIV

Ce jeudi.

Je comptais, madame, vous aller voir au commencement de cette semaine, mais le mauvais temps et le doute si vous ne seriez pas retournée à Paris m'ont retenu, outre que l'ours ne quitte pas volontiers les bois. J'irai demain dîner avec vous s'il ne pleut pas dans l'intervalle, et que vous me fassiez dire que vous y serez et que vous n'aurez point d'étrangers. Bonjour, ma bonne amie, je vous aime dans ma solitude où je n'ai que cela à faire, et où tout m'avertit que c'est bien fait ; mais vous, au milieu de tant de distractions, songez-vous un peu à moi ?

XV

A l'Ermitage, ce vendredi.

Je suis, ma chère amie, toujours malade et chagrin : on dit que la philosophie guérit ce dernier ; pour moi je sens que c'est elle qui le donne, et je n'avais pas besoin de cette découverte pour la mépriser. Quant aux maux, on les supporte avec de la patience ; mais je n'en ai qu'en me promenant, et malheureusement voilà le temps tout à fait à la pluie. Sans le souvenir des amis, je ne connaîtrais plus de remède à rien ; c'est votre billet qui m'a rappelé celui-ci ; de sorte que les biens qui me viennent de vous sont à peu près les seuls qui me restent.

Je voudrais bien que madame d'Holbach fût promptement et heureusement accouchée, afin qu'elle, son mari, vous et tous ses amis fussions tirés d'inquiétude, et qu'on vous revit bientôt à la Chevrette.

Je serai bien aise de voir le théologien la Tour, mais il n'y a que vous, qui m'avez tant fait accepter de choses, qui puissiez me faire accepter mon portrait pour l'échanger avec le vôtre, comme étant de la main d'un meilleur peintre, par forme de compensation.

Prenez bien vite le livre de M. de Buchelai, pourvu cependant que, vu ma lenteur, il me laisse un temps raisonnable pour le copier; mais il faut le prier d'envoyer aussi du papier, car je n'en ai pas ici. Je serai trop heureux d'avoir à copier dans un temps où je ne saurais faire autre chose.

Bonjour, madame, revenez vite à la Chevrette, sitôt que vous aurez fait ce petit garçon; c'est une chose terrible, que depuis que les femmes se mêlent de faire des enfants, elles ne savent pas encore accoucher toutes seules.

XVI

Ce mardi, 16 août, 1757.

Voilà, madame, de la musique de malade, c'est tout dire. Je vous prie de donner, le plus tôt qu'il se pourra, cette partition à M. d'Epinay, afin que je me sois acquitté au moins de ce qui a dépendu de moi.

Vous m'aviez dit que vous reviendriez le lendemain de la Notre-Dame, c'est-à-dire aujourd'hui. Mais je me suis bien douté que vous seriez forcée à différer votre retour. Donnez-moi des nouvelles de madame d'Holbach et des vôtres; et dites-moi quand vous comptez être à la Chevrette. Au pis aller, vous ne sauriez tarder plus longtemps que de demain en huit, dussiez-vous ensuite retourner à Paris. Je voudrais vous parler de moi; mais je suis aussi ennuyé de vous en dire toujours la même chose, que vous devez l'être de l'entendre. Je ne suis pas aussi heureux que la pauvre Waldstœrchel, et même, en faisant de la musique, je brûle encore de l'huile de navette. J'étais pourtant mieux depuis quelques jours; mais je me suis échauffé hier pour éviter l'orage, et mes douleurs m'ont repris aujourd'hui. Bonjour, la mère aux ours; vous avez grand tort de n'être pas ici, car j'ai le museau tout à fait tondu.

XVII

Ce jeudi matin.

Je suis en si mauvais état, que je ne me sentais pas le courage de vous aller voir aujourd'hui, et la pluie de cette nuit m'en avait tout à fait ôté l'idée. Cependant, puisque votre ami est avec vous, et que je ne sais combien de temps il y demeurera; si le temps se ressuie dans la journée et laisse un peu sécher les chemins, je vous irai voir ce soir; car je suis trop faible ce matin et les chemins sont trop mauvais pour tenter l'aventure, après une aussi mauvaise nuit. A ce soir donc, ma chère amie; vous connaissez trop mon cœur pour me soupçonner d'être en reste envers ceux qui m'aiment, et qu'il m'est si naturel d'aimer.

FIN.

EUGÈNE DIDIER, ÉDITEUR, RUE GUÉNÉGAUD, 25

COLLECTION DIAMANT

A 1 FR. LE VOLUME

BALZAC (H. de)	**Les Fantaisies de Claudine.**
	Théorie de la démarche (ouvrage inédit).
DESPLACES (Auguste)	**Impressions et Symboles rustiques.**
GAUTIER (Théophile)	**Émaux et Camées**, 2ᵉ édition.
	Celle-ci et celle-là.
GÉRARD DE NERVAL	**Petits Châteaux de Bohême.**
GOZLAN (Léon)	**Les Maîtres à Paris**, 2ᵉ édition.
	Comment on se débarrasse d'une maîtresse, avec une préface sur la Légèreté française.
HOUSSAYE (Arsène)	**La Vertu de Rosine** (nouvelle édition).
KARR (Alphonse)	**Midi à quatorze heures.**
	Proverbes.
LECOMTE (Jules)	**Un Voyage de désagréments à Londres.**
MARTIN (N.)	**L'Écrin d'Ariel.**
MÉRY	**La Chasse au Chastre**, avec une préface sur Alexandre Dumas.
PRÉMARAY (Jules de)	**Le Chemin des Écoliers.**
STENDHAL (H. Beyle)	**L'Abbesse de Castro.**

www.ingramcontent.com/pod-product-compliance
Lightning Source LLC
Chambersburg PA
CBHW050253170426
43202CB00011B/1664